THE BEZOS BLUEPRINT
COMMUNICATION SECRETS OF THE WORLD'S GREATEST SALESMAN

六页备忘录

《乔布斯的魔力演讲》作者
[美] 卡迈恩·加洛 (Carmine Gallo) ◎著
常 可 ◎译

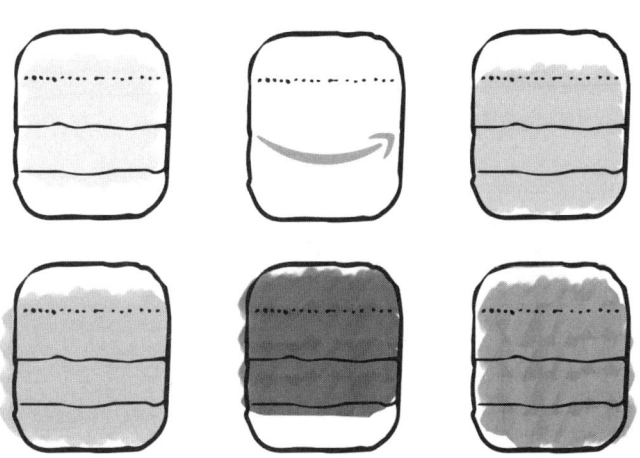

中信出版集团 | 北京

图书在版编目（CIP）数据

六页备忘录/（美）卡迈恩·加洛著；常可译. --
北京：中信出版社，2024.1
书名原文：The Bezos Blueprint：Communication
Secrets of the World's Greatest Salesman
ISBN 978-7-5217-5618-0

Ⅰ.①六… Ⅱ.①卡… ②常… Ⅲ.①演讲-语言艺术 Ⅳ.①H019

中国国家版本馆CIP数据核字（2023）第221436号

THE BEZOS BLUEPRINT: Communication Secrets of the World's Greatest Salesman
Text Copyright © 2022 by Carmine Gallo
Published by arrangement with St. Martin's Publishing Group. All rights reserved.
Simplified Chinese translation copyright ©2024 by CITIC Press Corporation
ALL RIGHTS RESERVED
本书仅限中国大陆地区发行销售

六页备忘录

著者： ［美］卡迈恩·加洛
译者： 常可
出版发行：中信出版集团股份有限公司
（北京市朝阳区东三环北路27号嘉铭中心 邮编 100020）
承印者： 北京通州皇家印刷厂

开本：787mm×1092mm 1/16　　印张：19　　字数：228千字
版次：2024年1月第1版　　印次：2024年1月第1次印刷
京权图字：01-2023-4307　　书号：ISBN 978-7-5217-5618-0
定价：59.00元

版权所有·侵权必究
如有印刷、装订问题，本公司负责调换。
服务热线：400-600-8099
投稿邮箱：author@citicpub.com

致全世界逐梦的人

目 录

前 言 永远的第一天　　　　　　　　　　　　　　　　VII

第一部分 ｜ 沟通的基本要素

1 简洁的语言是沟通的超能力
用易懂的语言谈论复杂的事情　　　　　　　　　005
优秀的沟通力以了解受众为起点　　　　　　　　011
选择吸引人眼球的隐喻来强化关键概念　　　　　014
简洁不是压缩内容，而是精简内容　　　　　　　016
要聚焦要点，简化内容　　　　　　　　　　　　017

2 用简短词汇解释新颖想法
简短的词语能传达清晰明确的信息　　　　　　　025
用简短的词解释复杂的事情　　　　　　　　　　027

将使命变成"口头禅"，使团队步调一致　　031
　　简短的词更容易理解　　032
　　用词简短，但要具有启迪性　　034
　　简短的词易于记忆　　036

3 写作的 7 个技巧

　　技巧 1：用主语和动词开头　　044
　　技巧 2：最有说服力的内容放在开头，有趣的内容放在结尾　　045
　　技巧 3：绝大多数时候都使用主动语态　　046
　　技巧 4：使用强有力的动词　　049
　　技巧 5：避免使用动词限定词和模棱两可的词　　051
　　技巧 6：句子长度要多样化　　052
　　技巧 7：使用平行结构　　054

4 概括故事的一句话：你最有价值的思想

　　一句优秀的开场白会赋予你"明显优势"　　059
　　概括故事的一句话　　062
　　"指挥官意图"——清晰、简明、易于理解地传达目标　　066
　　精确表达，让你的观点清晰、简洁、具体　　069
　　逆向表达　　074

5 选择隐喻来强化关键概念

　　隐喻创造意义　　080

"两个比萨团队"的隐喻	083
在不同场景中迭代隐喻	085
一打百吉饼规则	088
飞轮效应	090
如何通过隐喻实现高效沟通	092

6 运用类比使抽象概念具体化

运用类比帮助听众记住并理解你的想法	099
用徒手倒立类比企业经营	101
慎重地选择类比	103

第二部分 | 构建故事的结构

7 三幕式故事结构

三幕式结构	114
从好故事到伟大的故事：三幕式结构应用	120
每个人都在讲故事	125

8 创业者如何运用三幕式结构讲故事

网飞：弱小英雄战胜巨人	132
可画公司：被拒绝100次后，打造了一个价值400亿美元的品牌	133

爱彼迎：每个伟大的创始人都能讲一个伟大的故事　　135
伟大的创业故事 = 三幕式结构 +100 字　　137

9　从 PPT 到 6 页备忘录

故事驱动创新　　141
PPT 并不是讲故事的好工具　　142
每个创新背后都有一个叙事过程　　145
撰写优秀文字备忘录的 5 个策略　　147
将技术发现转化为叙事的能力至关重要　　154

10　亚马逊逆向叙事 6 要素

逆向叙事 6 要素　　162
删除一切不简单明了、不积极向上的信息　　167
写作能让你的思考清晰、准确　　170
逆向叙事可以改变职业生涯　　172
通过逆向叙事让所有人保持同步　　175

11　阅读的力量

多读书的 4 个理由　　179
有目的地阅读的 3 种方式　　183

第三部分 | 沟通的工具

12 AMP 模型

什么是 AMP 模型 190

贝佐斯的魔力演讲 193

乔布斯的魔力演讲 200

13 让使命成为你的口头禅

重复的力量 206

将使命转化为口号 210

乔布斯：永远聚焦产品和沟通 212

为什么乔布斯使用 190 磅字号 214

领导者必须清晰表达公司目标 215

领导者必须清晰传达公司使命 218

你的使命将帮助你改变世界 220

14 用象征强化沟通

象征是一种强大的沟通策略 223

15 让数据人性化，以创造价值

提炼受众需要的关键数据 230

通过比较，让抽象的数据更具体 231

让数据创造价值 235

16 沟通中的"三"法则
"三"法则 238
"三"法则的具体应用 239

结　语　创新与叙事 247
实战演练概览 251
致　谢 263
注　释 265

前 言

永远的第一天

2004年夏天,亚马逊CEO(首席执行官)杰夫·贝佐斯做出了一个出人意料的决定,这个决定震惊了他所领导的公司管理团队,贝佐斯下令禁止在亚马逊使用PPT(演示文稿)。高管团队被要求在汇报时,用备忘录和叙述,而不是幻灯片和要点展示来阐述他们的想法和观点。自此,全球最领先的电子商务公司用5 000多年前发明的古老交流工具——书面文字——取代了现代化的演示工具。新推行的沟通系统强制公司的所有人使用简单的词语、简短的句子以及清晰的解释来分享观点。贝佐斯引入的这一蓝图,为亚马逊未来20年的惊人增长奠定了基础。

杰夫·贝佐斯是一个梦想家,他使一个大胆的构想演变为世界上最有影响力的公司。在这个过程中,他创造出了与传统思维截然不同的策略,从根本上重新构建了领导者进行演示、分享,并使得团队紧紧围绕一个共同愿景而奋斗的方式。作为一位领导力和高效沟通的研习者,贝佐斯洞悉如何激励人们去实现原本不太可能实现的目标,现如今,他的这套方法也可以为你所用。

本书所关注的不是作为亿万富翁的贝佐斯或作为电子商务巨头

的亚马逊，这些话题已经在众多图书，以及关于财富的作用或者亚马逊对经济的影响的讨论中被反复提及，我无须赘述。本书关注的是一个适用于每一位读者的更为基础的话题，专注于讲述亚马逊成长历程中被忽视和低估的一个方面，也是一个对人生和职业成功至关重要的基础话题：沟通。

迄今为止，尚无作者专注于讨论让贝佐斯脱颖而出的写作和讲故事技能，没有哪一本书曾经对贝佐斯24年间在其致股东的信中写下的4.8万个英文单词进行分析，也没有哪一位作者采访过如此多的、采用贝佐斯的沟通模式成功创建了自己的公司的亚马逊前高管和CEO。

一位传奇的硅谷风险投资家和我说过，应该要求商学院的学生学习贝佐斯的写作和沟通技巧。他甚至还说，如果能够"年轻20岁"，他会亲自讲授这门课程。

贝佐斯创建的沟通方法提升了亚马逊员工的写作、协作、创新、推介和演示的能力。也正是得益于这个创举，贝佐斯创造了一个规模化范式，从而令这家起源于西雅图一间车库的小团队最终发展成为全球最大的公司之一。简言之，贝佐斯其实是绘制了一幅蓝图。

在哈佛大学设计学院研究生院的一项高级领导力课程中，我负责教授高管们沟通的技巧。学员们都是"建筑环境"领域的领导者，他们中不乏在全球各地创造了结构宏伟的建筑物甚至是整个城市的设计师和开发商。他们的愿景是建造更为智能、更为健康、更为环保、更为美好的居所。沟通技能培训是这门课程的一个重要组成部分，因为如果他们不能将自己的想法有效地推介给投资者、利益相关方和社区成员，那么他们将很难有所建树。

无论愿景多么宏伟，没有蓝图都无法实现。

蓝图将设计师的愿景转化为详细的模型，从而让其他参与者可以遵循这个模型，让愿景落地。蓝图如同一个有效的计划，能够让每个参与者在建造过程中保持同步。此外，蓝图是可规模化的。因此，设计师不需要亲临现场，工程师、承包商和工人就能把愿景变成现实。

尽管在 2021 年杰夫·贝佐斯辞去了亚马逊 CEO 一职，去追寻他在慈善事业和太空探索领域的梦想，但他所创造的沟通蓝图仍然是全公司各个部门员工和领导者所遵循的模式。现如今，那些贝佐斯在 27 年任期中的演讲、采访和 PPT 中不断重复使用的沟通语言和原则，仍然被亚马逊的高级管理者使用和践行着。

贝佐斯在亚马逊开创的沟通策略的影响力，已经远远超出该公司的范围。亚马逊被誉为"美国 CEO 的摇篮"，这里孕育了一大批建立了自己企业的创业者，其中的许多企业都与我们每天的生活息息相关。《华尔街日报》称赞他们："分散于各处的亚马逊'毕业生'将杰夫·贝佐斯的商业理念传播至整个商业世界。"这些亚马逊前高管（在本书中你将会认识他们中的许多人）结合个人特色，汲取了亚马逊文化中适合自己领导风格的部分，同时舍弃了不适合自己的部分。

这份贝佐斯蓝图给亚当·塞利普斯基留下了难以磨灭的印象。在亚马逊工作了 11 年后，塞利普斯基于 2016 年离开亚马逊，成为西雅图软件巨头 Tableau 的 CEO。他坦言："我从亚马逊完全复制的管理方式之一就是叙事。"[1] 贝佐斯的很多理念，比如用文字叙述取代 PPT，或者在开发产品之前撰写新闻宣传稿（在本书后面的章节中你将了解这些策略），一直为塞利普斯基在离开亚马逊，以及后来重归亚马逊的整个职业生涯中所遵循。

塞利普斯基于 2021 年重新回到亚马逊，负责 AWS（亚马逊网络服务）。该部门为网飞、爱彼迎和手机云视频会议软件 Zoom 等超过 100 万家企业客户提供主干服务支持。在他担任 AWS 的最高执行官后的第一次电视采访中，人们很难分辨出塞利普斯基和亚马逊创始人贝佐斯的区别，而塞利普斯基从未直接在贝佐斯手下工作过，他曾直接向接替贝佐斯的亚马逊CEO安迪·贾西汇报。

塞利普斯基说："对AWS和我们的客户来说，每一天都是第一天。"[2]他引用了贝佐斯在第一封致股东信中为阐明亚马逊管理哲学所使用的一个比喻。"长期的商业战略应该是痴迷地关注客户而不是竞争对手，"塞利普斯基继续说，"每天早上醒来，我们都必须再一次去精准了解客户下一步的需求到底是什么，然后以此为目标倒推出我们应该采取的行动。"之后你将会了解到，塞利普斯基的这一表达是很纯粹的贝佐斯式思维。

贝佐斯蓝图理念的传道者不仅仅是那些在亚马逊工作过的前员工。本书所阐述的沟通策略已经为其他许多家喻户晓的品牌的CEO和高管所践行，这些企业包括百思买、全食超市、摩根大通和视频网站Hulu。其中一些领导者甚至抓住一切可能的机会力求从内部加深对亚马逊的了解，例如百事公司的前CEO英德拉·诺伊。在离开百事公司后，诺伊加入了亚马逊的董事会，如她所言，这是为了获得"一个在我所见过的最具创新性、最以客户为中心的公司中近距离观察它的机会"。通过阅读本书，你也将拥有近距离观察贝佐斯这位梦想家的机会，他的想法改变了我们所生活的世界，他把"沟通"转化成一个商业公司的竞争优势。

从第一天就要思考：如何传达愿景

从在线书商起步，亚马逊如今已成长为一家全球产品销售量达到惊人的3.5亿件的互联网零售商。然而，贝佐斯之所以成为"世界上最伟大的推销员"，并不是因为亚马逊向全世界所有人销售各种门类的产品，而是因为他向人们销售梦想。销售梦想就是亚马逊和贝佐斯成功的原因。

在亚马逊卖出第一本书的一年前，贝佐斯不得不先向人们推销比产品更为重要的东西：他的愿景。在1994年和1995年初，贝佐斯和他的家人、朋友以及潜在的出资人开了60场会。他请求每个人为他颇具革命性的创意投资5万美元。在当时，亚马逊的创意很难被人们接受，因为那时几乎没有人接触过电子商务。他们问贝佐斯最多的问题就是："互联网是什么？"

这些会议的结果并非都尽如人意。贝佐斯没能成功说服其中的大多数人，但他最终说服了22个人投资他的初创公司。对任何初创企业来说，每3个投资者能吸引到一个就意味着惊人的成功了。对一家20世纪90年代中期的初创电子商务公司来说，这一结果可以说是令人震惊了。其实亚马逊最早的投资者并没有把赌注押在这家公司身上，他们把赌注押在了提出这个创意的人身上，他们是被贝佐斯和他表达的愿景折服的。

汤姆·阿尔伯格是为初创的亚马逊开出支票的首批投资者之一。23年后，当阿尔伯格离开亚马逊董事会时，他那笔投资的市值超过了3 000万美元。阿尔伯格回忆说，在那些早期的会议上，贝佐斯给他留下了深刻的印象，尤其是他运用数字来论证观点的技能，这对长期投资者来说有着不可抗拒的吸引力（我将在第15章谈到如何用数据讲故事）。此后随着时间的推移，阿尔伯格越来越欣赏贝佐斯在建立强大团队方面展现出来的能力，他的团队成员能够每时每刻遵循他的原则行事。

后来，在1996年6月，贝佐斯又从约翰·多尔的风险投资公司凯鹏华盈获得了800万美元的投资。一年后亚马逊成功上市，这也是亚马逊上市前引入的唯一一笔风险投资，这项投资最终为约翰·多尔带来超过10亿美元的投资回报。后来，多尔在回忆起他与贝佐斯的第一次会面时说："当时抓住我眼球的，是一位令人惊喜的创始人和一次绝佳的投资机会。"[3] "他有技术背景,同时也具有非凡的梦想,这些特质使得他能够迅速取得巨大的进展,甚至改变世界。"

当多尔飞往西雅图参观位于一个脏乱差的城区中的亚马逊时,他惊讶地发现,这家公司的办公桌是用从家得宝买来的木门搭成的。在本书的第14章你将了解到,这些门是一个刻意突出的隐喻,它时刻提醒员工要遵循亚马逊的一个核心原则:节俭。在安迪·贾西接棒贝佐斯成为亚马逊CEO后,多尔的判断是,亚马逊不会忽视自身的价值观,因为贝佐斯所倡导的原则在整个公司中已经根深蒂固了。

这就是蓝图的力量,蓝图是一个会随着你的创意或公司的发展不断延伸的模式。

你有一个很棒的创意,但把创意变成现实的成功秘诀,是说服其他人把你的创意落实为行动。其实,一名销售员并不一定需要被冠以销售员的头衔。一切皆销售,而且对销售来说永远是行动胜于思考。丹·平克及其他几位学者的研究表明,人们在工作中大约要花费40%的时间做类似于销售的事情:说服、影响、激励、诱导和劝服,这意味着你需要向说服大师学习,从而精进这项你需要在工作日的每个小时都花费24分钟去做的事。

安·希亚特曾在距离杰夫·贝佐斯大约1米远的地方工作过数年。她说:"我生命中得到的最棒的馈赠,就是能坐在距离世界上最聪明的CEO不远的地方,一步步地学习他是如何思考问题、采取行动、激励他人和做出决定的。"[4] 希亚特还说,她从贝佐斯这位前任老板那里学到的最重要的习惯,就是将学习放在首要位置。她说,贝佐斯每天早上走进办公室时,胳膊下会夹着3份报纸。读完这些报纸后,他会开始阅读文件和简报。希亚特由此获得了启发,她会利用午休时间把贝佐斯办公桌上的报纸拿来阅读。

当你认为自己无所不知时,你就停下了成长的脚步。随着时间的推移，贝佐斯逐渐成长为一名领导者，并在写作和演讲方面取得了惊人的进步。你也可以做出巨大的改变，但前提是你需要自我定位为一名学习者，而不是自作聪明的万事通。

你将在本书中学到写作、讲故事和演讲的技巧，它们能够释放你的潜能，同时，这些技巧也会成为一个人在各个领域取得成功的前提条件，无论是学生、企业家、领导者、公司高管或其他商务人士。一旦在写作和沟通方面打下了坚实的基础，你就会发现，这些技能像亚马逊著名的"飞轮效应"一样，会制造一个不可阻挡的成功循环。

杰夫·贝佐斯在亚马逊建立的沟通策略每天都在影响着你我的生活。即便不是亚马逊全球3亿活跃用户中的一员，你也很可能正在与曾受到亚马逊影响或启发的公司产生联系。没有哪位企业家能像杰夫·贝佐斯那样对你的日常生活产生如此大的影响，也极少有哪位商业领袖能像贝佐斯那样从第一天起就认真思考：应当如何传达自己的愿景。

顶尖的沟通技能是提升你竞争力的首要能力

1994年8月23日，贝佐斯发布了他的第一条招聘信息。尽管那时贝佐斯还没有为他的电子商务公司起一个响亮的名字，但他确实对这家"资本充裕的西雅图初创公司"取得成功所需的技能有着清晰的认识。这则招聘信息寻找的是一名Unix开发人员，因此要求求职者必须熟悉C++编程语言，贝佐斯还补充说，熟悉Web服务器和HTML语言将会有所帮助，但"不是必需的"。然而，贝佐斯认为，任何职位的应聘者都必须具备一项关键能力：顶尖的沟通技能。[5]

贝佐斯走在了时代的前列。在贝佐斯发布了亚马逊的第一条招聘信息的25年后，领英通过一项对4 000名专业招聘人员的调查得出如下结论："沟通技能"确实是在任何领域获得成功的关键。招聘经理认为，在 120 项技能中，沟通技能的需求旺盛，而供应不足。在大多数情况下，拥有技术知识本身不足以令人脱颖而出，即使在高度复杂的领域也是如此，如机器学习、人工智能和云计算等。领英 CEO 杰夫·韦纳曾表示："人本身被低估了。"[6] 口头和书面表达作为人类的特有技能，是在任何领域取得成功的基础。对招聘经理的调查结果显示，写作和沟通是几乎所有行业甚至技术领域最受欢迎的技能。世界上最大的求职网站之一 Indeed.com 的一份报告显示，远程工作兴起的趋势提升了基础技能的重要性。沟通技能——包括书面和口头沟通——在雇主最需要的 11 项技能中居于首位。排名第二和第三的分别是团队合作和领导能力，这两项技能本身也可以通过提高口头和书面表达能力得以增强。

新型冠状病毒感染疫情加速了向远程办公的转变，与此同时，一批员工辞职开始了自己的创业历程，这些事实更加提升了沟通技能的重要性。麦肯锡公司调查了 15 个国家的 1.8 万名受访者，以探究"保证未来竞争力"所需的技能。[7] 这份发布于 2021 年的调查报告，是综合考虑了后新冠病毒感染疫情时代工作场所变化，以及人工智能、自动化和数字技术发展等因素的最全面的研究报告之一。虽然"数字熟练度"成为未来雇主高度渴望的求职者技能，但能保证未来职业生涯竞争力所需的前几项技能都属于沟通技能的各种表现形式，它们分别是讲故事、演讲、归纳和澄清信息、为不同背景及场景下的受众解读信息、打造鼓舞人心的愿景、发展关系和激发信任。麦肯锡称这些为"基础技能"，在本书中，你将深入了解如何提升上述每一项技能。

我们为什么要学习贝佐斯的沟通方法？

并没有人告诉贝佐斯沟通技能属于"基础技能"之一。在亚马逊创立的初期，贝佐斯就认为有效的沟通与非凡的创新是相互关联的。在洞察数据的力量可以改善客户体验的同时，贝佐斯认识到，创新将推动亚马逊实现快速增长，而创新则需要由具备出色的人际交往和沟通技能的聪明人来实现。

屡获殊荣的作家沃尔特·艾萨克森说过，他经常被人们问起，在当今的领导者中，谁能够与达·芬奇、阿尔伯特·爱因斯坦、史蒂夫·乔布斯等前人相提并论？

艾萨克森的回答是：杰夫·贝佐斯。

"他们都非常聪明，但这并不是令他们与众不同的原因，"[8]艾萨克森说，"聪明人成千上万，但他们中的大多数人无法取得多大的成就。真正重要的能力是创造力和想象力，这些决定了谁能够成为创新者。"

贝佐斯与艾萨克森名单上的其他人物有着相似的特质：强烈的好奇心、爆发的想象力和稚童般的探索心。根据艾萨克森的说法，贝佐斯对写作、表达和讲故事也有"个人热情"。贝佐斯把对沟通交流的深刻兴趣、对人文学科的热爱，以及对技术的热情和对商业本能的直觉结合起来。"人文、技术、商业的三位一体使他成为我们这个时代最成功和最具影响力的创新者之一。"[9]

我同意艾萨克森的观点，因为我经常被问到类似的问题：谁是世界上最好的商业沟通者？

在我所著的《乔布斯的魔力演讲》一书中，我将苹果联合创始人史蒂夫·乔布斯称为世界上最好的企业故事讲述者。在《像 TED 一样演讲》一书中，我称 TED 这一演讲平台聚集了世界上最好的公众演讲者。但是当我被问及谁是世界上最好的商业沟通者时，一个名字从其他所有名字中脱颖而出：杰夫·贝佐斯。

48 062 个单词

通过对亚马逊前高管的采访,我已经了解到贝佐斯是一位出色的沟通者。这些领导者中的许多人已经成功地创立了自己的公司,他们常常把亚马逊的年度致股东的信作为商业写作和沟通的模板。有些人还建议应该在商学院的课程中讲授贝佐斯致股东的信,因为这些信件对任何领域的领导者都大有裨益。

从 1997 年到 2020 年,贝佐斯亲自写了 24 封信。这些信包含 48 062 个单词。我分析和研究了每一个单词,剖析和检查了每一个句子,理解和掌握了每一个段落。很少有商业领袖能像贝佐斯一样熟练地使用比喻,他创建了"飞轮"来推动亚马逊的增长;他种下了让公司发展成为巨型商业企业的"种子";他创建的"两个比萨团队"阐明了失败和发明是不可分割的孪生兄弟;他说要聘请"传道者"而非"雇佣兵"。这些只是贝佐斯使用的比喻的冰山一角。

杰夫·贝佐斯并不是欧内斯特·海明威,他的使命并不是要写下一部伟大的美国小说。但这两位写作者具备一些共同点:虽然他们要诠释的主题很复杂,但他们用来写作的文字都简单易懂,适合大多数读者。简单这一点非常重要。根据《哈佛商业评论》的一项研究:"文字的简单性增加了科学家所称的人脑处理信息的流畅性。简短的句子、熟悉的单词和清晰的语法确保读者不必耗费过多脑力就能够理解你所表达的意思。"[10]

你将从亚马逊的致股东的信中学到的最关键的经验之一是:写作是一项任何人都可以随着时间的推移而学会和提高的技能。随着亚马逊的逐年成长,贝佐斯每年的致股东的信也变得更加成熟。文字质量和表意清晰度排名最低的信函大多出现在亚马逊上市的最初几年里,而在亚马逊成为上市公司的第二个 10 年中,高质量的写作频频出现。

最近的一封贝佐斯在2020年写的致股东的信,以各项客观的写作质量标准来衡量,都要优于他在1997年写的第一封信。因此我才会说,写作是一项可以随着时间的推移而提高的技能。

"第一天"(Day One)不是一种策略,而是一种心态。在亚马逊1997年第一封致股东的信中,贝佐斯写道:今天对互联网行业和亚马逊来说是全新的一天。在接下来的20年里,无论公司规模变得多么庞大,他都将这个口号作为一个比喻,用来建立和延续一种创新文化。亚马逊从一个伟大的构想和一个小团队开始,发展成为一家拥有150多万名员工的巨型企业,贝佐斯确保了亚马逊始终保持初创企业的灵魂和精髓:持续学习,保持精进。

"第一天"的心态并不是着眼于昨天未能习得的技能,而是要学习新技能以避免遭受未来的失败。"第一天"的心态将会为你铺平道路,迎接人类历史上最具变革性的10年。

本书分为三个部分。在第一部分,你将筑牢基础,学习以"天使歌唱般的清晰度"写作。你将学习如何理解和驾驭文字的说服力;你将了解为何强大的写作技能比以往任何时候都更加重要;你会发现通往成功的道路是由最精练的文字铺就的;你将获知为什么贝佐斯和其他创新者都选择使用简单的词语来解释复杂的事物;你将明白贝佐斯是如何通过精心选择的比喻来推动亚马逊的创新,并帮助其度过互联网泡沫破灭的时期的。你还将学习以下内容:

- 为什么有说服力的写作和引人入胜的演讲始于宏大的构想。
- 如何使用主动语态增强你的信息所传递的能量。
- 为什么1066年是英语历史上的关键一年,以及它对今天的商业领袖意味着什么。
- 为什么践行极简思维的领袖们并非在删减他们的内容,而是在智胜竞争对手。

- 如何使用隐喻和类比来引导你的听众并解释你的想法。
- 伟大的演讲与让你上瘾的歌曲副歌有何共同之处。

在第二部分，我们将研究应如何构建故事结构的要素，以推动你的读者和听众采取行动。一旦知道贝佐斯为什么禁止使用PPT，是什么启发了他这样做，以及他用什么替代了PPT，你就能够在构建自己的故事时有所改进。请放心，你仍然可以使用PPT，不同的是你将不再依赖它们来讲述故事。相反，你将使用PPT来为你所讲述的故事进行有益的补充。

你还会听到亚马逊前高管的讲述，他们曾与贝佐斯密切合作，将新的和有效的沟通策略引入亚马逊，这些策略至今仍被亚马逊的员工遵循着。你将看到书面叙事这个新策略给亚马逊带来的变化，它是如何为亚马逊的增长赋能并催生出众多直接影响了我们生活的产品和服务的。此外，你还将学习到：

- 为什么一个简单的、能经得起时间考验的故事结构，是创造令人难忘的演讲和令人不可抗拒的推销的秘诀。
- 如何采用亚马逊的"逆向工作法"策略来推销你的大胆构想。
- 为什么你需要找到一个引题故事并学会如何讲述它。
- 为什么贝佐斯和其他富有创造力的领导者阅读的书籍比他们的追随者要多得多，以及他们的阅读习惯如何令他们成为非凡的公众演讲者。

第三部分内容是关于分享计划和传达信息的。你将学习如何扮演"首席转述员"的角色，并建立一个充满激情的"传道者"队伍。你将发现贝佐斯和其他说服新秀所使用的策略，这些策略使得数据和统计数字，易记、易懂且易于转化为行动。我也将解释为什么杰出的沟通者是后天培养的而非天生的。此外，你还将了解到：

- 如何通过关注3个变量来发展你的沟通能力。

- 如何表达一个简短、大胆、能够团结和激励团队的愿景。
- 一种使大脑迸发创意的简单技巧。
- 为什么数字 3 是沟通中最具有说服力的数字。

在这一部分，我还将为你提供沟通工具和模板，例如我向世界上最受人尊敬的品牌的 CEO 和领导者推介的"加洛方法"，AWS 的高级管理者也包括在内。AWS 是亚马逊规模巨大的云计算部门，它为企业提供计算、存储和网络服务。"加洛方法"将教你如何在一页纸上建立起一个关于你的故事的视觉展示，一个你可以在 15 分钟甚至 15 秒内分享的信息。

说服力是调动和影响他人的能力

在写作本书时，我有幸获得一个难得的机会，与位于北卡罗来纳州布拉格堡的约翰·F. 肯尼迪特种作战训练中心的"绿色贝雷帽"（美国陆军特种部队）进行交流。绿色贝雷帽是一支全球公认的精英作战部队：他们勇敢、聪明、训练有素。他们的座右铭是通过践行"人为主，装备为辅"来"从压迫中获得自由"。这意味着虽然绿色贝雷帽装备精良，但作为"外交勇士"，说服力是他们的首选武器。他们的任务是赢得人心。

这些身份独特的战士总是在寻找具有突破性和创造性的想法。我了解到，拥有企业家心态的士兵是特种部队的理想候选人。一次成功的任务，需要由能够快速获得不同国家居民的信任，能迅速适应不同文化，能使用不同语言进行创意思考并解决问题的人组成的小团队来执行。

你在本书中学到的策略同样能够引起精英军事专业人士的共鸣，因为书面和口头沟通技能对领导力来说至关重要。团队领导者必须娴熟掌握如下技巧：进行清晰简洁的演示，运用"三"法则，用主动语态写作，讲述引人入胜的故事，并能确定指挥官需要知道的关键信息。

沟通和领导技能在当下比在人类历史的任何时期都更加重要，原因有三。

第一，你的经理、客户、同事以及其他你需要影响的人每天都受到爆炸性的数据和信息的轰炸。他们需要强大的沟通者来突破噪声，设定优先级，将复杂信息转化为可行的建议，厘清和提炼出重要的内容。

第二，正如我之前提到的，新型冠状病毒感染疫情加速了远程办公和虚拟会议的发展趋势。大流行引发了"大规模辞职"，美国经济中出现了前所未有的大量人员辞职的现象。在我写作本书的时候，微软的一项研究发现，41%的雇员正在考虑辞职或改换职业赛道。换工作或创业都需要具备出色的沟通技能，以使你能出类拔萃或吸引到合作伙伴。在书面沟通和虚拟演示清晰、简洁、明确的情况下，远程协作将更为有效。

第三，远程工作虽然可能会让你享受到更灵活的工作方式，但也使得对热门工作的竞争变得更加激烈。求职者不再仅仅和居住在公司附近的候选人进行竞争，招聘经理可以从世界各地选择人才。那些能够有效地进行口头、书面表达及演示的人将脱颖而出，迈向成功之路。

好消息是，虽然我们用来沟通的工具已经发生改变，但人的大脑并没有改变。一旦了解了听众和读者在现场或远程环境中是如何消化信息的，你调动和影响他们的能力就会大大提高，你的职业生涯也将得到长足发展。

如果"第一天"是一个关于拥有初学者心态的比喻，告诉你要时刻寻找学习和成长的机会，那么"第二天"会是什么样子呢？根据贝佐斯的说法，第二天意味着"停滞不前，随之而来的是失去市场竞争力，紧接着是痛苦的衰落，最终将走向死亡"。[11]

如果一个人在提高自己的技能这件事上变得自满而停滞不前，很少有人能够承受得起后果。我们都希望能避免经历贝佐斯所描述的那种缓慢而痛苦的衰落。贝佐斯曾强调说："这就是为什么要保持第一天心态，永远都是第一天。"通过学习本书中的策略，你就不会走向衰落，而会不断得到提升。

亚马逊的领导力原则之一是要"大胆设想"。贝佐斯说，小心谨慎的思考预示着自我停滞。秉承"第一天"思维方式的领导者拥有大胆的梦想，并掌握了激励他人的沟通技巧。当你拿起本书时，你已经承诺要加入这些领导者的行列。通过运用本书中的策略，你将能够解放自己的思想，释放自身的潜能。

每完成一章的阅读，你就会变得更加自信。随着阅读的逐步深入，你将获得帮助你走向更广阔、更大胆、更强大的未来的必要技能。今天是创造未来的第一天。但别忘了贝佐斯给我们的提醒：

永远都是第一天。

第一部分 | **沟通的基本要素**

1 简洁的语言是沟通的超能力

当你能够使一件事情变得更简单、更顺畅时,你就会从中收获更多。

——杰夫·贝佐斯,2007年致股东的信

在普林斯顿大学上学时,杰夫·贝佐斯主修理论物理。对他来说,专业要求很高的课程作业根本不在话下,毕竟他曾作为优秀学生代表全体毕业生在高中毕业典礼上发言。不出所料,他在大学前两年的学业中所向披靡,大部分课程都取得了 A+ 的优异成绩。

彼时让贝佐斯引以为傲的是,在最初被录取到这个专业的 100 名学生中,仅有 30 位能够坚持下来。进入第三学年,学生人数即将再次减少,而这一次,贝佐斯将成为放弃继续攻读这个专业的学生之一。大学三年级时,贝佐斯遇到了学业中的一个拦路虎,它最终改变了他的人生方向,更改变了整个互联网行业的未来。

当时贝佐斯和他的室友乔选修了量子力学课程。在试图解一个偏微分方程时,他们被难住了。偏微分方程指的是解释多元变量及其偏导数函数关系的方程式。虽然贝佐斯一向很擅长数学,但面对这个偏微分问题,他也感到束手无策。

在3个小时徒劳的努力之后,贝佐斯和乔决定另辟蹊径。

"让我们求助于亚桑塔吧,他可是普林斯顿最聪明的人。"[1]贝佐斯建议道。

于是他们二人去了亚桑塔的房间,请他试着解一解这道题。亚桑塔思索了一会儿,然后平静地回答:"余弦。"

"你指的是什么?"贝佐斯对亚桑塔的回答感到一头雾水。

"答案就是余弦,让我解给你们看。"

亚桑塔写了整整3页详细的演算过程,来证明他是如何得出这个答案的。

"你刚才难道是全靠心算得出答案的吗?"贝佐斯问,对此他感到难以置信。

"没有,那是不可能的。"亚桑塔答道,"3年前,我曾经解过一个非常类似的问题,当看到这个问题时,我觉得它的解法和当年的那个问题应该是相通的,所以,就很容易得出答案是余弦了。"

这件事成了贝佐斯人生的转折点。"就在那一刻,我意识到自己永远也无法成为一个伟大的理论物理学家,"贝佐斯后来回忆道,"我认识到自己无法跨越的差距,很快就转去攻读电气工程和计算机科学专业了。"

多年后,当得知世界上最富有的人称他为普林斯顿最聪明的学生时,亚桑塔兴奋地在推特上写道:"如果不是因为我,你们就永远不会有机会使用亚马逊;没有与我发生的那段故事,杰夫·贝佐斯会继续从事物理研究,世界将会大为不同。"事实上,贝佐斯并不是那间普林斯顿学生宿舍里唯一一个改变历史的人。如果你用的是苹果或三星的手机,那么其实你正在因为亚桑塔参与构建的芯片技术而受益,这背后有很多精彩的故事。

　　换专业的决定对贝佐斯来说是个明智之举。1986 年，他在毕业时获得了电气工程和计算机科学专业的最高学术荣誉。近 1/4 个世纪之后，贝佐斯受邀回到他的母校普林斯顿大学，在毕业典礼上发表演说。普林斯顿大学的 2010 届可以称得上汇聚了美国最聪明的学生。4 年前当这些学生入学时，普林斯顿大学收到了创纪录的学生申请数量，只有 10% 的申请者获得入学资格。

　　2010 年 5 月 30 日，极具智慧的亿万富翁贝佐斯为这些智力超群的常春藤联盟毕业生做了一场毕业演说。然而，这次演讲所使用的却是符合七年级学生的理解能力的语言。贝佐斯用简明易懂的语言传达了深邃博大的信息，使得这次演讲立即成为人们讨论的热门话题。美国全国公共广播电台称其为"有史以来最好的毕业演说之一"。

　　本章接下来将介绍贝佐斯和其他成功的领导者是如何将信息化繁为简的，以及为何他们认为化繁为简的能力构成了一个人的竞争优势，进而讲讲你该如何一步步让化繁为简成为你的超能力。

用易懂的语言谈论复杂的事情

　　2010 年，贝佐斯在普林斯顿大学演讲时说："今天我想和你们谈谈天赋和选择之间的区别。聪明是一种天赋，而善良是一种选择。天赋很容易获得，毕竟它们是与生俱来的，选择却颇为不易。然而最终，我们的选择成就了我们的人生。"[2]

　　在普林斯顿演讲的 6 年后，贝佐斯再一次谈到这个话题，他说，一个人应该为之自豪的不是他的天赋，而是他的选择。"这一点对年轻人来说非常重要，对父母来说也非常重要。一个有天

> 赋的年轻人很容易为自己的天赋感到自豪——'我真的很健壮'、'我真的很聪明'或'我真的非常擅长数学'。这很棒，为你所具备的天赋而庆幸理所应当，你为之而欢喜无可厚非，但你并不该为这些天赋感到自豪，你应该为你的选择感到自豪。"[3]
>
> 你努力工作了吗？这是一种选择。
>
> 你努力学习了吗？这是一种选择。
>
> 你努力锻炼了吗？这是一种选择。
>
> 贝佐斯说："卓越的人兼具天赋和努力，而努力是一种选择。"

贝佐斯的毕业典礼演讲是由 1 353 个单词和 88 个句子组成的，经"易读性评分"判定为适合七年级学生的阅读水平。易读性评分是衡量写作质量的标准之一，这个分数体现了普通读者理解这篇文章的难度。因此可以说，根据评分得出的结论，贝佐斯在普林斯顿大学毕业典礼上的演讲，可以被至少受过七年级教育（大约 12 岁）的读者理解。

易读性评分最初是由鲁道夫·弗莱施博士在 20 世纪 40 年代提出的，他是一位学者，同时也是一位写作简单化的倡导者。基于句子和单词的平均长度以及其他一些因素，弗莱施博士将文章中容易或难懂的部分分离出来。阅读难易度的评分范围是 1 到 100 分。分数越高表明文章越容易为读者所理解。比如，30 分意味着"非常难理解"，70 分代表"容易理解"，90 分或以上则说明"非常容易理解"。"易读性评分"的概念自 20 世纪 40 年代末被引入后，采用该评分系统的报纸和出版物的读者人数增长了 60%。

科学家及教育家 J. 彼得·金凯德在 20 世纪 70 年代与弗莱施博士合作，使这个评分公式变得更易于理解，他们一起制定了将文章易读性与学生年级联系在一起的评分体系：弗莱施-金凯德测试。这个升级的评分体系分析每个句子中单词的数量、每个单词中音节的数量，以及主动语态和被动语态句子的比例（这是我将在第3章介绍的一项重要的写作理念）。

如果你是在为广大成人读者写作，你应该努力达到哪个年级的易读性水平？答案可能会令你大吃一惊：八年级的水平。

八年级易读性水平的文章能够被80%以上的美国人阅读并理解。相对而言，绝大多数普通读者视若天书的学术论文对应的是十六至十八年级的易读性水平。"哈利·波特"系列图书适合六年级到八年级的学生阅读。亚马逊要求员工力求使表述的语言达到弗莱施-金凯德测试的八年级水平甚至更低。

那么，贝佐斯对普林斯顿大学毕业生的演讲呢？它属于七年级的易读性水平。这位世界上最富有的成功人士用12岁的孩子都能理解的语言激励了这个国家最聪明的大学毕业生。

重点在于，七年级的易读性评分并不意味着贝佐斯的演讲听起来像一名七年级学生在发言。这个分数并不代表一个人讲话内容的复杂性和深度，这个分数代表的是作为听众或读者在接收和理解信息时所需消耗的精神能量。你的发言或演说越容易被理解，听众就越有可能记住你所传达的信息并采取行动，做出回应。当你能够用非常简单的语言表达复杂的想法时，你并不是在简化内容，你其实是在智胜对手。

贝佐斯每年都会给亚马逊的股东写一封信。1997年至2020年，一共写了24封信。

以下是关于这些致股东的信的易读性评分信息：

- 共计48 062个单词
- 使用2 481个句子
- 平均每句19.4个单词
- 弗莱施-金凯德测试评分为十一年级

1 简洁的语言是沟通的超能力

- 6%的被动句以及94%的主动句（主动句由主语执行动作，主动句比被动句更直接，更简洁。而且在大多数情况下，主动句比被动句更易于理解。）

对贝佐斯这样的聪明人来说，用普通高中生都能读懂的语言写就4.8万多个单词的文章实为一项令人印象深刻的成就，尤其是考虑到他所表达的内容涵盖了诸如自由现金流、美国一般公认会计原则（GAAP）和预计损益表等晦涩难懂的财务术语。他的文章还涉及一些高度技术性的话题，如数据挖掘、人工智能和机器学习等。这些术语在被贝佐斯提及数年后，才被收录进商业词典。

写作，如同其他任何技能一样，是可以加以磨炼的。随着时间的推移，贝佐斯不断精进他的写作技能。表1.1比较了贝佐斯在1997年写的第一封亚马逊致股东的信和他作为CEO所写的最后一封致股东的信。随着亚马逊规模的扩大，致股东的信的长度也在增加。但随着贝佐斯写作次数的增加，他成长为一名更为练达的写作者。致股东的信中句子的平均长度缩短了4个单词，阅读信件所需的教育水平也降低了两个年级。

表1.1 贝佐斯1997年和2020年致股东的信的易读性评分比较

易读性因素	1997年	2020年
单词数量	1 600个单词	4 033个单词
句子长度	20个单词/句	16个单词/句
弗莱施–金凯德测试评分	十年级	八年级

2020年致股东的信中有一段颇受欢迎的简单易懂的文字，这段文字即使是六年级学生读起来也毫不费力：

如果你想在商业，实际上也包括在生活中取得成功，你所创造出来的就必须比你消费掉的更多。你的目标应该是为每一个与你互动的人创造价值。任何不能为其触达人群创造价值的企业，即便表面上看起来非常成功，在这个世界上也不会长久存在。它迟早会被淘汰。[4]

实战演练

在贝佐斯担任亚马逊CEO期间，他帮助制定了16条领导原则。亚马逊员工每天都在运用这些原则讨论新项目、推介理念或确定解决问题的最佳方案。最重要的是，这些原则强化了亚马逊的精神，即把客户作为每项决策的中心。

这些原则能成功地让公司各层级员工完全融入和理解，一个重要的原因是这些原则的表达方式。整个领导原则的文件只有700个单词，用符合八年级阅读能力的语言写成。每条原则都简洁明了，并用几个简短的句子诠释了如何将原则转化为可执行的行动。

例如，第一条也是最重要的领导原则是：

客户至上。

根据亚马逊的解释，客户至上意味着："领导者应当以客户为始，逆向工作。他们努力工作以赢得并维护客户的信任。尽管领导者要对竞争对手保持警惕，但他们更应当关注客户。"

与本书相关的主要原则还包括：主人翁精神、创造和简化、学习和保持好奇心、大胆思考、赢得信任和坚持最高标准。你可以在亚马逊网站上看到这些被清晰表述的原则，因为亚马逊希望每个求职者都了解它们，每个新员工都学习它们，每个领导者都内化并传播它们。[5]

作家布拉德·斯通在记述了亚马逊崛起的《一网打尽》一书中写道，清晰地表述这些原则是一种经过深思熟虑的领导策略。许多公司的员工在工作中迷失方向，就是因为这些公司的目标是混乱或复杂的，但亚马逊的原则却简单、明确和一致。

这些原则或价值观构成了一家公司的文化，旨在让员工据此行事。但没有人能够按照无法记住或理解的原则行事。要让你的原则易于阅读、记忆和遵循。

缩短句子的长度，用短词代替长词，都可以减少理解你的观点所需的精神能量。这一点为什么很重要？因为我们的大脑不是用来思考的而是用来保存能量的。

正如莉莎·费德曼·巴瑞特在她的获奖著作《认识大脑》中所写："生存的关键是高效利用能量。大脑最重要的工作是控制身体的能量需求。简言之，大脑最重要的工作不是思考。"[6]

能用简单的词语和句子表达复杂的观点和想法才是天才的标志。这句话出自一位名叫丹尼尔·卡尼曼的天才之口，他是诺贝尔经济学奖得主、心理学家和经济学家。

卡尼曼在他的开创性著作《思考，快与慢》中写道："如果你想让别人认为你聪明和可信，能用简单语言表达就不要用复杂的语言。"卡尼曼说，富有说服力的演讲者会尽其所能去减少"认知紧张"。任何需要消耗脑力的事情都增加了人们在阅读或倾听时大脑的负荷。每一个不熟悉的单词、每一个未知的首字母缩略词、每一个复杂的句子、每一个新的想法……所有这些都增加了大脑的负担。如果你持续增加负荷，你的读者或听众就会失去兴趣而放弃看下去或听下去。卡尼曼还说，相对于"认知紧张"，"认知放松"会让人们感到更愉快。当人们感到高兴时，他们更有可能支持你的观点。[7]

简单、创造认知放松是贯穿本书的主题。你将了解到为什么人类的大脑更容易记住故事而不是随机的事实。我将深入探讨两种认知捷径,也是贝佐斯常用来解释复杂故事的两种修辞技巧:隐喻和类比。你还将了解到为什么使用最少的词语表达,是帮助卓越的领导者快速到达事业巅峰的利器。

实现简单表达是一门关于了解和选择的艺术:了解你的受众,选择你的受众需要知道的信息。

优秀的沟通力以了解受众为起点

杰伊·埃利奥特清晰地记得他与史蒂夫·乔布斯相遇的那一刻。杰伊是IBM(国际商业机器公司)的高管,时年39岁。那天他在位于硅谷中心豪华区的洛斯加托斯的一家墨西哥餐厅的休息室里一边读报纸一边等朋友。一个留着胡子、穿着T恤和破旧牛仔裤的年轻人走了进来。他坐在杰伊旁边,并注意到杰伊正在看关于IBM的报纸文章。

"你了解计算机吗?"[8]他问杰伊。

"当然,我是IBM的高管。"

"总有一天,我会把IBM打垮。"年轻人说。

这家伙是谁?杰伊想知道。

"你好,我是史蒂夫·乔布斯。"

当他们交谈时,杰伊被史蒂夫为大众设计简单易用的个人计算机的愿景吸引。

"要怎么样才能让你来为我工作?"史蒂夫问。

"我对自己的工作很满意。我不认识你,也没听说过苹果公司。"杰伊回答。

"你尽管开价。"

"我喜欢保时捷。如果你能给我买一辆保时捷,我就为你工作。"

杰伊开玩笑说。

两周后，一辆保时捷出现在杰伊的车道上。

我想我要去为史蒂夫·乔布斯工作了，杰伊想。

在苹果设计第一台麦金塔计算机时，杰伊成了乔布斯的导师。乔布斯经常这样开玩笑："不要相信任何超过 30 岁的人，除了杰伊。"

当时，乔布斯希望打造出一款个人计算机，可以做到无须配备任何说明书就能够直接使用。杰伊回忆说："那是第一要务。"但鼠标这一用于控制计算机的设备对大众来说太陌生了，麦金塔团队意识到该产品必须附带一份说明书。

在一次杰伊、乔布斯以及其他一些市场人员参加的会议上，有人提出建议，说明书应该足够简单，简单到一个十二年级的学生就可以读懂、理解并通过说明文本独自使用计算机。

"好吧。"对于需要说明书这件事乔布斯还是有些不情愿，他说，"杰伊，去高中找一名十二年级的学生来写手册吧。"

乔布斯并不是在开玩笑。杰伊去了附近的丘珀蒂诺高中，经过比赛选拔找到了一位合适的编写者。他们把这个学生带到了一个秘密场所，让他坐在麦金塔计算机旁，试玩它，弄懂它。麦金塔计算机是第一台足够简单，适合普通人使用的个人计算机，并配有一本具有高中文化水平的人就可以看懂的薄薄的使用手册。它由简单的句子组成，例如：

"你将学习一种使用计算机的全新方法。"

"这一章将教会你使用麦金塔计算机所需的知识——如何创建文档（在麦金塔计算机上创建的一切内容的名称），对它们进行更改，并将它们存储起来。"

"'访述'（Finder）就像麦金塔计算机房子中的中央走廊。"

杰伊说："乔布斯的天才之处在于，他能够寻找到合适的人才，来做到简洁——从设计到内容。"

优秀的沟通者不是从他们自己所了解的开始,而是从受众所了解的开始。

在开始与 AWS 的高管合作后不久,我得以与另一家云计算公司的高管会面,这家公司是 AWS 的合作伙伴,是一家发展迅猛的硅谷初创公司。这家公司向 IT(信息技术)和计算机安全专家销售一款产品,帮助他们以前所未有的速度去分析海量数据,从而缩短扫描灾难性的隐蔽的安全漏洞所需的时间,这家公司所从事的业务简单来说就是这样。

硅谷风险投资公司 Greylock Partners 是该云计算公司的主要投资方,也曾是脸书、多宝箱、潘多拉、照片墙和爱彼迎的早期投资方。Greylock Partners 持有这家云计算公司 23% 的股权,因此使这家公司成功上市对 Greylock Partners 来说非常重要。在 Greylock Partners 的助推下,这家初创公司的估值超过了 10 亿美元。

"公司表现得很好,你们为什么需要我?"我问 Greylock Partners 的一位合伙人。

"虽然计算机安全专家了解我们公司的价值,但现在我们的工作是让更广泛的投资者、分析师和股东看懂我们的价值。"这家公司的高管用他们的行业术语和业内人士以及其他专家交流起来得心应手,但除此之外的非专业人士很难理解他们的产品到底能带来怎样的价值。他们原始的 PPT 充斥着幻灯片、令人陌生的首字母缩略词和烦琐杂乱的技术细节,却没有开门见山的故事或具体的使用案例让公司的产品介绍栩栩如生。简单来说,这样的 PPT "毫无启发性"。

我们需要用简单的语言让投资者了解产品能够解决什么问题,为什么公司是"云原生"的,以及到底哪些特色使得这家公司能够在云领域的众多安全平台中脱颖而出。

这家公司有一个好故事，我们需要的仅仅是改掉"臃肿"的叙事，让受众在认知过载之前就能掌握核心信息。由于这家公司拥有一个简单易用的云应用程序（至少专家们认为简单），所以我们就聚焦于这一事实：如果使用该平台，大型组织中的 IT 专业人员可以在不到 15 分钟的时间内解决问题。

公司路演取得了巨大的成功，投资者争相认购股份。该初创公司最终在 2020 年上市，并成为当年表现最佳的 IPO（首次公开募股）公司之一。如今，该公司的市值已经超过 20 亿美元。

选择吸引人眼球的隐喻来强化关键概念

贝佐斯并不是唯一一位撰写出被商界视为必读的致股东信的商业领袖。亿万富翁、投资人沃伦·巴菲特已经为伯克希尔·哈撒韦公司写了 60 年的致股东信，是贝佐斯写致股东信时间的近 3 倍。

在 90 岁时，巴菲特仍在撰写致股东信。巴菲特的个人经历赋予了他非常独特的视角。据巴菲特说，清晰简洁地进行写作的秘诀，就是要在写作时想象你的读者。"我在写信时脑海中一直有这样的想象：我正在和我的妹妹多丽丝和伯蒂说话，"[9]巴菲特说，"她们全部的投资几乎都在伯克希尔·哈撒韦公司。她们虽然很聪明，但是不参与业务，所以她们不会每天关注公司的新闻。我写信时假想她们已经离开了一年，而我正在向她们报告她们的投资情况。"

巴菲特开始起草致股东信时，会用"亲爱的多丽丝和伯蒂"作为信件开头的称呼。直到准备发布致股东信之前，他才会用正式的问候语"致伯克希尔·哈撒韦公司的股东"替换掉她们的名字。

巴菲特的信件易于理解，可读性强，富有趣味性。通过在写信时想象读者，巴菲特把自己放在了读者的位置上，并且用读者容易理解的语言与其交流。当巴菲特开始起草 2018 年的致股东信时,他想象的场景是他的妹妹们正在考虑出售持有的股票,而他的任务是说服她们继续持有。

阅读巴菲特 2018 年的致股东信,你会看到他是如何让多丽丝和伯蒂了解复杂的财务信息的。这封信因著名的"关注森林,忘记树木"的比喻而成为热点新闻。

巴菲特曾表示,逐一分析伯克希尔·哈撒韦公司庞大的投资组合中每家公司的复杂财务细节,将是一项令人抓狂的任务,因为它们过于复杂。所幸的是,要实现对伯克希尔·哈撒韦公司的估值,没有必要先评估组合中每家公司。巴菲特说,投资者需要知道,组合中每家公司就好比从小灌木到巨型红杉的各种树木。"我们的树木中有一些患病了,10 年后可能不复存在,"巴菲特直言,"但是,其他更多的树木注定会变得更大更美。"[10]

在这封致股东信的其余部分中,巴菲特带领投资者一起穿越了组成伯克希尔·哈撒韦投资组合的 5 类"森林":非保险金融业务("伯克希尔·哈撒韦森林中最有价值的森林")、可交易股权投资、多家企业的控股权益、现金业务、保险业务。

巴菲特把树木的比喻当作一种思维模型,使得复杂的财务信息简单化。巴菲特认为,人们更容易理解一片森林,而不是 90 家拥有近 40 万名员工的企业之间的联系。在第 5 章,你将学习更多以比喻作为认知捷径的方式。巴菲特被认为是商业沟通中的隐喻之王,而杰夫·贝佐斯是这个桂冠的有力争夺者。

实战演练

如果你正在处理一个复杂的主题,你可以借鉴沃伦·巴菲特在撰写他著名的以财务为主题的信时所采用的方法。通过问自己以下 3 个问题，在落笔前先了解你的读者。

你的目标读者是谁？以巴菲特为例，他写作时脑海中浮现的是他的妹妹多丽丝和伯蒂。

你的读者需要知道什么？要避免告诉他们你所知道的一切。读者需要了解哪些他们还不知道的信息？

你的读者为什么要知道这些信息？没有人关心你的想法。读者关心的是你的想法将如何帮助他们过上更好的生活。

那么你的多丽丝和伯蒂是谁？一旦你真正了解你的读者（他们是谁，他们需要知道什么，以及他们为什么要知道），你就可以迈向将信息化繁为简的下一步。如果第一步是了解你的读者，那么第二步就是为他们选择合适的信息。

简洁不是压缩内容，而是精简内容

使内容简洁不是压缩内容，而是选择合适的内容。你可能听说过"陷入细节的窠臼"的演讲者，意思是他们的表述过于详尽和细致。作为演讲者，如果在演讲前剔除了这些细节，你就可以避免陷入细节的窠臼。

2021年2月2日，贝佐斯在一封给员工的电子邮件中宣布：他将辞去亚马逊CEO的职位，并将大权交给AWS部门的最高执行官安迪·贾西。贝佐斯解释说，他将担任亚马逊董事会主席，并会积极参与公司后续的新产品和新举措。

贝佐斯的这封电子邮件结构、用词和句式简单，它的易读性评分为符合七至八年级学生的阅读能力。这封邮件行文简洁的秘密，实际上在于贝佐斯选择强调的信息。如果贝佐斯决定在信中描述亚马逊从

1994 年到 2021 年所取得的成就，它将是世界上最长的电子邮件。这对一位以创建流畅体验为傲的领导者来说显然是行不通的。贝佐斯精心选择了留下哪些信息，舍弃哪些信息，这封仅用了 620 个单词的电子邮件，高度凝练地总结了亚马逊 27 年的创新历程。

"发明创新是我们成功的根源，"[11]贝佐斯写道，"我们一起做了很多近乎疯狂的事情，然后令它们变成了理所当然的事情。我们开创了客户评论、一键下单、个性化推荐、Prime 会员极速发货、无人超市购物、气候承诺、Kindle 电子阅读器、Alexa 智能音箱、交易平台、云计算基础设施、职业选择计划，不胜枚举。"

"不胜枚举"这 4 个字高度概括了贝佐斯选择省略的所有创新举措。

贝佐斯说过："如果有一个原因使得我们在互联网领域比我们的同行做得更好，那就是我们像激光一样精准地专注于客户体验。"[12]从一开始贝佐斯就明白人类行为的一个基本规则：当共同的目标、愿景和优先事项被简明、精练、一致地表达出来时，人们会围绕这些目标团结起来。

要聚焦要点，简化内容

斯蒂芬·莫雷特庆幸于他曾认真研究了亚马逊所秉承的指导原则和愿景。2017 年 4 月，亚马逊发布消息称，它正在寻找一个西雅图以外的地点来建造公司的第二个总部。亚马逊邀请全美多个地区提交竞标方案，最后收到了 238 份提案。

莫雷特是弗吉尼亚州负责经济发展的高级官员，他敏锐地看到了亚马逊的这一举措可能为该州经济发展带来的巨大机遇，但他也意识到弗吉尼亚州的胜算不大。一家咨询机构搜集了 20 种不同类别的数据，分析了弗吉尼亚州中标的可能性，结果不容乐观。弗吉尼亚州没有其他州可提供的慷慨的激励条件，也无法与消费水平更低的市场的低成本优势竞争。

莫雷特告诉我："我们知道亚马逊会收到数百份提案。我们能胜出的机会非常小，因此我们必须明确传递我们的独特之处以获得胜出的机会。"[13]

莫雷特的竞标团队开始通过逆向思维打造"NOVA"（北弗吉尼亚）提案，他们以研究亚马逊的需求为起点（在本书的第10章中，你将更多地了解亚马逊的逆向思考和决策技巧）。他们发现亚马逊非常看重稳定和可持续的人才输送通道。莫雷特的团队说服本州政府和私营机构，承诺将投资11亿美元的专项资金用于扩大该地区的计算机科学教育，并在弗吉尼亚理工大学建立一个新的创新园区。面对最初对这个动议的质疑，莫雷特指出，即使弗吉尼亚州输掉了对亚马逊公司选址的竞标，本州以技术人才著称的优势仍将对全美各地的公司产生吸引力。

尽管最终包括详细附录材料在内的 NOVA 提案内容达到 900 页之多，但莫雷特要求竞标团队将提案的"干货"简化至一页纸的篇幅。

莫雷特的团队最终将 NOVA 的核心故事简化为 6 个精心和慎重选择的关键信息：

- 北美顶尖的技术人才培养地。
- 具有全球性和包容性。
- 美国唯一一个引领公共和私营部门创新的都市区。
- 以卓越治理为传统的稳定且有竞争力的合作伙伴。
- 一系列标志性场所，与第二总部的规模、速度和覆盖范围相匹配。

- 面向 21 世纪的新经济发展模式。

"聚焦于 6 个要点迫使我们确保我们的论点令人信服,"莫雷特说,"如果你必须将你的立论提炼成数个要点,那么这些要点是什么?要确保这些要点清晰、无懈可击且有理有据,也要避免迷失在数据的海洋中。"

莫雷特和他组建的团队成功地完成了大多数人认为不可能实现的目标。2018 年 11 月 13 日,亚马逊宣布北弗吉尼亚将成为其第二总部所在地。莫雷特和他的团队赢得了美国历史上规模最大的私营经济项目。亚马逊的第二总部将创造 2.5 万个新工作岗位,并为弗吉尼亚州带来每年超过 5 亿美元的收入。

如果你有机会和莫雷特交谈,你很快就会发现为什么他能够成功地将数百个拥有不同利益(甚至是存在竞争关系)的人团结起来,为一个共同的目标一起努力。尽管他否认这是他的功劳,总是把参与竞标工作的 500 人置于聚光灯下,但毫无疑问的是,莫雷特是整个团队的领导者。聪明的领导者会将事情简单化,因为简单的事情会带来睿智的决策。

"如果你有一项别人没有又能随时使用的傍身技能,你就会变得更有价值。"百事公司前 CEO、现亚马逊董事会成员英德拉·诺伊这样说。[14]诺伊还进一步将她所说的"随时使用的傍身技能"定义为将复杂问题简单化的能力。

"每当事情变得太复杂时,我总是会想起它。人们会对我说:'英德拉,请你先简化一下,告诉我们应当如何应对这个极其复杂的问题。'这是我的技能发挥作用的时候,到现在它也很有用处。"

诺伊认为:"你如果想成为一名领导者,却不能有效地进行沟通,那就趁早断了这个念头吧。在当今的数字化时代,人们认为发消息和推特就是沟通,但实际上并不是这样。你必须能够站出来直面员工，让员工站在他们从未想过的角度上思考问题。你需要具备极强的沟通能力，在沟通技巧上下再多的功夫都不为过。"

你总会遇到一些人拒绝简化他们的信息。他们沉迷于自己的智慧，自得于自己的资历，迷恋以往的经验。他们永远不会用一个短词来替换一个长词。为什么？因为他们是长词人（sesquipedalians）。你没看错，"长词人"是一个真正存在的单词。长词人喜欢使用多音节的、难以发音和理解的词语。你可不要被他们吓倒。一位私募投资公司的创始人（他也是一位亿万富翁）曾经告诉我，在他看来，申请他公司的商科毕业生最大的缺点就是无法将他们的工作成果和想法用简单的语言表达出来。他们的演说看起来面面俱到，技术性很强，却完全难以理解且无法让人记住。

所以，要努力保持信息的简单明了。

2 用简短词汇解释新颖想法

> 简短的词语为上佳,而既古老又简短的词语为上上佳。
>
> ——温斯顿·丘吉尔

2007 年 11 月,亚马逊 Kindle 电子阅读器的问世引发了出版界的一场革命。

首批 Kindle 在 5 小时内售罄,顾客们纷纷抢购可供选择的 9 万册图书。如今,Kindle 用户可以选择的图书种类超过 600 万种。亚马逊占据了美国电子书销售 80% 的市场份额。

约 25% 的美国成年人阅读电子书。即使你不属于这一群体,而是更喜欢阅读纸质书或选择正在快速增长的有声书,你也知道如何访问和阅读电子书。但在 2007 年,大多数人还从未见过这样的设备。贝佐斯在他的致股东的信中强调了 Kindle 的一些功能。

如果你遇到一个不认识的单词,你可以轻松地查找它的含义。你可以搜索你想要找的书。你做出的批注和下划线会存储在服务器端的

"云"中，不会丢失。Kindle 会自动记住设备中每一本书中你当前读到的位置。如果你的眼睛感到疲劳，你可以调整字体大小。最重要的是，它可以帮你在 60 秒内轻松、简单地找到一本书。当我看着人们第一次使用它时，很显然这种设备的功能给他们留下了深刻的印象。我们对 Kindle 的愿景是：已出版的所有语言的书籍都可以在 60 秒内被找到。[1]

在上面介绍 Kindle 的段落中，92% 的英文单词都只有一个或两个音节。实际上，贝佐斯选择用来描述 Kindle 的大多数（76%）英文单词都只有一个音节。

优秀的演讲者会使用简短的单词来解释新颖的想法。

在 Kindle 改变人们阅读方式的大约 940 年前，一次对英国人民产生深远影响的历史事件——黑斯廷斯战役改变了人们的说话方式。

1066 年，"征服者"威廉带领 7 000 名诺曼人从法国横渡英吉利海峡。他向英国统治阶级引入了一种基于拉丁语的新语言——诺曼法语。诺曼人对英语语言产生了重大影响，其影响至今仍然存在。

尽管新的诺曼统治阶级使用"高级"的语言，但英国仍有 97% 的"普通"民众继续使用古英语，这是现存的有记录的最早的英语语言形式，可以追溯到公元 5 世纪。在 1066 年之后，诺曼法语成为英国贵族的语言，而简短、古老的词语仍然是人民大众的语言。

今天，我们所使用的英语约 80% 的单词可以归入两大阵营：日耳曼语（古英语和中古英语的结合）和拉丁语。剩下 20% 的英语单词来自希腊和其他跨大陆的舶来语［例如，来自美洲的"tobacco"（烟草）和"potato"（土豆），以及来自亚洲最东部地区的"bungalow"（平房）和"guru"（大师）等］。科技发展也创造出了一小部分词语，比如"googling"（谷歌搜索）。

那么该如何分辨来自更古老的英语中的单词和那些起源于拉丁语的单词呢？一旦你掌握了以下的窍门，分辨它们就变得很容易了。来自古英语的单词很短，通常只有一个音节。源自拉丁语的单词则更长，音节更多。当有人用简单的英语表达时，他很可能是在使用古老的单词。当一个人的表达显得啰唆、令人困惑、复杂烦琐时，他很可能使用了太多源自拉丁语的单词。

如果你用了"need"（要）这个词，你就是在用简单的英语说话；如果你用了"require"（需要）这个词，你就是在使用花哨的语言。

如果你说向"boss"（老板）汇报工作，你说的就是简单明了的英语；如果你说向"superior"（上级）汇报工作，你使用的就是花哨的语言。

如果你说你邻居的房子就在你房子的"beside"（旁边），你就是在用简单的英语说话；如果你说他们的房子与你的房子"adjacent"（相邻），你就是在使用花哨的语言。

源自日耳曼语的古代词语是非正式的和口语化的，拉丁语单词通常让人感觉正式和沉闷。表 2.1 给出了更多比较正式词语和非正式词语的例子。

表 2.1 正式词语和非正式词语的比较

正式词语	英文字符数量	非正式词语	英文字符数量
He engaged in a deliberate prevarication.（他故意闪烁其词。）	36 个	He told a lie.（他说谎了。）	11 个
I perceive something in the distance.（我观察到远处有什么东西。）	32 个	I see something.（我看到了什么。）	14 个

续表

正式词语	英文字符数量	非正式词语	英文字符数量
Let's engage in a conversation. （让我们进行一次交谈。）	27 个	It's time to talk. （我们谈谈。）	15 个
You are required to purchase any item you damage. （如果你损坏了任何物品，你需要购买它。）	41 个	If you break it, you buy it. （如果弄坏了，你就得买下它。）	22 个

在本章中，你将学习一种可以用来说服和激励他人的简单的语言技巧：将古老的词汇和花哨的词汇结合起来使用。当帕特里克·亨利写下"Give me liberty or give me death"（不自由，毋宁死）时，他将源自拉丁语"libertas"的"liberty"（自由）这个单词与一个来自古英语的短词"death"（死亡）结合起来使用。亨利的这句名言使殖民地的民众团结起来，并引燃了一场革命。

使用拉丁语和日耳曼语组合的读物，读起来介于法律教科书和《与迪克和简一起玩》（*Fun with Dick and Jane*）这类儿童读物之间。当简说"Run, run"（跑，跑），迪克说"Look, look"（看，看）时，只有 6 岁孩子才会感兴趣。相反，仅由拉丁语单词组成的文本和 PPT 会令人困惑，让人觉得不知所云。简言之，复杂的长词让人哈欠连天。

实战演练

检验一下你的文字。从你写的稿子中选择一段样本，看看有多少个单词或短语源自花哨的拉丁语。你可以使用在线词源辞典来确定每个单词的起源，然后找到更简单、更简短的词来替换它们。你会发现，优先使用短词会减少你行文中的大部分行业术语，这些词语会让你的读者感到困惑。这样做会让你写出的句子更紧凑、清晰、有力。

用短词代替长词，你会变得更有说服力。

简短的词语能传达清晰明确的信息

温斯顿·丘吉尔说过："语言中的短词通常更古老，它们的含义更具民族性，更深入人心。"

艾瑞克·拉森是历史类畅销书作者，他的作品包括《死亡航迹》(Dead Wake)以及《辉煌与邪恶》(The Splendid and the Vile)。前者讲述了第一次世界大战期间"卢西塔尼亚"号的沉没，后者讲述了丘吉尔在第二次世界大战期间担任英国首相最初几个月的故事。拉森告诉我，丘吉尔在选择用于向公众传递信息的词语时非常谨慎。在一份名为"简洁"的备忘录中，丘吉尔敦促政府行政人员用更具对话性的单词取代冗长的"模糊词语"。丘吉尔说："简明扼要地阐述要点的原则有助于清晰地思考。"[2]

清晰的思维和明确的信息是我们在新型冠状病毒感染疫情期间所需要的。2020年3月，全球各国的卫生机构发布了全国范围的隔离令，并进行相关宣传，鼓励人们采取预防措施，减少新型冠状病毒的传播。在从美国到英国，从加拿大到澳大利亚的英语国家中，公民们被告知：待在家里，阻断传播，拯救生命。(Stay Home. Stop the Spread. Save Lives.)

为了使国家医疗系统避免医疗挤兑，英国政府在印刷品和广播中展开宣传："待在家里，阻断传播。"(Stay home. Stop the spread.)澳大利亚人则被建议："阻断传播，保持健康。"(Stop the spread and stay healthy.)加拿大人被要求："待在家里，戴口罩，勤洗手。"(Stay home, wear a mask, and wash your hands.)

在危机时期，简短的词语能体现出紧急性，更抓人眼球，易于理解。

想象一下，如果这些宣传活动使用传统的官僚术语，那么最终的信息听起来可能是这样的：

为了维护公共健康与安全，兹命令所有不从事影响关键基础设施运行的必要活动的公民，留在自己的住所内，以减少新型冠状病毒的传播，并最小化患病率和死亡率。[3]

这段话可不是我编造出来的。它摘自2020年3月16日纽约州发布的居家指导方针的行政命令。这是法律性语言，而不是人们日常真正使用的语言。大多数从事医疗保健宣传的人都知道其中的区别。当在危机中进行沟通时，他们会选择像"stay home"（待在家中）、"lives"（生命）这样的古老的英文单词。

那么对于非英语国家呢？在危机中，简单的词语同样适用吗？答案是，当然适用。

新型冠状病毒感染疫情使日本陷入困境，因为该国不得不应对因推迟2020年东京奥运会所带来的心理和经济打击。3月的一次卫生专家会议得出结论，病毒传播的三大场景是：几乎没有通风的密闭空间，无法保持社交距离的拥挤空间，人与人之间的近距离交谈。

行为改变至关重要，只有有效沟通才能说服公众采取预防措施。卫生部门发起了一项运动，敦促人们避免"三个C：密闭空间（Closed Spaces）、拥挤场所（Crowded Places）和近距离接触环境（Close-Contact Settings）"。三个C非常容易记住，甚至连日本小学生都知道要避免进入密闭、拥挤和近距离接触的环境。

全球的健康卫生专家都接受过危机沟通的培训。他们学习的第一条规则是让信息明确而简洁。危机沟通领域的许多研究都基于"心理噪声理论"。这意味着在危机时期，公众压力很大，情绪很紧张。在这种情况下，人们不太可能准确地听到信息，理解并记住它。

消除心理噪声的解决方案是创造一个可以在7~9秒钟说出来或在书面上用20个单词表达的信息。这就是为什么你经常会看到3个词语一组的危机处理信息，并且在信息中都尽可能使用最短的单词。如果你的衣服着火了，你会很轻易地想起"停下、躺下、翻滚"（stop, drop, and roll）。在美国易发生地震的地区，孩子们被教导要"伏地、遮挡、手抓牢"（drop, cover, and hold on）。

在危机中选择最短的词语来传达信息。在疫情防控期间，我们听到了同样的指令：待在家里、戴口罩、保持6英尺[①]的距离。你会认识到，当用最古老的词语来传达信息时，你找不到更短的词语来表达同样的意思。

用简短的词解释复杂的事情

随着你的想法变得越来越复杂，你所使用的词语长度应该越来越短。

让我们以法律领域为例。律师们钟爱源自法语和拉丁语的词语。这就是为什么英文法律合同中充斥着你在日常对话中不会使用的词语，比如"heretofore"（迄今为止）、"indemnification"（赔偿）和"force majeure"（不可抗力）等。

肖恩·伯顿认为，是时候做出些改变了。肖恩·伯顿是通用电气公司航空部门的总法律顾问，他给通用电气公司的法务部门带来一个创新：使用通俗易懂的英语进行沟通。在《哈佛商业评论》的一篇文

[①] 1英尺=30.48厘米。——编者注

章中，伯顿这样写道："如果面对一份过于烦琐冗长、充斥着法律术语、让非法律人士几乎无法理解的合同，你会有何感想？然而，这就是现状。"[4]

伯顿说，大多数法律合同"充满了不必要的和难以理解的语言"。伯顿领导了一项为期 3 年的项目，以促进在书写合同时用通俗易懂的语言替代晦涩难懂的法律术语，这些法律术语正如《韦氏词典》所定义的那样，是"律师所使用的对大多数人来说难以理解的语言"。

法律术语的问题曾让公司的销售团队感到十分沮丧。一份超过 100 页，几乎有 30 多个定义的合同，让人们花费了太多时间去阅读、理解和谈判。伯顿在法学院学习时了解到通俗英语这个形式，他建议对文本做一个简单的测试："如果一位高中生在没有上下文的情况下无法理解这段话，它就还不够通俗易懂。"[5]

重写合同并非易事。伯顿的法律团队花了一个月的时间起草初稿，他们成功地将 7 份合同缩减为一份。原来需要一页以上的声明和段落被缩短为一两句话。其中一份合同有一个由 142 个单词组成的长句，通过用更简单的语言取代大量的拉丁词语，该句子的长度缩短为 65 个单词。虽然它仍然很长，但这项努力使句子的长度减少了超过一半。

更重要的是，合同不再需要附录，因为需要特别定义的 33 个词语已经全部被删除了。

每个人都认为修改后的合同更简短，也更容易阅读。像"indemnification"（赔偿）、"heretofore"（迄今为止）、"whereas"（鉴于）和"forthwith"（立即）之类的词语已经消失。有些人甚至觉得新合同"很刺目"，因为他们意识到，语言越简单，理解起来就越容易。伯顿说："在合同中，那些在历史上被复杂化了的法律概念，可以用简单的语言来解释。这些句子都很简短，用主动语态书写。"[6]

这项努力得到了回报，第一批 150 份语言简明的合同减少了 60% 的谈判时间。根据伯顿的说法，新合同加快了交易速度，提高了客户满意度，并节省了经济成本。

伯顿称他的倡议为"卓越合同"。这个策略很卓越，但并不是伯顿首创的。

大约在通用电气公司推出使用简明语言的行动之前的 150 年，一位名叫亚伯拉罕·林肯的律师偶然发现了这个策略。

历史学家多丽丝·科恩斯·古德温写道："林肯成功的关键，在于他惊人的、将最为复杂的案件或问题分解为最简单的要素的能力。"[7] 尽管林肯的论点逻辑严密，并且十分深刻，但它们很容易被理解。古德温援引林肯的同事亨利·克莱·惠特尼的话，他观察到"林肯使用的语言由简单的盎格鲁-撒克逊词语组成"。

卓越的亚伯拉罕一直都是正确的。

让我们把话题转回亚马逊。但这次不是西雅图的亚马逊，而是"韩国的亚马逊"。

2021 年 3 月，韩国酷澎电子商务公司上市。酷澎创始人金范锡在进入哈佛商学院学习 6 个月后选择退学，并于 2010 年创办了这家公司。然而，我们不必替他惋惜和担心。通过采用亚马逊的一些原则，酷澎彻底改变了韩国的电子商务行业，据《福布斯》估计，金范锡现在的身家达到了 80 亿美元。

当金范锡谈到他的公司对"热情服务"、"选择丰富"和"低廉价格"的痴迷时，我们不由得想起让亚马逊成功的那些原则。这位年轻的企业家还借鉴了贝佐斯的策略，那就是使用简单的词语和简明的话语来解释新的想法。

在酷澎公司的 IPO 路演中，金范锡对公司标志性的"火箭快送"服务进行了解释说明。这项服务非常快，酷澎先进的物流系统，使其能够在数小时内向顾客交付数百万件商品，而且全年如此。

金范锡这样解释该项服务："前一天午夜下单，第二天早上醒来时你就能看到商品已经送到门口了，就像圣诞节的早晨一样令人惊喜。你练习芭蕾舞的孩子需要一条芭蕾裙？在午夜前下单，第二天早晨他们上学之前就能收到了。当然你也可以在晚上下单一副耳机，第二天早上上班途中就能用到了。"[8]

金范锡的推介文本在易读性上获得了 90 分的高分，这意味着大多数人都可以"非常容易"地理解。易读性分数越高，句子和单词就越短。这段话的阅读难度定级为三年级，通篇没有使用被动语态。要表述同样的内容几乎没有更简单的表达方式了。

然而，金范锡的简单表述的背后隐藏了复杂的内容。他没有说公司"利用机器学习来预测需求，并将库存提前部署到离顾客更近的地方"。他也没有解释什么是"动态编排"，这是一种可以对数亿种库存和路线选项进行排序，以预测每个订单的最有效路径的技术。他也避免描述"集成系统"，该系统使公司能够"优化上游流程以减少下游的低效率"。

普通顾客并不关心订单是如何被送到门口的。他们不需要知道公司使用哪些人工智能、物流或软件系统来提供这种体验。顾客虽然不需要了解"动态编排"，但对其带来的结果却印象深刻：这项技术使酷澎能够在次日或几个小时内百分之百交付订单。

金范锡告诉美国消费者新闻与商业频道（CNBC），他很"羡慕"亚马逊的商业模式，并受到贝佐斯所表达的亚马逊愿景和客户价值的启发。金范锡已经成为一位优秀的商业沟通者。许多酷澎公司的顾客都对该公司简单、易记的使命宣言耳熟能详：创造一个顾客认为"离开了酷澎就无法生存的世界"。

将使命变成"口头禅",使团队步调一致

我们都听过一句老话——"不破不立"。一些企业家赋予这句老话新的意义,创造了自己的格言:"快速行动,打破常规。"这些格言都蕴含着睿智的观察,是智慧的珍珠和思想的精华。虽然每句格言所传递的信息都不一样,但它们的共同特点是几乎都很短小精悍:

- 一分耕耘,一分收获。
- 铁链的坚固程度取决于最薄弱的一环。
- 世上之事本无所谓好坏,思想使然。
- 冰冻三尺,非一日之寒。
- 人不可貌相,海水不可斗量。

如果一句格言很长而且令人费解,人们就很难记住它。人们如果记不住它,就难以去遵循。那些令人耳目一新或发人深省的思想最好使用短句和简单的词语去表述。哲学家、畅销书《黑天鹅》的作者纳西姆·尼古拉斯·塔勒布说,格言的力量在于,它能够"用简短的语言概括强大的思想"。

在塔勒布的著作《塔勒布智慧箴言录》中,他解释说,警句、格言、谚语和短诗都是最早的文学形式的实例。塔勒布说:"它们是触动人心的信息的紧凑的表达形式……创作者以能够把强大的思想凝聚在少量的话语中而自豪,尤其是在口头表达中……警句要求我们改变阅读习惯并循序渐进。每一个小剂量的输入都是一个完整的单元,是一个与其他单元分离的完整叙事。"[9]

当然,有些格言是乏味的陈词滥调,重复着你听过很多次的常识。但是,正如塔勒布所说,很多格言是"简明的、商品化的思想",它们能够引发顿悟,并具有"爆炸性的效果"。

那些促使你以一种新的方式去思考世界的警句经得住时间的考

验，因此，它们能够代代相传。贝佐斯同样希望他的沟通策略能够传递给他现在和未来的员工，从而使整个公司围绕着共同的目标行动。这就是为什么贝佐斯要将他的思想包装成谚语和警句的形式，这些简短的话语蕴含着大量的智慧。此外，简短的语言易说、易读、易记忆，也易于重复。

简短的词更容易理解

让我们仔细看看一些著名的"杰夫式格言"（即贝佐斯最令人难忘的话语），并探究一下他为什么选择使用这些词语而不是其他词语。表2.2列举了一些杰夫式格言，并且对为什么这些话语很受欢迎进行了解释。

表2.2 贝佐斯的格言

格言 （英文原文）	格言 （中文译文）	解释
"Get big fast."	"快速扩张。"	3个英文单词组成的简洁口号，易读性得分达到100分，无法更加精简了。
"You don't choose your passions. Your passions choose you."	"你无法选择你的激情，你的激情选择了你。"	这句话的易读性也接近100分，是近乎完美的一句话。它还采用了"回环"的修辞手法，即把词语相同而排列次序相反的言语片段紧紧连在一起。就像肯尼迪总统的名言："不要问你的国家能为你做什么，而要问你能为你的国家做什么。"

续表

格言 （英文原文）	格言 （中文译文）	解释
"You can work long, hard, or smart, but at Amazon.com, you can't choose two out of the three."	"你可以长时间、勤奋或聪明地工作，但在亚马逊，三者缺一不可。"	贝佐斯在1997年提出这个观点，至今仍然被人们津津乐道。这句话中除了"Amazon"（亚马逊），每个单词都只有一个音节。
"In short, what's good for customers is good for shareholders."	"简言之，对客户有益的就是对股东有益的。"	贝佐斯在2002年提出这个论点。正如贝佐斯所言，这是一个对宏大原则的简要概括。
"Life's too short to hang out with people who aren't resourceful."	"人生苦短，不要和碌碌无为的人混在一起。"	贝佐斯本可以使用"associate"（交往）或"fraternize"（交际），但他选择了常见的短语"hang out"（混）。
"If you can't feed a team with two pizzas, it's too large."	"如果两张比萨饼还不能让你的团队填饱肚子，那就说明团队的人太多了。"	易读性得分100分，表达极为精练，但文字背后的观点可以写整整一本书。
"Your brand is what others say about you when you're not in the room."	"品牌就是当你不在场时别人对你的评价。"	这又是一个足以写出一本品牌建设主题的图书的观点，整个句子几乎全部由单音节词组成。
"It's always Day One."	"永远是第一天。"	非常容易被阅读、记住和重复。

实战演练

使用弗莱施-金凯德测试来简化你的写作。包括 Grammarly 和 Microsoft Word 在内的数家文字编辑平台都提供这项服务，其中 Microsoft Word 已将可读性评分添加到其软件中。在 Word 的功能栏中，你会找到一个名叫"拼写和语法"的选项。选择"显示易读性统计信息"的勾选框,它会显示文档的易读性评分和适合阅读的年级。亚马逊建议员工达到的易读性评分目标是50分或更高,对应的年级水平为八年级。本章的Word易读性评分为59分,弗莱施-金凯德易读性年级水平为八年级,这意味着本章内容足够简单,大多数读者都能清楚地理解。

用词简短,但要具有启迪性

智者被定义为极其睿智的人。他们可能会出现在世界的任何地方,比如内布拉斯加州的奥马哈市,那里居住着一位全球最聪明的金融智者。

正如在前面的篇章中我们了解到的,亿万富翁沃伦·巴菲特是隐喻之王,他也是使用精练格言的大师。巴菲特的大部分格言都包含了能够写上一整本书的智慧。正因为这些简短的蕴含着真理的格言能给人们以启发、教育和鼓舞,所以我们喜欢阅读它们并与人分享。表2.3列举了一些来自这位奥马哈的智者的格言。

表2.3 巴菲特的格言

格言 (英文原文)	格言 (中文译文)	注释
"Be fearful when others are greedy and greedy when others are fearful."	"在别人贪婪时恐惧,在别人恐惧时贪婪。"	这句话出自巴菲特1996年的致股东的信,句子短小精悍,使用了"greedy"(贪婪)而不是"avarice"(贪心),也运用了回环的修辞手法。这个句子简短有力,易于记忆,朗朗上口。总之,这句话效果很好。

续表

格言 （英文原文）	格言 （中文译文）	注释
"It's not how you sell 'em, it's how you tell 'em."	"重要的不是你如何卖它们，而是你如何讲它们。"	在巴菲特2016年致股东的信中，他甚至没有拼出整个单词。这就是为什么他的话经常被称为"民间智慧"。他的写作方式就是人们的口语表达方式。
"It's better to hang out with people better than you."	"和比你更优秀的人在一起会让你变得优秀。"	在这句话之后的句子中，巴菲特换了种说法："挑选行为比你好的人做朋友，你就会朝着他们的方向发展。"更短的句子更能抓住人心。
"I don't look to jump over 7-foot bars：I look for 1-foot bars that I can step over."	"我不指望跳过7英尺高的栅栏，我只寻找可以跨过的1英尺高的栅栏。"	这个句子中，所有单词都只有一个音节，除了"over"这个词。
"If you buy things you do not need, soon you will have to sell things you need."	"如果你买了并不需要的东西，很快你就不得不卖掉你需要的东西。"	又是一个使用单音节单词的句子。
"You never know who's swimming naked until the tide goes out."	"当潮水退去时，你才知道谁在裸泳。"	"subside"（退潮）这个词不如"go out"（退去）那么有冲击力。
"For 240 years it's been a terrible mistake to bet against America, and now is no time to start."	"240年来，做空美国一直是一个可怕的错误，现在也不是这么做的时机。"	单词的选择非常关键。巴菲特选择了更短的"bet"而不是"wager"，选择了"start"而不是"commence"。
"America's best days lie ahead."	"美国的未来是光明的。"	这个句子比第一个版本更短。想象一下，假如巴菲特这么写："美国会利用其地位把握未来的增长机会。"如果你要大胆地表述，那就要力求简洁。

简短而易于记忆的短语之于领导力就像歌曲里的"钩子"之于音乐。在歌曲创作中,"钩子"是一种强大的工具,它使一首歌曲令人难忘。这种现象用学术语言来描述就是"无意识的音乐想象"。用简单的语言来说,"钩子"就是一种"耳朵虫"。

简短的词易于记忆

一首歌曲中的"耳朵虫"指的是你会在淋浴时哼唱的那一段,因为它易记又好唱。虽然编写吸引人的歌曲钩子的方法多种多样,但要遵循的基本规则是必须简单且可重复,电台节目中大多数深受欢迎的钩子只有3~5秒钟。鲜明的钩子在歌曲中被一遍又一遍地重复,让我们更容易记住。

1972年,比尔·威瑟斯以"当你无助时,请靠在我身上"(Lean on me / when you're not strong)为钩子创作了一首歌曲。当时他没有想到这首歌会被《滚石》杂志评为有史以来最伟大的500首歌曲之一。

"对我来说,世界上最大的挑战莫过于把复杂的事情简单化,让大众都能够理解。"[10]威瑟斯多年后在一次采访中说,"我坚持认为,用最简单的方式表达某件事情才能令它更容易被记住。你不会一边走路一边哼唱一段复杂的旋律,因为它太难被记住了……关键是让人们不仅能够记住它,而且能一遍又一遍地回忆。"

威瑟斯说,乡村音乐是他最喜欢的音乐类型之一,因为这类歌曲的特点是用简单的歌词讲述故事。早在乡村音乐家卢克·库姆斯出道之前,威瑟斯就已经发表了这个观点,两位音乐家都喜欢将复杂的故事情节转化为简短的歌词钩子。

库姆斯以他巧妙、令人着迷的钩子在公告牌排行榜上创下了流媒体的纪录，这些歌词钩子通常也是他的歌曲名：《她拥有最好的我》（"She Got the Best of Me"）、《每当下雨，必定倾盆》（"When It Rains It Pours"）、《所见即所得》（"What You See Is What You Get"）和《啤酒从未让我心碎》（"Beer Never Broke My Heart"）。

"在歌词写作上我绝对是非常挑剔的。"[11]库姆斯如此来描述他的创作过程，"我是一个无可救药的完美主义者……对我来说歌词里最不起眼的一个字也非常重要。"

作为一位领导者，如果你不认为这种钩子有助于沟通，那么我给你3个字：它可以。虽然奥巴马没有雇用一位热衷于填词的词曲创作人，但他聘用了一位接近填词人风格的演讲撰稿人。

2008年，乔恩·法夫罗与奥巴马合作撰写的演讲稿令这位来自伊利诺伊州的参议员声名鹊起。在这份演讲稿中，他们重拾了奥巴马多年前在一则政治广告中使用的三字短语："Yes We Can"（是的，我们可以）。从修辞学的角度来看，他们将这个短语转化成尾语重复，即在一段话的结尾重复使用同一短语。这个短语起到了类似歌曲中钩子的作用，是演讲中容易引起听众"唱和"的部分。它成了一个人人都能熟记的语句，《华盛顿邮报》称其为"歌词式标语"。

在一次演讲中，奥巴马使用这个"钩子"多达12次。

当我们面对不可能的挑战时，当别人告诉我们没有准备好，所以不该尝试或不可能成功时，一代又一代的美国人会用一句简单的话做出回应，这句话是这个民族精神的概括：Yes, we can. Yes, we can. Yes, we can.（是的，我们可以。）

这句话被写进宣示美国国家命运的开国文件中：Yes, we can.

它被奴隶和废奴主义者低声相传，他们穿越黑夜开辟了自由之路：Yes, we can.

当移民们从遥远的海岸出发，当拓荒者向西推进，对抗无情的荒野时，他们唱着这首歌：Yes, we can.

……而且，我们将共同开启美国历史的下一个伟大篇章，这3个单词飘荡于东海岸到西海岸之间，回荡于大西洋到太平洋之间：Yes, we can.[12]

奥巴马的演讲就像一首优美的歌曲，是用音乐节奏在讲述故事，而"Yes, we can"成了"钩子"，成了能够轻易就被人记住的标语。

好的沟通者表达清晰而简洁，伟大的沟通者为耳朵创作音乐。

3 写作的 7 个技巧

> 写作，是一种诞生于数千年前的伟大的工具，我坚信写作在很大程度上改变了我们的生活方式。
>
> ——杰夫·贝佐斯

体育记者雷德·史密斯说过："写作很容易。你只需要坐在打字机前，敞开内心，尽情倾诉，文字就会自然地流淌出来。"

动笔虽容易，写出有意义的文字却并非易事。

用文字表达你的想法，就像"在软烂泥泞的地面上推着装满砖块的手推车逆风前行"[1]，喜剧演员杰瑞·宋飞曾这样告诉播客主持人蒂姆·费里斯。"写作是一个痛苦而艰难的过程，但在喜剧领域，你如果不学会写作，就会面临失败。写作拯救了我的生命，也为我的职业生涯奠定了基础。脱口秀实际上是关于写作的职业。"

你的职业生涯可能并不像宋飞那样高度依赖于写作，但是写作在几乎所有职业的各个层面上都是一项关键技能。几乎每一种旨在告知、说服或激励的沟通，都是从书面文字开始：一篇鼓舞人心的大学入学申请文书让申请人脱颖而出；一次令人难忘的演讲能震撼观众；一封简明扼要的电子邮件促使读者采取行动；一则好的抖音或照片墙的标题能激发粉丝们的热情。强大的写作技能也是被亚马逊聘用以及在职业阶梯上攀升到领导梯队的要求之一。很少有公司像亚马逊那样重视写作技能，也很少有人像贝佐斯那样热衷于宣扬这种技能的重要性。

写作是一项可以通过定期练习来提高的技能。宋飞创建了一套帮助他提高写作技能的方法，商业人士也可以运用这些技巧来提升他们的写作能力。首先，宋飞对待写作就像运动员做训练一样。他日复一日笔耕不辍，即便他的想法没有变成脱口秀中的金句。他说："没有人一开始就精于写作。那些非常厉害的人都在写作上投入了大量的时间，写作是一件通过不断积累而逐步精进的事情。"[2]

其次，宋飞对写作设定了时间限制。当宋飞的女儿告诉父亲，她计划用一整天的时间写作时，他的回答是："不，你不能这样做。没有人可以整天写作，即使是莎士比亚也不能整天写作。这是一种折磨，给自己一个小时的写作时间。"宋飞提醒女儿，写作是人类所能尝试的最困难的任务之一。从你的大脑和灵魂中召唤出一个想法，并将其转移到一张空白的纸上，这对我们大多数人来说并不是自然而然的事情。"人们告诉你'写就对了'，就像你理应做到。但事实是，即使是世界上最伟大的人也不能轻而易举地做到。如果想要写作，首先你应该意识到，你所要尝试完成的任务是非常艰难的。"

既然我们已经知道完成高质量的写作是一项艰苦的工作，那么接下来我不会扔给你一堆"规则"让写作变得更加困难。规则是僵化的，对许多人来说，它们会唤起痛苦的回忆，比如在学校写论文时的感受。规则也有限制，它们不能以同样的方式应用于所有类型的商业写作，例如备忘录、电子邮件、短信、博客、推文，不同的平台都有自己的独特风格和读者期望。

"巨石强森"道恩·强森在照片墙上发布了他在夏威夷举办的秘密婚礼的照片,这张照片成了2020年最受欢迎的照片之一。他是这样写的:

Our Hawaiian wedding was **beautiful** and I want to thank our incredible staff for their outstanding work. To **carry out my #1 goal of complete privacy**, **no wedding planners or outside resources were hired.** Everything you see was created by hand, by staff and family only. **The end results** were **spectacular** and Lauren and I will forever be grateful for helping our hearts sing on this day.

(我们在夏威夷的婚礼非常**美好**,我要感谢我们那些不可思议的员工的出色工作。为了**实现我们完全保密的首要目标**,**没有婚礼策划人员或外部人员被聘请**。你们看到的一切都是由员工和家人亲手策划的。**最终的结果**非常精彩,劳伦和我会永远感激你们的帮助,让我们的心灵在这一天歌唱。)

巨石强森的这段文字温馨感人。我也贡献了其收获的1 500万个点赞中的一个。我认为这段话是完美的,但是语法学家会发现很多错误。我使用语法软件检查了巨石强森的文本,发现这段话违反了许多令人讨厌的语法规则。例如:

- 在"beautiful"(美好)一词后应当加上一个逗号,因为下一个单词"and"是复合句中的并列连词。
- 以从句短语开始的句子,"carry out my #1 goal of complete privacy"(为了实现我们完全保密的首要目标),包含一个悬垂修饰语结构,应当被改写。

- "no wedding planners or outside resources were hired"（没有婚礼策划人员或外部人员被聘请）应当改写成主动语态。
- 短语"the end results"（最终的结果）中的"end"（最终）是多余的，应当去掉。
- 在"spectacular"（精彩）的后面应当有一个逗号，因为在它后面的复合句中，并列连词"and"再次出现。

巨石强森的这段文字没有遵循某些语法"规则"，但我不会对其做任何改动。是的，规则的存在有其意义，为了提高写作技能你应该了解语法规则。但是规则意味着有正确答案和错误答案。我写这本书是为了帮助你驾驭说服力和清晰表达的灰色地带。或许你有最好的想法，并且使用了正确的语法，但如果你无法成功地说服他人采取行动去实现你的想法，你就没有达到说服的目的。你可能找到了解决问题的最佳方案，但如果你无法清晰地传达你所寻求的意义和情感，读者可能就会弃你而去。最好的方法就是能够最有效地传递你想法的方法。而有效的方法可能会违反一些正式的写作"规则"。

因此，让我们用工具和策略代替写作规则。工具是灵活的。我们应当选择适合某项写作任务的工具。策略是艺术和科学的结合，说服在很大程度上是一种需要艺术和科学知识的技能。是的，学习规则，但不要让规则成为你的羁绊。

除了以写作技巧为主题的图书，很少有商业书籍会探讨写作这个话题。许多公司的 CEO 会在书中谈论领导技能，但除了口头承认写作的重要性，他们一般会避免给出关于如何有效写作的具体建议。尽管他们中的许多人都是杰出的写作者，但他们认为自己根本不具备提供这些建议的资格。我们一直被灌输这样一种观点：优秀的写作者一定掌握了某种其他人无法获得的魔力，但这个观点根本就是无稽之谈。我再强调一遍：写作是一项你可以通过知识和实践来提高的技能。

图 3.1 中的点阵展示了贝佐斯在担任亚马逊 CEO 期间撰写的全部 24 封致股东的信。通过使用 Grammarly 的易读性检测功能，我们能够给出每封信对应的易读性年级水平。贝佐斯信件的易读性年级水平介于八年级到"有时需要大学学历"之间。请记住，年级水平越低，文字内容越容易理解。在写作质量得分最高的信件中，70% 是在 2007 年之后写出的，也就是在贝佐斯开始与股东进行书面沟通的 10 年后。一位曾经在亚马逊工作并与贝佐斯有过密切合作的前员工告诉我，这个图是贝佐斯追求卓越的又一例证。贝佐斯是一位高质量沟通的拥护者，他坚持年复一年地阅读书籍、修改调整写作内容、搜集专家意见，不断打磨自己的沟通技能，当然还有写作技能。

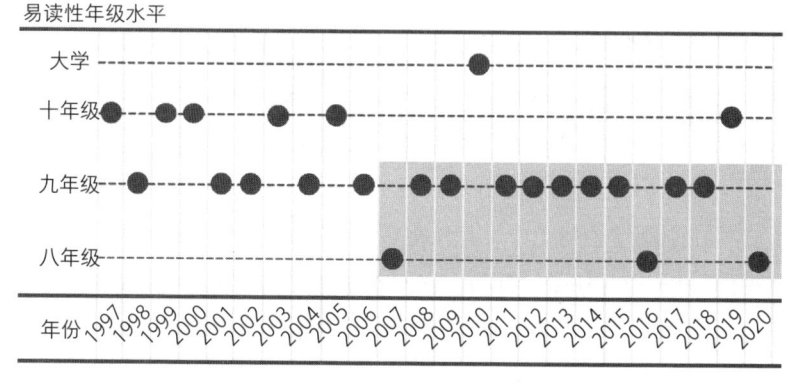

图 3.1　贝佐斯 24 封致股东的信对应的易读性年级水平

既然我们都可以追求卓越，提高我们的写作技能，那么在开始本书的写作之前，我重新阅读了一些我最喜欢的写作书籍，并采访了一些该领域的顶级专家。起初，我只想了解为什么贝佐斯撰写的 24 封致股东的信被公认为简洁明了的写作的典范。但是，当我与专家们交谈时，他们不仅仅激起了我对写作艺术的热情，更重要的是，他们帮助我发现了一些简单的写作策略，这些策略曾被一些具有影响力的商业领袖采用，并使他们最终脱颖而出。我请教过的写作者和写作专家包括加里·普罗沃斯特、罗伊·彼得·克拉克和一位英国优兔红人吉尔。

在本章的剩余部分，我将为你介绍 7 个写作技巧，这些技巧来自我请教过的老师和专家。他们提供的这些策略将有助于提高你的写作技巧。此外，你还将了解到杰夫·贝佐斯和其他优秀的商业领袖是如何遵照这些原则来推介他们的想法的。

技巧 1：用主语和动词开头

句子的主语是执行动作的人或物。主语和动词好比一句话的火车头，它们拉动整个句子向前行驶。一个好的写作者会把最有力的元素放在一句话的开头，然后让句子中的其他元素作为分支跟随其后。

罗伊·彼得·克拉克举了下面这个例子："作家写作以主语和动词开头，然后是其他从属元素，这样就形成了学者所谓的右分支句子。"[3] 在刚刚这个句子中，克拉克以紧密相连的主语和动词——"作家写作"——作为句子的开头。在写作中要尽量避免分开主语和动词。下面这个句子是克拉克这句话的弱化版本："一位想真正掌握写作技巧的作家，写作时应该用主语和动词作为句子的开头。"

如果你觉得很难写出一个精彩的句子，你可以试着以主语和动词开头。这样做会帮助你有效减轻写作的压力。

让我们看看贝佐斯是如何用主语和动词作为火车头，拉动句子的后续部分的。例句中主语和动词用粗体表示。

- "**亚马逊的愿景**是**打造**世界上最以客户为中心的公司，在这里，客户可以找到和发现他们想在线购买的任何东西。"[4]
- "**我们生活在**一个可用带宽、磁盘空间和处理能力都急剧增长的时代，所有这些都以很快的速度变得更便宜。"[5]
- "**我们在亚马逊的能量来自**要去打动客户的愿望，而不是试图征服客户的轻狂。"[6]
- "**我们将亚马逊 Prime 会员服务设计成**一项全免费的'自助餐'计划。"

这些句子开头的主语和动词就像火车头，拉着整句话前行。

技巧 2：最有说服力的内容放在开头，有趣的内容放在结尾

英国人称句号为"full stop"（停稳）。这是对句号在标点符号中所起作用的完美比喻。句号就像一个停车标志，把读者的注意力转到接下来的文字上。

许多写作教练建议把最有说服力的内容放在开头（作为车头），把有趣的内容留到最后（作为车尾），把较弱的内容藏在中间。

我们看一下莎士比亚《麦克白》中的这句名言："女王陛下，我的大人，已经去世了。"（The Queen, my lord, is dead.）莎士比亚本可以将主语和动词放在一起这样写："女王陛下去世了，我的大人。"（The Queen is dead, my lord.）然而，他没有这样做，他以主语作为开头，把震撼人心的部分放在结尾句号之前。用克拉克的话来说："莎士比亚停得稳稳当当。"[7]

贝佐斯在遣词造句时也是以强劲的车头拖着中间较弱的词语，然后在结尾稳稳停住。我们来看看他在 1998 年致股东的信中写下的两句话。

"我们热爱成为开拓者，这是公司的 DNA，这也是一件好事，因

为我们有了这种开拓精神才能成功。"[8]"这也是一件好事"使句子更具对话性并进一步推动了他的观点，以"有了这种开拓精神才能成功"结尾会使句子更有力。

"**在招聘中设立高标准**，一直是，也将继续是**亚马逊成功**的最重要因素。"贝佐斯再次将较弱的词组"将继续是"放在中间。"在招聘中设立高标准"和"亚马逊成功"是最重要的两个概念，分别出现在句子的开头和结尾。

在房地产行业，位置就是一切。将同样的策略应用于你的写作。可能你建造了一栋漂亮的房子（提出了一个引人入胜的想法），但糟糕的位置会损害它的价值。古罗马修辞学家昆体良认为，重新排列单词的位置可以增强句子的节奏感并打动读者/听众。

写作高手会考虑如何排列词语使句子更打动人。诀窍是以最强有力的词开始，把较弱的词放在中间，最后以一个强有力的词结束。

技巧3：绝大多数时候都使用主动语态

约翰·F.肯尼迪很喜欢伊恩·弗莱明的詹姆斯·邦德系列小说。克拉克写道："弗莱明文笔的力量来自主动语态动词的运用。"[9]例如，在肯尼迪最喜欢的书《来自俄国的爱情》中，动词使行动变得活灵活现："邦德爬上几级楼梯，打开房门，然后关上门并把门锁上。"

如果句子的主语是动作的执行者，则为主动句。如果主语是动作的接受者，则为被动句。这里有一个例子：

杰夫·贝佐斯于1994年创立了亚马逊。（主动语态）
亚马逊由杰夫·贝佐斯创立于1994年。（被动语态）

主动语态的句子表述更清晰，使用更少的词语就能表达相同的意思。被动语态的句子除了更啰唆，随着信息复杂度的增加，还会混淆语义，让读者感到困惑。被动语态会种下不信任的种子。领导者时常会使用被动语态来逃避责任。记者圈流行着这样一个玩笑：一个想要逃避责任的领导者会说"错误是某些工作人员造成的"。人们渴望有担当的领导者，使用主动语态的领导者会说："我犯了错误。我应当为此负责，责备我吧。"

许多写作专家都认为将被动句转换为主动句会使你的写作更具活力。斯蒂芬·金谴责被动语态毁了"几乎所有现存的商业文书"。在畅销书《写作法宝》中，威廉·津瑟写道："要使用主动语态，除非万不得已，不要使用被动语态。在清晰表达和力度方面，主动语态和被动语态之间的区别就像是生与死的区别。"[10] 在经典的《风格的要素》中，威廉·斯特伦克写道："主动语态通常比被动语态更直接、更有力。例如，'我永远不会忘记我的第一次波士顿之行'要比'我的第一次波士顿之行将永远被我记住'更好。后一个句子不够直接，不够大胆，不够简洁。"[11]

在商务写作中，尽可能使用主动语态。使用主动语态的句子易于理解，能够更快地切入主题，表达想法所需的词语数量也相对较少。

下面的句子是主动语态：男孩踢球。男孩是主语，因为他执行了动作。踢是动词，因为它表达了动作。球是句子的宾语，因为它接受了动作。主语–动词–宾语，这句话简短、简洁、精确，毫不含糊地表明了谁做了什么。它比"球被男孩踢了"这个语义被动、混乱、笨拙的版本要更好。

运用 Grammarly 软件识别上面这句话，Grammarly 软件会指出"球被男孩踢了"是一个被动句。Grammarly 给出的建议是："你写的这个句子可能表达不够清晰，难以理解。建议修改。"Grammarly 说得没错。如果你有意识地把被动句改写成主动句，你的行文就会更加有力。

阅读高质量商业出版物的标题是学习使用主动语态的绝佳方法。例如，当我写这一章的内容时，我看到这样一个主语－动词－宾语形式的标题：美联储加息（Fed Raises Rates）。文章其余的部分解释了美国联邦储备银行为什么加息、加息幅度，以及这一举措对普通消费者意味着什么。但如果你只读了主动语态的三个词的标题，那么你也能从中获得很多信息。

以下是我桌上的出版物中出现得更多的标题句式（动词用粗体表示）：

英特尔在俄亥俄州**投资**200亿美元。

房屋销售**创**15年来新高。

大流行**模糊**了经济前景。

通货膨胀以10年来最快的速度急速**上升**。

抖音的网络访问量**超过**了谷歌（我最喜欢的标题之一）。

使用主动语态进行写作会给你的事业带来长期的收益。假设你正在努力申请世界排名第一的哈佛大学商学院。这所商学院每年的申请者超过1万人，但录取率只有约11%。哈佛大学的招生官员坦言，他们青睐那些写作能力出色的申请人。一位哈佛招生主管曾表示："申请人必须能够在相对较短的篇幅内传达出展现他们个性的内容。"[12] "好的沟通者使用简单的语言和短句来表达他们的观点。"这位招生主管和许多大学申请顾问都建议申请者，在文章的大部分篇幅中都使用主动语态的句子。主动语态传达行动，能产生更强烈的情感冲击。使用主动语态可以让人脱颖而出。

下一个能让你的读者眼前一亮的招数是：使用强有力的动词。

技巧 4：使用强有力的动词

强有力的动词富有强大的表现力。正如克拉克所说："强有力的动词能够创造行动、节省字数，并突出主角。"[13]有力量感、意义丰富、生动形象的动词彰显出作者的自信和确定。加里·普罗沃斯特在他的著作《提高写作水平的 100 种方法》(*100 Ways to Improve Your Writing*）中写道："动词，也就是行动之词，是句子能量的来源。它们就好比 CEO，应该起到引领作用。"[14]普罗沃斯特认为，"弱"动词是"强"动词的反面：不具体，不主动，并且过度依赖副词来表达意思。例如，在句子"狐狸快速地穿过树林"中，"穿过"需要在副词"快速地"的修饰之下才能表达出它的意义。更有力的句子应该是"狐狸在树林中飞奔而过"。

根据普罗沃斯特的说法："如果你明智地选择了强有力的动词，它们将比其他词类更能为你的文章增光添彩。更重要的是，强有力的动词会为你的段落注入读者期待的能量、激情和动感。"[15]

因此，给予你的读者他们渴望的词语。

贝佐斯经常选择使用主动语态和强有力的动词来描述亚马逊的成功。他说过："最具革命性和开创性的发明，往往是那些能让他人释放创造力和追求梦想的发明。"在 1999 年致股东的信中，贝佐斯写道："我们倾听顾客的声音，为他们而创新，为每个客户定制个性化故事，赢得他们的信任。"[16]

"在很多方面，亚马逊都不是一家普通的网店。"[17]贝佐斯在 2002 年致股东的信中写道，"我们一年要周转 19 次库存。我们为每位客户提供个性化的店铺服务。我们用科技取代房地产。我们公开展示对产品有重要意义的客户评论。你只需点击一下，便可以在几秒钟内完成一次购买。我们将二手产品和新品同步展示以供客户选择。我们将我们的核心资产（产品详情页面）与第三方分享，如果他们能够基于此提供更好的价值，我们会鼓励他们这么做。"

选择强有力的动词来让你的写作充满活力。让我们看看在 2009 年致股东的信中，贝佐斯是如何使用动词来突出亚马逊的几项核心成就的：

- "我们在全球范围内**增加**了 21 个新的产品类别。"[18]
- "服装团队继续**提升**客户体验。"
- "服装团队**创建**了超过 12.1 万个产品描述。"
- "AWS **持续**快速创新。"

使用能推动你行文的动词，会让你的内容更有活力。

在 2013 年致股东的信中，贝佐斯带领读者领略了亚马逊的各项举措。介绍每项举措时，他都以一个主动句和一个强有力的动词开始。例如：

- "客户喜爱 Prime 服务。"[19]
- "多亏了 Audible Studios（亚马逊有声书平台），人们在开车上下班的路上可以听到凯特·温斯莱特、科林·费尔斯、安妮·海瑟薇等许多明星的声音。"
- "亚马逊应用商店现在为近 200 个国家和地区的客户提供服务。"
- "我们（AWS）推出了 61 项重要的服务和功能……开发团队直接与客户合作，并获得授权，使用基于从客户那里学到的知识去设计、构建和发布产品。"

在 2016 年致股东的信中，贝佐斯再次使用了一系列强有力的动词来重新描述"第一天"这个比喻。

保持"第一天"心态需要你耐心地**尝试**，**接受**失败，**播下**种子，**保护**幼苗，并在得到客户的满意反馈时加倍**努力**。[20]

技巧 5：避免使用动词限定词和模棱两可的词

当领导者使用主动语态和动词时，他们听起来非常自信并富有说服力。领导者会避免使用"动词限定词"，它们会让传递的信息含混不清。这些限定词软弱无力、模棱两可（亚马逊内部称为"weasel words"，即滑头话）。

下面是一些动词限定词的例子：

- 差不多（sort of）
- 倾向于（tend to）
- 有点儿（kind of）
- 似乎（seemed to）
- 本来可以（could have）

让我们试着通过使用限定词来重新表述贝佐斯的一些名句。前面的陈述是贝佐斯的原话，后面是重新表述的"弱化"版本。

强："在亚马逊，我们痴迷于客户。"

弱："在亚马逊，我们倾向于认为，如果我们一心想着客户，真正对他们着迷，从长远来看，我们可能会取得更大的成功。"

强："传道者会生产出更好的产品。他们更在乎。"

弱："我认为传道者往往能生产出更好的产品。他们似乎更在乎一些。"

强："成功的关键是耐心、坚持和对细节的过分关注。"

弱："我认为成功的关键可能是耐心、坚持，以及对微小细节的过分关注。"

自信的写作者和演说家尤为注意那些可以被删除的词。他们往往首先拿常用的副词开刀。副词往往以"ly"结尾，在句子中修饰动词，删除副词不会降低句子的质量。你真的不需要使用副词。我的意思是，你不需要使用副词。比如，你是非常震惊还是震惊？爆炸是完全摧毁了大楼还是摧毁了大楼？

作家戴维·康韦尔（笔名约翰·勒卡雷）生前在他的英国间谍小说中仅用动词完成全部的表达。"如果可以，我会删掉所有的形容词。我从不使用副词。"[21] 在接受电视节目《60分钟》(*60 Minutes*)的采访时他曾表示："去掉任何无关紧要的表达。"

"副词不是你的朋友，"斯蒂芬·金也曾写道，"通往地狱的路铺满了副词。"

当然，副词并非毫无用处，但在商务写作中副词往往是多余的或不必要的。

技巧6：句子长度要多样化

诚然，你需要努力精简写作内容，但大可不必纠结于让每个句子都尽可能简短。你需要打破这种思维方式。

试想一下，如果整本书我都用短句来写会怎样：

贝佐斯是一位很好的沟通者。他的信息简洁明确。贝佐斯简化了复杂概念。这样的行文单调乏味。你会讨厌这种模式。短句虽好但要适量。读者渴望变化。

优秀的写作者会在句子长度上力求多样化以吸引读者。他们的写作会用到短句、中等长度的句子，以及更长的句子。正如克拉克说的那样："长句创造了一种流动感，把读者带入理解力的河流稳步前进。短句子则会起到刹车的作用。"[22]

克拉克建议写作者"不要害怕长句子"。贝佐斯不害怕长句子，他接受使用长句。

在 2010 年致股东的信中，贝佐斯的第一句话这样写道："随机数算法、朴素贝叶斯估计、表述性状态转移（RESTful）服务、gossip 协议、最终一致性、数据分片、反熵、拜占庭容错机制、纠删码、向量时钟……走进亚马逊的某些会议室，你可能会瞬间误以为自己走进了一场计算机科学讲座的会场。"[23]

长句子最适合用来列举项目或描述场景。关键是要将不同长度的句子混合起来使用。

下面列出了贝佐斯在致股东的信中混合使用短句和长句的另外两个例子：

- 1998 年致股东的信：过去的三年半很令人兴奋（11 个字）。我们为超过 620 万名客户提供了服务，年营收达到 10 亿美元，在美国推出了音乐、视频和礼品商店功能，在英国和德国开设了商店，最近还推出了亚马逊拍卖栏目（65 个字）。我们预测未来的三年半将更加令人兴奋（17 个字）。[24]
- 2014 年致股东的信：一个梦幻般的方案具有以下 4 个特点（16 个字）。受到客户的喜欢，可以发展到巨大的规模，产生强大的资本回报，具备时间上的可持续性，即有可能持续数十年（45 个字）。当你发现这样一个方案时，不要错过，要抓住它（19 个字）。[25]

在 2000 年亚马逊致股东的信中，有一个我最喜欢的将短句和长句结合在一起的例子。请注意每个句子的长度是如何逐渐递增的。

啊（1 个字）！对许多资本市场参与者和亚马逊股东来说，过去一年非常残酷（26 个字）。在我写这封信时，我们公司的股票价格比去年同期下跌了超过 80%（27 个字）。然而，无论以何种标准衡量，亚马逊

3 写作的 7 个技巧　053

现在比以往任何时候，都处于更强的市场竞争地位（35个字）。[26]

这一段有4句话，平均每句话约22个字，但它们的长度不均匀，分别为1个字、26个字、27个字和35个字。

让我们看看贝佐斯是如何在2009年致股东的信中使用长句进行列举，然后排列短句的。

2009年的财务结果反映出15年来客户服务持续改进的累积效应：增加选择、加快交货、降低成本，以便我们能够为客户提供更低的价格（54个字）。我们为我们提供的低价、可靠的交货以及能够为冷门商品提供现货而感到自豪（33个字）。我们知道我们还可以做得更好，我们将致力于进一步提高（24个字）。[27]

技巧7：使用平行结构

在上一个例子中，贝佐斯使用了一种被称为平行结构的语法手段：使用相同的句式来表达两个或更多的主题，从而使这些主题具有相同的重要性。

例如，贝佐斯写道，改进措施是"增加"、"加快"以及"降低"。在下一句中，贝佐斯写道："我们为我们提供的低价、可靠的交货以及能够为冷门商品提供现货而感到自豪。"非平行的形式会写成："我们为亚马逊的最低价格感到自豪，事实上，客户可以放心地收货，并在他们需要的时候发现冷门商品也有现货。"平行结构增强了句子的力量，同时缩短了句子长度。

平行结构使句子更流畅。例如，"我喜欢跑步、打高尔夫球和阅读"。我也可以说，"我喜欢去跑步，去打高尔夫球和去阅读"。但是，如果我说我喜欢跑步，去打高尔夫球和买书来阅读，这就不是平行结构了。

平行结构使阅读体验更加愉悦，听起来史加令人舒适。在许多情况下，同一段文字可以通过这样的文字或口头表达产生同样的效果。

1997年，在第一封致股东的信中，贝佐斯写道："我们将继续坚持不懈地关注客户。"[28] 随后，贝佐斯在运用这种平行结构的同时，添加了一系列项目符号。

- 我们将继续基于取得长期市场领导地位做出投资决策，而不是基于短期盈利或华尔街的短期反应。
- 我们将继续通过分析来衡量我们的项目和投资的有效性……
- 我们将继续从成功和失败中学习。
- 我们将做出大胆而非怯懦的投资决策……
- 当我们做出大胆的选择时，我们将与你分享我们的战略思考过程……
- 我们将努力把钱花在刀刃上，并保持我们的精益文化。
- 我们将平衡对增长的关注与对长期盈利能力和资本管理的重视。
- 我们将继续专注于招聘和留住才华横溢的员工，并继续将他们的薪酬权重放在股票期权而非现金上。

实战演练

在本章中，我提供了一些简单的、可以让你远远领先于同龄人的写作策略。但是，从那些在我的书架上永远占据一席之地的优秀写作指导书中，我们总能学到很多东西。以下是一些能够提升你写作技能的著作。

《写作工具：写作者案边必备的50个写作技巧》，罗伊·彼得·克拉克著

3 写作的7个技巧

《共鸣写作》，崔西·霍尔著

《写作法宝：非虚构写作指南》，威廉·津瑟著

《提高写作水平的 100 种方法》，加里·普罗沃斯特著

《写作这回事》，斯蒂芬·金著

请记住，在提高你的写作、演讲和展示技能这件事情上，学习永无止境。微软公司 CEO 萨蒂亚·纳德拉曾表示，在商界你会遇到两种人：自以为是的人和无所不学的人。在数字经济时代，自以为是的人无法取得长久的成功，因为当今世界的变化速度是人类历史上前所未有的。在这样的环境下，只有愿意学习的人才能脱颖而出。无论发生什么变化，他们都能适应、茁壮成长。写作的伟大之处在于，虽然我们要学习的东西很多，但有很多老师愿意指导我们。

4 概括故事的一句话：你最有价值的思想

> 亚马逊的使命是成为世界上最以客户为中心的公司。
>
> ——杰夫·贝佐斯

哎哟（ouch）！

仅用了短短的一个词，贝佐斯就描述了互联网泡沫破灭所带来的冲击，这场股市崩盘蒸发了超过 5 万亿美元的财富。

2000 年 3 月 10 日，以科技股为主的纳斯达克指数攀升至 5 132 点的高点。接下来发生的事情让金融界、硅谷和数百万公司雇员陷入痛苦。自 1996 年开始，蜂拥而至的投资者开始将资金投向互联网公司。没有利润？没关系！像所有的投资狂热一样，这种情况总有结束的一天。在科技股股价到达峰值一个月后的 4 月，纳斯达克指数下跌了 34%。到 2002 年 10 月，该指数已经下跌了近 80%。

哎哟！

纳斯达克指数至少需要 4 年才能逐步回到 2000 年 3 月的水平，但是实际上，经通货膨胀调整，经济在接下来的 17 年里都没有复苏。

哎哟！

仅硅谷就失去了20万个工作岗位。

哎哟！

亚马逊的股票从每股113美元跌至每股6美元。

真是让人大呼"哎哟"！

"ouch"是我们在第2章中了解过的那些古老而简短的单词之一，它源于19世纪初定居在宾夕法尼亚州的德国移民，是一个用来表示疼痛的呼喊的短词。如果你能找到一个更好的单词来描述互联网泡沫破裂，那就请便。但是，我认为这个词足以表达全部含义。当然，贝佐斯的信中并不是通篇只有一个"哎哟"，但也非常简短。他仅用了寥寥数语就表达了他要传递的主要信息。

对于许多资本市场参与者和亚马逊股东来说，过去一年非常残酷。在我写这封信时，我们公司的股票价格比去年同期下跌了超过80%。然而，无论以何种标准衡量，亚马逊现在比以往任何时候，都处于更强的市场竞争地位。[1]

让我们从以下4点来看看贝佐斯表达的效果。

- 他抓住了亚马逊股东的注意力。
- 他告诉他们发生了什么。
- 他给了他们希望。
- 他给了他们一个令人信服的理由，让他们继续支持公司。

贝佐斯非常注重书面表达或讲话时的第一句话。第一句话会抓住听众的注意力，并为之后的讨论奠定基调。

一句优秀的开场白会赋予你"明显优势"

据全球畅销书作家詹姆斯·帕特森所说,无论你是写书、发电子邮件还是做演讲,一个优秀的开场白都会给你一个"明显优势"。

在帕特森写下的众多开场白中,他最喜欢的是《私人侦探》一书的开篇:根据我似乎有些模糊的记忆,我第一次死亡时的情形大概是这样的。

"事实上,如果我要自夸,这是一个相当酷的开场白。"[2] 帕特森微笑着回忆道。

帕特森认为,这本书的销量超过 3 亿册正是这个开场白的功劳。在写作中,他会反复修改前几页和第一句话,直到他感觉它们足够有力量,足以吸引读者。帕特森表示,开场白不必完全吸引住读者,但如果你的读者或听众能够很快被吸引住,他们就会有兴趣了解后面的内容。

亚马逊的高层领导者意识到,他们最好尽快让老板注意到他们的想法以获得支持。贝佐斯不喜欢浪费时间,如果失去兴趣,他就会突然结束会议。

贝佐斯会在早上 10 点开始他最重要的会议,因为此时他的注意力和精力最为集中。和许多 CEO 一样,贝佐斯珍惜他的时间,因为他每天做出的重大决策比普通商业人士一年做出的还要多。贝佐斯经营亚马逊时,他不仅要负责每天发运 1 000 万个包裹的电子商务部门,还经营着一个为许多应用和网站提供支持的云服务公司,而这些应用和网站都与我们的日常生活息息相关:从来福车打车到观看网飞电影,从爱彼迎预订住宿到阅读《华盛顿邮报》,从参加 Zoom(手机云视频会议软件)会议到在 Slack(团队协作软件)平台上交流。此外,他还经营着一家电影制片公司、一家人工智能技术开发公司,并拥有另外40多家子公司，如美捷步、全食超市和Audible（有声读物公司）。在闲暇时间，贝佐斯还创办了一家太空探索公司蓝色起源。这位大佬真的非常繁忙。

大多数CEO和高管都认为，时间是他们最稀缺的资源。一位CEO一天收到1 000多封电子邮件，日程安排已经排满6个月并不罕见。如果你不能简明扼要地表达你的想法并快速吸引他们的注意力，你就会失去他们的关注。

许多商务人士告诉我，他们犯过的一个常见的错误，就是给忙碌的领导准备了过多的材料。硅谷先驱安迪·格鲁夫就以经常斥责长篇大论的演讲者而闻名。即便是哈佛大学教授、创新大师克莱顿·克里斯坦森这样的商界之外的人士，生前也必须忍受格鲁夫那种近乎苛刻的不耐烦。在他那著名的《哈佛商业评论》的文章《你要如何衡量你的人生》中，克里斯坦森回忆了第一次与格鲁夫见面的情景。

格鲁夫曾阅读过克里斯坦森关于颠覆性创新的一篇论文，并邀请他前往位于加利福尼亚州圣克拉拉的英特尔总部讨论其研究成果。克里斯坦森热情地飞越北美大陆，去分享自己的发现。

"看，突然有事需要我去处理了，"[3] 格鲁夫在会议开始时说，"我只能给你10分钟的时间，告诉我们你的颠覆性创新对英特尔意味着什么。"

"我做不到，"克里斯坦森说，"我需要整整30分钟来解释这个模型。"

格鲁夫让他开始，但是10分钟后，他打断了演讲："看，我已经理解你的模型了。直接告诉我们你的模型对英特尔意味着什么。"

克里斯坦森设法从格鲁夫的日程中挤出了额外的几分钟。"好的，我明白了。对英特尔来说它意味着……"格鲁夫打断了他的话，然后简洁地阐述了克里斯坦森的模型可以如何帮助英特尔持续主导微处理器市场。

克里斯坦森必须争取每一分钟，这不是你想面对的情况。事实上，那些CEO、老板、经理、客户、投资者和利益相关者通常都很不耐烦。也许他们不会在10分钟后直接打断你，但可以肯定的是，他们充分关注你的时间不会超过10分钟。在听你讲话时，他们同样会问格鲁夫对克里斯坦森提出的问题："这对我意味着什么？"

你的员工也面临着越来越繁重的工作量和更加复杂的干扰。研究表明，尽管人类的注意力自19世纪以来一直保持不变，但争夺我们注意力的事物的数量却呈指数级增长。人类的大脑很容易变得不耐烦，我们不断寻找与当前活动不同的选择，这是一个心理学事实，社交媒体已经在利用这一点让我们沉迷于它们。

此外，我们每天每时每刻都面临着数字噪声的轰炸，这使得任何一条信息都很难被记住。一年365天，每一分钟优兔上会新上传500小时的视频，WhatsApp社交软件用户会发送4 200万条消息，Zoom会召开20.8万次会议，推特用户会发送35万条推文，人们会发送1.88亿封电子邮件，演讲者在展示平均每页有40个单词的2.5万页PPT。

数据可以永不停息，但你的受众需要休息。他们根本没有足够的精力应对每时每刻席卷他们的信息海啸。研究人员表示，随着内容的持续增长，我们的注意力越来越分散，这是因为我们不断寻求新鲜事物。如今，在我们的指尖敲击下，每一秒钟都会有新事物涌现出来。

事实证明，吸引人们注意力的秘诀不是消除噪声，而是增强信号。

在过去的30年里，认知心理学家已经得出有关人们学习新概念的有趣结论。例如，对表现优异的教师的研究发现，最好的教师会围绕重要观点组织信息。你如果考虑使用分层结构创建内容，那么应当以重要观点作为备忘录或 PPT 的开始，然后用详细信息支持你的重要观点。

《像 TED 一样演讲》一书介绍了世界上最好的演讲者。在写作本书时，我采访了许多广受追捧的专家级 TED 演讲者，几乎所有的演讲者在收到 TED 邀请时的第一反应都很相似："我怎样才能把我所知道的一切压缩到 18 分钟内呢？"简短的回答是你做不到。

伟大的 TED 演讲者会选择一个重要观点，然后用简洁易懂的语言表达出来。简短并不是通过在短时间内压缩大量信息来实现的。当你从一个重要观点开始，仔细选择支持你观点的故事、例子和数据时，你就实现了简洁。

下一次当你听到有人说"讲重点"时，你要知道他们真正要求的是看到大局。这听起来很简单，只是切入重点，但如你所知，保持简洁需要下很多功夫。所以，让我们从专业的沟通者，也就是那些能讲出引人入胜的故事的人那里寻求帮助。

概括故事的一句话

我从好莱坞编剧那里学到了"概括故事的一句话"的概念。当编剧向电影公司推销剧本时，他们会准备一个简明扼要的句子，以回答这个问题：你的故事讲的是什么？一句不错的概括故事的话通常由 25~30 个单词组成，并且可以在 15 秒内讲清楚。

在编剧们用数字化方式上传剧本以前，剧本会被印刷出来并存放在电影公司的保险库中。然后，电影公司的负责人会在剧本的书脊上写下这部电影的标题和一个简短的描述。今天，"概括故事的一句话"通常通过电子邮件发送或在推介会上提出。

请试着说出以下优秀的剧情所代表的电影：

一个年轻人被传送到过去，他必须在未来的他消失之前使他的父母团聚。

当一个乐观的农家男孩发现自己有超能力时，他与其他反抗者联合起来，将银河系从帝国的邪恶势力手中解放出来。

两位命运多舛的恋人在"泰坦尼克号"的处女航中相遇并坠入爱河，他们在这艘船沉入大西洋的过程中奋力求生。

当自己的儿子被冲到大海里时，一只焦虑的小丑鱼踏上了一段危险的旅程，穿越险恶的海洋将儿子带了回来。

你可能已经毫不费力地猜出了每部电影的名字，但是，保险起见，我将揭晓答案，这几部电影分别是：《回到未来》《星球大战》《泰坦尼克号》《海底总动员》。

《实习医生格蕾》的制作人珊达·瑞姆斯说："一旦你迈进了剧组的大门，把故事讲好就是你能做的最重要的事情……如果你做不好，你的麻烦就大了，你必须想办法做到最好。"[4]

好莱坞的制片厂每周都会收到数十个提案。如果一位编剧不能成功地吸引制片人的注意力，这个项目注定会失败。正如瑞姆斯所说："一个强有力的提案几乎可以立刻俘获观众的想象力。"

创造一个成功的概括故事的一句话的关键，与杰夫·贝佐斯所秉承的理念相同：注重客户需求。对一个编剧来说，客户指的是制片人、导演或制片公司。当这些"客户"在听概括故事的一句话时，他们也在想一个问题："我该如何做市场推广？"

当瑞姆斯宣传《实习医生格蕾》这部剧时，她称其为"手术室里的性与爱"，这是一个与当时流行的电视剧《欲望都市》相关、容易受到市场欢迎的类比。她回忆说，这个概括故事的一句话作为销售手段是有效的，因为它让执行制片人清晰地了解到该如何宣传这部剧。

瑞姆斯知道，最终上映的剧集会从最初的概念中衍生出更多的内容，但她必须先说服制片公司买下这个剧本。因此，她在写作概括故事的一句话时始终把受众放在第一位。

虽然清晰明了的概括故事的一句话并不能保证项目的成功，但如果没有它，项目根本就没有成功的机会。成功的概括故事的一句话能够吸引制片公司的决策者继续关注故事的后续内容。

吉米·唐纳森卖的不是电影，而是他创造的内容。唐纳森的优兔频道MrBeast（野兽先生）吸引了超过6 000万的订阅用户，比《宋飞正传》和《老友记》的季终大结局吸引的观众人数还要多。

唐纳森在13岁时发布了他的第一个视频，第一年仅仅吸引了40名订阅者。经过几年的尝试、试错和对优兔视频推荐算法的仔细研究，唐纳森在2017年收获了病毒式爆发的点击率。有一天，他感到无聊，就录下了自己从1数到10万的全过程。唐纳森用了44个小时才数到这个数字，完整版的视频仍然可以在优兔上找到。新闻网站"赫芬顿邮报"曾为他的视频发表过一篇题为《看这个家伙无缘无故数到100 000》的文章。

尽管唐纳森现在的视频更短了，但在赞助商的支持下，他令人眩目的玩法变得更加精彩。例如，在标题为"我将送给第4 000万位订阅者40辆汽车"的视频中，他的一位订阅者收到了一份极其奢华的大礼。

根据曾与唐纳森合作的顾问德拉尔·伊夫斯的说法，正是这种简单的故事情节创造了最快增长的优兔频道之一。"如果MrBeast的一个视频内容创意无法用一句话来解释，唐纳森就会将其标记为过于复杂并放弃。"[5]伊夫斯说，"这种内容创作技巧被大多数优兔创作者低估，但这正是伟大的创作者与众不同的地方。"

以下这些仅有一行标题的视频总共获得了2亿次观看，其中最长的标题也只有 20 个英文单词左右。

"我给人 100 万美元，但他只能用 1 分钟花完"

"我开了一家餐厅，你吃饭倒付你钱"

"我开了一家免费的汽车经销店"

在唐纳森的视频中，他所说的第一句话与标题内容一字不差，并以大字体闪现在屏幕上。通过短短的一句话，观众就知道他们后面会看到的内容。唐纳森的视频每周吸引的观众比超级碗赛事的观众都多。他的视频以概括故事的一句话，即一个大的创意开始。

硅谷的投资人也会被强有力的概括故事的一句话吸引，硅谷集中了世界领先的风险投资公司。我曾经见过当初投资了亚马逊、苹果、爱彼迎、谷歌、贝宝、推特、优兔等公司的风险投资人，我也曾与初创公司的 CEO 和企业家一起工作，为他们的 IPO 路演做准备，执行团队通过一系列的演示向潜在投资者推介他们的公司。

投资者就像好莱坞的电影制片人一样，他们希望在深挖细节之前先了解全局。简而言之，这个关于公司的"电影"讲的是什么？下面是几家初创公司路演中使用的真实的概括故事的一句话。

- "谷歌整合全球信息，供大众使用。"（13 个字）
- "Coursera 提供遍布世界的广泛学习机会，使任何人在任何地方都有能力通过学习改变生活。"（35 个字）
- "爱彼迎是一个网络平台，用户可以出租自己的房源。租客省钱，房东赚钱，双方可以分享各自的文化。"（40 个字）
- "可画是一款在线设计工具，旨在让世界上的每个人都能设计任何东西，并在任意地方发布。"（37 个字）
- "亚马逊是世界上最以客户为中心的公司。"（17 个字）

不要犯这个错误：在没有概括故事的一句话时就提出想法或进行演讲。一位名列《福布斯》全球亿万富翁排行榜的投资人曾经让我把这个信息分享给读者:"如果一个创业者不能用一句话表达自己的想法,我是不会感兴趣的——就是这么简单。"

在创建了概括故事的一句话,也就是你想让听众了解的有价值的思想之后,下一个问题就是在哪里介绍它。美国军方已经进行了大量的研究来回答这个问题。他们提出的解决方案已经作为一种沟通技巧在各个部队广为传播。事实上,在亚马逊也是如此。

"指挥官意图"——清晰、简明、易于理解地传达目标

9月的一天,在气温飙升至114华氏度(约为45.6摄氏度)的亚利桑那州尤马沙漠中,我见到了大约100名美国海军陆战队飞行员,他们是海军中顶尖的战斗机飞行员。

这些飞行员是美国海军陆战队中的佼佼者,他们参加了一个为期7周的武器战术指导员(WTI)课程,这被认为是世界上最全面的航空课程。在这个课程中,飞行员将在课堂上和飞行中学习领导技能和先进的技术。而口头和书面沟通在这项课程中被认为是一项基本的战斗技能,这可能会让你感到惊讶。当然,简明扼要、易于理解的沟通对任何依赖专业协同、需要快速敏捷地应对各种挑战的企业来说,都是必不可少的。

美国所有军种的领导人都要学习一种沟通策略,这种策略同样适用于企业家、商业人士,以及任何渴望在某一领域担任领导者的人。这就是所谓的"指挥官意图"。

指挥官意图是一种陈述,定义了指挥官对成功结果的愿景:它必须清晰、简明、易于理解。它是任务的全局图,也是概括性陈述。指挥官的意图应当易于识别。首先,它回答了五个W:谁(who)、什么(what)、何时(when)、何地(where)和为什么(why)。其次,

指挥官意图会在简报的开头和结尾重复出现。再次，它会以这样的陈述开头："我们必须完成的最重要的事情是……"

用军事沟通教练的话来说，指挥官意图作为一种目的陈述，要能够简明清晰地传达大局观。根据一份培训手册的说法，"冗长的叙述往往会抑制下属的主动性"。也就是说，执行任务的人员需要用简短、清晰的陈述来理解任务的目的。简洁明了意味着表意清晰，而清晰能激发灵感。

指挥官意图不是一个条目列表，它是一个通过书面或口头叙述的包含名词和动词的句子。例如，"我们的任务是摧毁目标布拉沃的敌方雷达设备，以防止后续联军进行早期空袭侦察"。这句话用了主动语态，避免了模糊的命令，如"我们将积极进攻"。

在激烈的战斗过程中，一份简明具体的陈述比冗长的通知更容易以无线电的方式来传达，因此，更易于在人与人之间精确地传递，并更容易在下属极度紧张时被记住。

当战斗机以每小时 700 英里[①]的速度穿越山峦密布的地形时，飞行员没有时间去阅读或回忆那些让他们成功完成任务所需的大量细节。在开始行动时，他们已经具备了多年的经验，在课堂、飞行模拟器和训练任务中投入了数千小时。他们知道如何完成任务。但是如果他们不清楚自己应该做什么以及为什么要这样做，那么知道如何完成任务就没有意义了。

把自己想象成一名指挥官。你的任务是告知和激励不同类型的受众，从客户、老板或招聘经理这样的个人受众，到同行、投资人和员工组成的团队。用一句话告诉他们你的这部电影是关于什么的。

由于指挥官意图是领导者在行动时传达的最关键的信息，所以他

---

① 1 英里 ≈1.609 千米。——编者注

们应该在简报的开头就进行陈述。这就是为什么军事领导者会遵循一个精准而强大的沟通技巧：BLUF。

BLUF 是"bottom line up front"（底线在前）的首字母缩略词。尽管 BLUF 最初是美国陆军的一种写作技巧，但是现在它已经在所有军种中被教授。虽然美国陆军可以声称他们创造了这个缩略词，但他们并不是第一个意识到这种需求的人。在第二次世界大战期间，英国首相温斯顿·丘吉尔写了一份著名的备忘录，题为"简洁"，在其中他主张要使冗长文件的要点更为突出。丘吉尔说，大多数文件是在浪费时间和精力，因为它们掩盖了主要观点。

及早亮出底线的风气充斥于亚马逊的每一个角落，在公司的写作课程上，这种做法被称为 BLOT（bottom line on top，底线在上）。

底线在前（或"底线在上"）要表达的就是其字面意思：底线是你的听众或读者需要知道的最重要的信息。即使他们除了底线什么都不知道，他们也能了解大局。底线应该是电子邮件的收件人或演讲的听众看到或听到的第一件事。

在电子邮件沟通中，亚马逊的员工会在邮件最上方用加粗字体写明"底线"。用一到两个句子告诉收件人他们为什么会收到这封邮件，以及为什么他们应该关注邮件的后续内容。例如，安迪·贾西于 2021 年末向亚马逊员工发送了一封备忘录，这是他在成为亚马逊历史上第二位 CEO 后发布的第一份重大政策公告。在备忘录中他解释了在新冠病毒感染疫情开始消退时，公司目前对重返工作岗位相关规定的考虑。

这封电子邮件的主题是：关于我们的工作地点的最新指导。

"亲爱的亚马逊员工，"邮件的开头写道，"我想向你们介绍一下下一步工作地点是如何安排的。"通过主题行和这句话，邮件的主题清晰明了。

然后，贾西解释说，领导团队召开了几次会议，讨论重返办公室所面临的挑战和不确定性。他们就"三件事情"达成了共识，他写道：

首先，没人知道这些问题的确切答案，特别是从长期来看。其次，在我们这样规模的公司中，没有一种适合每个团队的通用方法。再次，在我们从这场疫情中走出来的过程中，我们将处于试验、学习和调整的状态。

贾西解释说，对那些在公司工作的人来说，每周需要在办公室出现的天数将由各个团队主管在团队层面上决定。他补充说，决策应该以亚马逊的领导力原则为指导，即"什么对我们的客户最有效"。

下面是一条你在商学院中无法学到的潜规则：使用能够节省对方时间和精力的沟通方式，直接给出关键信息，这样你更有可能赢得老板或团队成员的支持。研究表明，在电子邮件、文件或文章中，你有15秒的时间来吸引读者的注意力。大约45%的读者会在15秒后失去兴趣或完全心不在焉。然而，如果你能在15秒（大约35个英文单词）内吸引并保持他们的注意力，他们就更有可能一直关注下去。

精确表达，让你的观点清晰、简洁、具体

如果你想用军事风格或亚马逊式的精确表达方式写作和演讲，你的重要观点必须清晰、简洁和具体。

清晰。亚马逊公司非常注重清晰的沟通。亚马逊鼓励员工遵循以下准则来使他们的口头和书面沟通清晰明了：

- 使用主动语态来清晰地表明谁做了什么。

- 避免使用行业术语。
- 力求达到弗莱施－金凯德易读性测试八年级或更低的阅读难度。
- 确保你的想法通过了"那又如何？"测试。

由于我们已经介绍了前三个沟通技巧，在这里让我们深入探讨一下"那又如何？"测试。我曾使用这个测试的一个版本来帮助 CEO 和公司高管确定重大公告和演讲的梗概。下面介绍这种方法的工作原理。

首先，承认你对自己的想法过于熟悉了，你知道很少有人能理解的细节。然后，在开始构建信息时，你问自己："那又如何？"连续问三次。随着每一次的提问得到回答，你会越来越接近核心信息，也就是你的听众最想知道的那件事。

我看到这个过程在许多公司产生了效果，不仅仅是亚马逊。苹果也使用它。让我们假设置身于一个虚构的苹果内部会议，市场营销人员和高管在这个会议上讨论产品发布的策略，假设这个产品就是 M1 芯片。

我们要发布什么？

M1 芯片，这是专门为麦金塔电脑设计的第一款苹果芯片。

那又如何？

它是苹果的第一款 SOC（芯片上的系统）芯片。

那又如何？

它拥有 160 亿个晶体管，是世界上最快的 CPU（中央处理器）内核。

那又如何？

M1 芯片对麦金塔电脑来说是一个巨大的飞跃，它能够提供更强的动力、更快的性能和更长的电池续航时间。

最后一句正是苹果 CEO 蒂姆·库克和其他高管在宣布首款采用

M1 芯片的麦金塔笔记本电脑时所说的话。

在创建 PPT 的早期阶段，这种类型的对话很常见。公司内部的专家已经为产品工作了数月甚至数年，他们很聪明，但也受到了知识的诅咒。他们并不深入细节，却又深陷其中。就像大多数人不关心汽车引擎盖下面的东西一样，大多数计算机买家也不关心为他们的系统提供动力的引擎。详细信息对沟通至关重要，但详细信息并不是梗概。梗概能够传递大局观。

实战演练

在你的一个演讲中应用"那又如何？"测试。从演讲的主题开始，回答这个问题："那又如何？"然后把这个问题再问两遍，直到你为自己的演讲构思出一个清晰的梗概。

主题 _____

那又如何？ _____

那又如何？ _____

那又如何？ _____

简洁。亚马逊式的沟通被应用于撰写易于阅读和理解的备忘录、文档和电子邮件。亚马逊员工一直被教导要将句子长度控制在 20 个单词之内。这意味着写作者必须删除不必要的单词。

瓦妮莎·加洛与我一起在加洛沟通集团负责业务的开展。瓦妮莎具有发展心理学的专业背景，利用自己的丰富经验，瓦妮莎帮助高管们表现得更果断、更自信。她会分析他们演讲的文本，删除多余的词语。就像雕刻家凿去多余的石头、显露出隐藏其中的宝藏一样，瓦妮莎帮助他们去除多余的词语，呈现出信息所蕴含的全部力量。下面是瓦妮莎精简信息的一个例子。最初的版本是一名高级军事教官在课程开始时告诉学生，哪些是该项目结业时必须完成的目标。瓦妮莎精心修改了一个版本，删掉了不必要的单词，修改后的版本切中要害、清晰明了。

原版："你们中的很多人来到这里是因为被要求这么做，但如果你坐在课堂里消磨时间，这将是一个很冗长的课程，因为这个课程要持续整个夏天。但是，如果你花时间坐在课堂上，并完成该做的作业，你就是在帮助你自己、你的头脑，以及你的未来。"

修改版："大多数人来这里是因为被要求这么做。如果你花时间坐在课堂上并完成作业，你就是在帮助自己、你的大脑和你的未来。"

杰夫·贝佐斯以身作则，力求使传达的信息简洁明了。让我们看一下表4.1中的3个语句。第二列是贝佐斯的原文；第三列是瓦妮莎和我虚构的对应他原文的冗长版。第三列的当然是"不好"的例子，但它反映了我们在商业沟通中经常听到的一些表述。

表4.1 简洁版对比冗长版

致股东的信	贝佐斯的简洁版	虚构的冗长版
2018年	"第三方卖家正狠狠打败我们的自营业务。" "Third-party sellers are kicking our first-party butt. Badly."[6] （8个单词，都是单音节或双音节词）	"值得注意的是，在我们的行业中，第三方卖家的出色表现远远超过自营卖家的表现，以至两者产生了实质性差距。" "An interesting point to note—third-party sellers in our industry are outperforming us as first-party sellers by a noticeable margin, so much so that there is a substantial difference." （29个单词，其中6个单词有3个或4个音节）

续表

致股东的信	贝佐斯的简洁版	虚构的冗长版
2007年	"我将重点介绍几个内置在Kindle中,远超纸质书阅读体验的有用功能。" "I'll highlight a few of the useful features we built into Kindle that go beyond what you could ever do with a physical book." 7 (24个单词,大多数为单音节或双音节词)	"在接下来的演讲中,我很乐意回顾一下Kindle的一些动态功能,我们最近发布的这款设备旨在最大限度地扩大这个市场,它可以执行比阅读纸质书更多的任务。" "During this next part of the presentation, I would like to review some of the dynamic features of the Kindle, a device we recently released with the intent to maximize this market that can execute more tasks than would be possible to execute reading physical books." (46个单词,其中7个单词是多音节词)
2005年	"今年,亚马逊成为有史以来最快实现年销售额千亿美元的公司。" "This year, Amazon became the fastest company ever to reach \$100 billion in annual sales." 8 (15个单词)	"在回顾这一年并深挖细节之前,我想说亚马逊已经实现了年销售额千亿美元。真正令人印象深刻的是,我们实现这个目标的速度比任何其他公司都要快。" "Before I review the year and get into the details, I guess I should mention that Amazon reached \$100 billion in annual sales. What's really impressive about that accomplishment is that we reached that number at a faster pace than any other company has been able to achieve." (48个单词)

具体。在写作课程中,亚马逊员工要学习避免使用模糊语言或"含糊其词的话语"。不要说"几乎所有的客户",而应该具体说"87%的Prime会员"。不要说"明显更好",而应该具体说"增长了25个基点"。不要说"一段时间之前",而应该具体说"3个月前"。

亚马逊新闻中心会教员工如何具体化地表达。亚马逊的公告标题通常包含从指标和数据到具体地点和目标受众的精确信息。以下是几个例子（我已经用粗体突出了具体化的语言）：

- 亚马逊将扩大其波士顿技术中心的规模，计划创造 **3 000 个服务于 Alexa、AWS 和亚马逊药店的新岗位**。
- 亚马逊推出了 **20 亿美元的房屋股权基金**，旨在为区域内的家庭提供超过 **2 万套经济适用房**。
- 亚马逊在**俄克拉何马城**新建了一座 **100 万平方英尺**的物流中心，将创造 **500 个就业岗位**。
- 亚马逊客户现在可以足不出户通过亚马逊在线商店购买**处方药**。亚马逊 Prime 会员在不使用保险的情况下可享受**免费的两日送达服务**和高达 **80%** 的折扣，并可享受新处方药优惠。
- 亚马逊正在招聘 **7.5 万名**订单执行和配送员工，平均起薪超过 **17 美元 / 小时**，入职奖金高达 **1 000 美元**。

逆向表达

2021 年 2 月 2 日，超过 100 万名亚马逊员工收到一封来自他们老板的电子邮件。仅用 22 个单词，杰夫·贝佐斯就宣布了自公司成立以来意义最为重大的举措。在"亲爱的亚马逊同事"之后，他写道：

> 我很高兴地宣布，今年第三季度我将转任亚马逊董事会执行主席，安迪·贾西将接替我出任公司 CEO。[9]

读者从首句就能获知这封电子邮件的内容。贝佐斯使用了逆向工作法：他首先呈现最重要的一句话来概括信息，接着提供过渡性细节。这些细节解释了他为什么做出这一改变，接下来他将会做什么，以及他 27 年前创立的公司如何改变了世界。

贝佐斯的电子邮件提供了一种清晰、简洁和具体的写作模式，如图 4.1 所示。

计数	
单词数	620 个
字符数	2 959 个
段落数	12 个
句子数	47 个
平均值	
每段句子数量	4.7 个
每句单词数量	13.1 个
每个单词字母数量	4.6 个
易读性	
弗莱施 - 金凯德测试评分	62.4 分
弗莱施 - 金凯德易读性年级水平	七八年级
被动句占比	6.3%

图 4.1 对杰夫·贝佐斯电子邮件的语言学分析

清晰。贝佐斯的电子邮件以概括性的标题开头，展现了整件事的大局。如果你在读了第一句话后停止阅读，你应该已经了解大部分情况了。整个电子邮件的弗莱施 - 金凯德易读性年级水平为七八年级。在绝大部分篇幅（94%）中贝佐斯使用了主动语态，正如你在第 3 章学到的，这有助于清晰表达谁在做什么。

简洁。这封 620 个单词的电子邮件可以在 2 分钟内读完。对回顾亚马逊27年的历史和展望公司下一步的发展来说，这非常简洁。

具体。概括性标题提供了3个具体的要点。贝佐斯将成为执行主席，安迪·贾西将成为CEO，职位交接将在第三季度进行。具体的细节如下：

- "作为执行主席，我打算将精力和注意力集中在新产品和早期项目上。"
- "今天，我们雇用了130万才华横溢、高度敬业的员工。"
- "创新是我们成功的源泉。我们开创了客户评论、一键下单、个性化推荐、Prime会员极速发货、无人超市购物、气候承诺、Kindle电子书、Alexa智能音箱、大卖场、云计算基础设施、职业选择计划等等。"

那么，贝佐斯接下来会做什么呢？他将把精力集中在哪里呢？他用一句话解释了记者布拉德·斯通在垃圾桶里偶然发现的一条日志。

2003年，当时斯通在为《新闻周刊》工作，为了弄清楚贝佐斯为他新的太空公司做了什么计划，斯通用老套的方式进行了一次调查。他发现了一家名为"蓝色行动有限公司"（Blue Operations LLC）的注册实体，其注册地址与亚马逊的总部相同，他继续追查，发现了一个招募航空航天工程师的模糊网站。

为了成为第一个报道这 新闻的人，按照文件上写的另一个地址，斯通开车前往西雅图南部的一个工业区，他发现了一个门上印着"蓝色起源"的占地5.3万平方英尺的仓库。

那是一个周末的深夜，斯通无法透过窗户看到任何东西。最终，在车里等了一个小时后，他决定走到街对面的一个垃圾桶旁，把能搬得动的东西都搬到他汽车的后备箱里。回家后在翻看垃圾桶里的物品时，斯通发现了一张沾满咖啡渍的纸，上面写着蓝色起源的第一个使命：

在太空中创造人类持久的生存环境。

你可能拥有世界上最伟大的想法,但如果你无法用一个清晰、简洁、具体的句子把它表达出来,那就没有人会注意到。

5 选择隐喻来强化关键概念

> 我用地球上最大的河流为亚马逊公司命名,表示其具有世界上最多的选择。
>
> ——杰夫·贝佐斯,2018 年在华盛顿特区经济俱乐部的演讲

杰夫·贝佐斯亲自运营亚马逊长达 9 863 天,但他总是以"第一天"的心态投入工作。

"第一天"作为一个象征,代表了初创企业的心态。当亚马逊作为一家在线书店刚刚上线时,公司仅有约 10 名员工。大约 27 年后,当贝佐斯退出亚马逊的日常经营时,该公司已经发展壮大到拥有 160 万名员工。尽管如此,根据贝佐斯的说法,有"第一天"思维的领导者总是提醒人们要像创业者一样思考和行动,寻找学习、成长、创新和创造的机会。

"第一天"这个词在亚马逊作为上市公司的第一封致股东的信中首次出现,那是在 1997 年。"这是互联网的第一天。"[1]贝佐斯宣称。他提醒那些想知道亚马逊何时开始盈利的股东,尽管电子商务正在快

速增长，但在线购物仍处于萌芽阶段。真正的变革尚未到来。

"第一天"这个词在贝佐斯撰写的致股东的信中多次出现。在21封信中，贝佐斯25次使用了这个词语。自2009年起，贝佐斯开始以"这还是第一天"（It's still Day 1）这句话结束每封信。他从2016年到2020年更改了一个词，改为"这依旧是第一天"（It remains Day 1）。2019年致股东的信于2020年4月发布，当时是新冠病毒感染疫情出现的一个月后。贝佐斯在对股东和员工的讲话中写道："就算在这种情况下，这依旧是第一天。"（Even in these circumstances, it remains Day 1.）

"第一天"这个概念对杰夫·贝佐斯来说象征着初创企业的心态，创新、学习和成长是每个决策的核心。通过频繁提到"第一天"，贝佐斯将这个比喻从修辞手法变成了一种思考和行动的蓝图。直到今天，"第一天"这个隐喻已完全融入亚马逊的文化，成为解释冒险、速度、好奇心、实验精神、失败和持续学习心态的捷径。你很难在亚马逊错过其对"第一天"无处不在的宣传。贝佐斯将他在西雅图工作的大楼命名为"第一天（北座）"（Day 1 North）。大厅里到现在仍然有一块欢迎访客的牌子，上面有贝佐斯写下的题词："还有很多创造未被发明，还有很多新的事情即将发生。"

2016年，贝佐斯在一次全体员工会议上回答了一个常被问到的问题："第二天"（Day Two）是什么样子的？

贝佐斯回答道："第二天意味着停滞、自满，缓慢而痛苦的衰退的开始。"[2]

"第一天"的隐喻已远远超出亚马逊的范畴。它已成为商学院教授的一种管理哲学。一个常见的搜索词是"什么是第一天公司（Day 1 company）？"第一天公司并不是某个具体的公司，而是一种心态。它是一个抽象的概念，就像任何一个好的隐喻一样，是传递知识的一

5 选择隐喻来强化关键概念　　079

种捷径。

在本章中,你将学习隐喻背后的神经科学原理,以及为什么隐喻对说服听众至关重要。我将简要介绍隐喻作为一种说服工具的历史,并解释为什么 1980 年是一个转折点,至此我们开始将隐喻不仅仅视为一种简单的修辞手法。你将了解为什么贝佐斯会刻意选择隐喻,你还会看到其他依靠隐喻将抽象概念转化为可执行的想法的商业沟通者的故事。最后,你将学习找到合适隐喻的简单步骤,让你的想法获得"天使歌唱般的清晰度"。

隐喻创造意义

让我们从基础知识开始。什么是隐喻?隐喻是两个本来没有关联的事物之间的比拟。这是一个对隐喻的乏味、标准的定义。我更喜欢沃德·法恩斯沃思提出的更令人兴奋的关于隐喻的描述。法恩斯沃思是得克萨斯大学法学院院长,也是三本关于古典写作图书的作者。根据法恩斯沃思的说法:

隐喻可以使陌生的事物变得熟悉,使无形的事物变得可见,使复杂的事物变得更容易理解。正如亚里士多德所说,它可以让无生命的事物鲜活起来。通过将主题与意想不到的关联对象相提并论,它可以产生娱乐的效果。通过将主题与被比较对象的源头联系起来,它可以调动感觉。通过比较产生的美感,它可以使一个观点引人注目且令人难以忘怀。通过带来惊喜,它可以吸引人的注意力。它可以通过奇妙的经济方式在一个句子或一个单词中激发出大量的意象和含义。[3]

隐喻无处不在。无论你是否意识到,其实你都在使用隐喻。你是否淹没于文书工作？如果是这样，你正沉浸于隐喻中。你说朋友是一颗宝石，或是一颗有着金子般心的闪闪发光的星星？如果是这样，你不只是在蹚过隐喻的池水，而是在隐喻的池水中畅游。

每年2月14日，美国人都会花费数十亿美元购买一个永恒的隐喻：玫瑰。在那一天，花店要卖掉2.5亿朵玫瑰，其中最受欢迎的就是象征爱情的红玫瑰。

红玫瑰的传说可以追溯到希腊神话中的爱神阿佛洛狄忒。据说她如红玫瑰一样美丽。从那时起，诗人们就将玫瑰作为爱情的象征。当莎士比亚笔下的朱丽叶说"任何名字的玫瑰都一样芬芳"时，她承认自己爱着罗密欧，尽管他来自敌对家族。罗密欧也不甘示弱，大声喊着"朱丽叶是太阳"，因为她散发着美丽的光芒，照亮了黑暗的世界。这可真是深奥啊。

由于许多流行歌曲都起源于纸上的诗歌，所以不难理解为什么词曲作者会利用隐喻的浪潮成为超级巨星。当布雷特·迈克尔斯写下"每一朵玫瑰都有刺"的歌词时，他发现玫瑰的主题令人无法抗拒。这朵玫瑰象征着他事业的腾飞，而刺代表着成功给他的人际关系造成的伤害。当加斯·布鲁克斯唱起《舞蹈》("The Dance")时，他并不是在说要在纳什维尔的一家小酒馆里排舞。这个舞蹈是对失去了亲近的人的一种隐喻。如果从未遇到那个人，你确实可以避免痛苦，但也会错过快乐的时光。

加斯写过许多歌曲，但他说在他收到的来信中，关于《河水》("The River")这首歌的信最多。当他歌唱他的船航行到"直到河水干涸"时，他其实并不是真正的船长。他曾是一位苦苦挣扎的歌手，梦想着在乡村音乐领域大获成功。梦想就像一条河，而加斯是跟随河水前行的船只。"不要坐在岸边……到急流中去冒险，敢于在浪潮中起舞。"

吉米·巴菲特可以说创造了流行音乐圈最赚钱的隐喻。当他最初唱起《玛格丽特维尔》（"Margaritaville"）时，他并没有想到这是一个真实的地方。这首歌写的是一种心态，是一种人生哲学的颂歌。但当这首歌火了之后，玛格丽特维尔就变成了一个真实的地方，不，不止一个。被命名为玛格丽特维尔的酒吧、餐厅和产品使巴菲特的身价超过了5亿美元。

隐喻可能不会使你变得像贝佐斯或巴菲特一样富有，但如果你能用语言为你的听众创造一种心态或一种感觉，你的生活和职业生涯就会变得丰富多彩。

我们整天都在使用隐喻。我们用它写作、唱歌，甚至进行思考。1980年，认知科学领域对隐喻的研究随着乔治·莱考夫和马克·约翰逊的《我们赖以生存的隐喻》一书的出版而兴起。大多数人认为隐喻是诗歌和演讲的一种修辞手法，但这本书的作者认为，隐喻的应用比这更广泛："我们思考的方式、我们经历的事情以及我们每天做的事情都是隐喻。"[4]

莱考夫和约翰逊使得概念隐喻理论（CMT）变得广为人知。[5]概念隐喻意味着我们的大脑通过将一个领域"映射"到另一个领域来理解我们的世界。这一发现揭示了隐喻的基本规则：它必须包含一个源域和一个目标域。目标域是你想要传达的抽象概念，源域是你用作比拟的具体事物。源域使我们能够理解抽象的目标，并用寥寥数语传达大量的信息。源域通常分为几类：动作、物理位置或空间定位。

例如，"人生"这个概念是如此抽象，我们必须从更具体的事物入手才能理解它。

我们可以用动作进行比拟：我的人生迈上了快车道，未来将一帆风顺。

我们可以用物理位置进行比拟：我的人生正处在十字路口。

我们还可以用空间定位进行比拟：我的人生正在向上转折。

实战演练

在你不熟悉的领域寻找比拟对象，看看你能在书籍、文章、演讲和演示中发现多少隐喻。挑战一下你自己，将这些隐喻分为动作、物理位置或空间定位的比拟。注意你所看到、听到和读到的隐喻，它们能激发出有创意的想法，从而帮助你写作和发表有说服力的演讲。

在不挑选合适的隐喻的情况下去描述一种感觉、一个抽象的原理或一个复杂的思想，这几乎是不可能的。艺术史学家纳尔逊·古德曼认为："隐喻渗透在所有的话语中，普通的和特殊的……我们不断使用隐喻不仅源于我们对文学色彩的热爱，而且源于对经济性的迫切需要。"[6]换句话说，隐喻是一种思维捷径，可以将大量的信息压缩成一个词或短语。隐喻可以让你为你的听众快速描绘出一幅画面，而不用为细节所困扰。

让我们来看看推动亚马逊增长的两个隐喻：两个比萨团队和亚马逊飞轮。在这两个隐喻中，贝佐斯利用技巧，激励亚马逊的领导者以不同的方式去思考。

"两个比萨团队"的隐喻

在互联网泡沫破裂（这本身也是一个隐喻）之后，贝佐斯在假期里抽出时间进行思考和阅读。在他心头一直萦绕的问题是：这家自己在租来的西雅图家庭车库里创办的公司的创新步伐正在放缓。尽管亚马逊是一家快速发展的公司，但工程师和产品经理对代码交付的复杂过程感到沮丧。产品开发被组织成几个重要的部门，参与决策的人太多了。"等级制度对变化的反应不够迅速。"[7] 1999年3月，贝佐斯在美国出版商协会的演讲中说道。

自我隔离结束后，贝佐斯带着一个简单的想法回到公司。如果他像亚马逊早期那样组织团队，每个团队都可以拥有自己的项目路线图和软件代码，他们就能够更快速地前进。贝佐斯回忆说，当年两个大比萨就能喂饱整个团队。他把自己的想法写在了一张纸上，于是"两个比萨团队"的隐喻应运而生。

两个比萨团队的隐喻传达了大量信息。它表达了去中心化决策的必要性。它表明需要将公司组织成小型的项目团队，这些团队可以自行运作，彼此仅保持松散的联系。它还表明员工之间过多的协同会阻碍速度和敏捷性。这个隐喻甚至缩短了一个数学公式。

著名的"沟通路径公式"表明，随着团队规模的扩大，团队成员之间的沟通渠道呈爆炸性增长，这增加了分享信息和完成工作所需的时间。

这一沟通路径公式如下：

$N*(N-1)/2$，其中 N 表示项目团队成员的数量。[8]

根据这个公式，如果你从一个5人的小项目团队开始，那么可能的沟通渠道就有10个。团队成员人数加倍意味着沟通渠道扩大到45个。这意味着项目经理需要花费4.5倍的精力和时间来协调团队的沟通。

贝佐斯理解这个公式，这个公式的灵感来自他读过并推荐给他的高级领导团队的一本书，这本书就是小弗雷德里克·布鲁克斯的《人月神话》。

布鲁克斯是一位来自IBM的计算机科学家和高科技领域资深人士，他认为，为项目增加更多的人力并不会带来更快的结果。相反，沟通渠道的爆炸性增长会减缓整个进程。

根据布拉德·斯通在《一网打尽》中的描述，贝佐斯希望"在没有公司内部沟通限制的情况下，这些松散耦合的团队可以更快地行动，更迅速地将产品功能交付给客户"。[9]设计良好的两个比萨团队还有一个强大的好处：他们的灵活性可以让他们在发现错误或需要快速修复错误时及时调整。

正如你所看到的，数学家和计算机科学家已经仔细研究了小团队背后的策略。不少书和晦涩难懂的公式都致力于解释这个主题。贝佐斯知道他必须找到一种捷径来解释这个概念。

正如完成一个项目所需的时间与团队的规模成正比，一个想法被接受的速度与其简单程度成正比。

还有什么是比两个比萨更简单的概念呢？这个概念开始火了……直到它遇到了一个障碍。

在不同场景中迭代隐喻

虽然两个比萨团队的隐喻很有前景，但亚马逊前高管比尔·卡尔和柯林·布里亚在他们的书《亚马逊逆向工作法》中指出，这个隐喻也有一个缺点。卡尔和布里亚在亚马逊总共工作了27年，在公司发展的许多关键时刻他们都工作在基层，很少有人比他们更了解贝佐斯。在谈到两个比萨团队时，卡尔和布里亚表示，小团队模式在产品开发等领域运作良好，但在法律合规或人力资源等其他领域，小团队模式并未使速度或灵活性有所提高。

两个比萨团队的隐喻易于理解，也确实适用于一些工作环境，但并不适用于所有场景。亚马逊的高管发现，预测一个团队成功的最重要因素不一定是它的规模，而是"它是否有一位具备适当技能、权威和经验的领导者，来凝聚和管理一支专注于完成任务的团队"。[10]

这种模式需要一个新的名字，或者需要一个新的隐喻。

由于许多公司领导者来自工程和计算机科学领域，他们将新概念（目标）映射到了一个他们熟悉的源域中的类似术语上。他们在"单线程"这个术语上找到了他们正在寻找的东西。

计算机程序员很熟悉线程这个概念：一次处理一个命令。许多编程语言，如 JavaScript，就是单线程的，这意味着在任何给定时间只有一行代码被执行。将这个概念应用于领导力，意味着团队领导者要专注于一件事情：一个新产品、一条新业务线或一次业务转型。

于是，隐喻由最初的可以用两个比萨喂饱的团队演变成由"单线程领导者"（STL）带领的团队。根据布里亚和卡尔的说法，单线程领导为亚马逊带来了新一轮创新，因为它允许"一个独立的员工，不受其他竞争性责任的约束，负责某项重大举措"。单线程领导者领导的团队拥有资源、灵活性和敏捷性，能够很好地实现其目标。

这个新的隐喻引发了一股创新热潮，如 FBA（亚马逊交付）。这个想法使第三方卖家可以使用亚马逊的仓储和运输服务。亚马逊将代表商家进行存储、挑选、包装和运输，为这些卖家解决物流问题。

在零售和运营领域工作的高管们喜欢 FBA 的想法。但由于没有人有能力去管理其中所有的细微环节，这个概念被搁置了一年多。直到公司副总裁汤姆·泰勒被要求将百分之百的精力投入组建和管理一支能够创建 FBA 的团队时，这个概念才变成现实。这个系统为想要更快收货的顾客和想要更灵活的仓库选项以拓展业务的数百万商家提供了解决问题的方案。一个单线程领导者解决了数百万商家的问题，让数百万客户的体验更加愉快。

在谷歌上搜索"单线程领导者"，你会查到超过 500 万个词条。亚马逊创造的这个概念现在已经成为一种流行的管理原则，也是领导者百分之百专注并负责一项计划的简称。这就是隐喻的力量——它可以用一两个词语传达大量信息，并在公司发展过程中为员工提供指导。

一家备受追捧的加拿大初创公司借助单线程的隐喻迈向了致富之路。

Hopper是一款仅限移动设备使用的旅游应用程序。2018年它募资1亿美元，估值创下了历史新高。这项投资使得Hopper成为加拿大历史上最有价值的初创企业。

根据Hopper的CEO兼联合创始人弗雷德里克·拉隆德的说法，快速增长的初创企业需要以不同的眼光看待一切：文化、信息、营销和管理。拉隆德是一位对商业书籍和领导方法如饥似渴的人。他认识到，单线程领导者模式能够赋予领导者像公司所有者一样的行动力，从而产生"超高增长速度"。

Hopper的单线程领导者是那些一觉醒来就专注于一件事情的人。该公司没有产品团队、工程团队、数据科学团队和设计团队。Hopper围绕着不同的小组组织起来，这些小组致力于改进客户体验的功能或服务。拉隆德说："它就像一个松散的内部初创公司联盟，拥有非常强大的多学科团队。"[11]

公司里的任何人都有可能成为领导者。一旦领导者被指定了一个单一的聚焦点，他们就要负责建立团队并招聘合适的人才。团队可能由一两个技术人员组成，拥有足够的资源构建、迭代和向客户交付新产品。如果新产品或新功能满足了市场需求，单线程领导者有权扩大团队规模并将想法发展成更大的业务。

拉隆德将公司在新冠病毒感染疫情期间的双倍增长归功于单线程领导带来的灵活性和速度。随着旅行限制在2021年初开始解除，Hopper每季度增加200名员工。

Hopper甚至采用了两个比萨团队的隐喻，并在此基础上引入一个转变。

在建立公司时,拉隆德除了阅读大量的书籍,还学习了行为科学,从这些学习中他了解到,最具可扩展性的组织是罗马帝国,它是历史上发展最快的组织。士兵被分成 8 个人的小队,因为这是可以容纳在一个帐篷中的人数。拉隆德说,罗马军团创造了一个"分布式网络",从而统治西方世界长达 500 年。

因此,在 Hopper,两个比萨团队被罗马帐篷取代。团队由多个 8~10 人的小组组成,由一个领导者负责小组的唯一项目。

尽管罗马帐篷和比萨团队是引人注目且强有力的管理理念,但一位亚马逊前高管认为,他发现了一个更"美味"的隐喻——百吉饼。

一打百吉饼规则

AWS 前高管杰夫·劳森在创办云通信公司 Twilio 时采纳了贝佐斯蓝图中的想法。

劳森于 2004 年加入亚马逊,当时该公司的员工已增至 5 000 人。他问当初招聘他进入亚马逊的人,从成立之初只有 100 名员工到现在,亚马逊发生了多大的变化。他被告知,亚马逊还是"那家有着同样紧迫感的公司"。

劳森想把这种紧迫感带到他的创业公司中。他相信小团队是实现他目标的秘诀。劳森回忆道,尽管亚马逊规模庞大,但它的结构就像一群初创企业的集合,这些初创企业的小团队由被授权的、有使命感的领导者领导。[12] 劳森很容易将小团队模式引入 Twilio,毕竟 Twilio 只有 3 位创始人,而且都是软件开发人员。如果客户报告了一个程序漏洞,劳森可以在 5 分钟内修复完成。3 个人做决定非常快。他们甚至不需要两个大比萨,3 个百吉饼就够了。

在 Twilio 公司成立初期，创始人每周一早上会开一个会。会前劳森会去面包店买 3 个百吉饼。随着公司的发展，百吉饼的订购量也在增加。劳森先是从买 3 个变成买半打（6 个），然后是一打，再后来是三打。此时，劳森开始注意到与贝佐斯思考更小的团队概念时观察到的相同的趋势：在 Twilio，创新速度的下降与百吉饼订购量的增加是同步的。

曾经有一个时期，有 30 个人向 CEO 劳森汇报工作。他注意到，公司不像员工较少时那样能够高效运转了。劳森还记得自己在亚马逊时公司使用的两个比萨团队的比喻，因此，他想出了一个将这些人分成 3 个团队的解决方案。一个团队支持现有产品，而另外两个团队专注于即将推出的项目和内部平台。

与比萨的隐喻有所区别的是，劳森的经验法则是要将团队维持在只需要一打百吉饼就能吃饱的小规模上。当 Twilio 的 3 个团队扩大到 150 个团队时，劳森总是牢记这个隐喻：如果一打百吉饼不能满足团队的需求，那么这个团队的规模就过大了。今天，劳森喜欢开玩笑说，在没人听说过的公司中，Twilio 是最成功的一家。虽然没有听说过，但你很可能在不知情的情况下正在使用它提供的服务。Twilio 的软件嵌入数千个应用程序，从优步司机发送给你的短信到网飞在你登录前发送到你设备上的验证码，都与 Twilio 有关。构建一家消费者看不见的公司，需要劳森在从设计到营销的每一步以不同寻常的方式思考和沟通。

尽管亚马逊后来发现了比两个比萨团队更好的解决方案，但这个隐喻引发了许多讨论和思考。如今在亚马逊公司已经很少能听到关于"两个比萨"隐喻的讨论，但这是一个易于使用的隐喻，无论是对初创企业还是大型企业来说都有助益。

你可以选择任何一个隐喻：单线程、两个比萨、一打百吉饼、罗马帐篷。你还可以创造一个新的符合你自己企业的文化和使命的隐喻。

两个比萨团队可能会创造出使公司的飞轮转得更快的想法。啊，飞轮。在一个关于隐喻的章节中若没有提到亚马逊的飞轮，那就不完整了。飞轮效应是亚马逊推动其增长的秘密武器，也是商业史上最有说服力的隐喻之一。

飞轮效应

2001年10月，杰夫·贝佐斯邀请作家和商业思想家吉姆·柯林斯为亚马逊的领导团队发表一次演讲。当时柯林斯即将推出《从优秀到卓越》，这本书将成为管理学的经典之作。贝佐斯因此能提前一睹柯林斯在研究中发现的飞轮的隐喻。亚马逊采用了这个概念，随后得以成功度过互联网泡沫破裂的时期，并在之后的20年里保持了增长。

飞轮是一个圆盘，随着能量的积累，飞轮旋转得越来越快。柯林斯表示，启动飞轮很难。但是"用力一推，你可以让飞轮前进一点儿"。[13]柯林斯写道："你继续推动，坚持不懈地努力，让飞轮完成一个完整的旋转。你仍不停止，继续推动。飞轮转动得更快了。2圈……然后是4圈……然后是8圈……飞轮积累动能……16圈……32圈……转动得更快了……1 000圈……1万圈……10万圈。然后在某个时刻实现突破！飞轮以几乎无法阻挡的势头向前转动。"

贝佐斯记下了这些话。

贝佐斯在一张餐巾纸上画出了被称为"良性循环轮"的草图，这个飞轮以"增长"为中心，由客户服务、商品选择和低价格推动。在一个闭环系统中，只要任何一个或多个因素得到改进，飞轮就会转得越来越快。例如，"客户服务"可以通过更快的配送速度、更便捷的网站导航、更多的商品选择等来改善。

按照布拉德·斯通的说法："更低的价格吸引更多的客户访问，更多的客户增加了销售量，并吸引了更多支付佣金的第三方卖家来到网站上。这使得亚马逊可以在扣除固定成本（比如配送中心和运行网站所需的服务器产生的费用）后，获得更多收益。这种更高的效率使其能够进一步降低价格。他们认为，只要能使飞轮旋转过程中的任何一环加快，就能加速这个循环。"[14]

贝佐斯对飞轮如此着迷，以至他在对分析师的演示中都没有透露这个概念，因为他认为这是公司的秘密武器。飞轮理论使得亚马逊的零售业务走向巅峰。

亚马逊的现任领导者在谈话中仍然经常提到飞轮。随着亚马逊在零售业务以外开展多元化发展，飞轮隐喻成为每个业务部门用来推动其增长的标准路径，这反过来又加速了组织在其他方面的创新。

例如，亚马逊的云计算部门 AWS 不销售第三方商家的产品，但它确实向 IT 专业人员销售特殊的开发工具。它创建的工具越多，吸引的第三方开发人员就越多。工具带来了更高的服务消费，吸引了更多的企业客户。随着规模的扩大，AWS 提供了更低的云服务价格，吸引了更多的开发人员，这些开发人员创建了更多的工具，进而吸引了更多的企业客户。

AWS 似乎与消费者零售业务非常不同，但贝佐斯在他 2015 年致股东的信中指出了它们的相似之处。记住，隐喻是一种展示两种不同事物如何相似的手段。

"从表面上看，这两者似乎截然不同，"[15] 贝佐斯写道，"一个服务于消费者，一个服务于企业……但实际上，在表面之下，二者并没有太大的差别。"

二者并没有太大的差别。贝佐斯道破了隐喻力量背后的原理。一个选择得当的隐喻可以帮助你将文字转化为具体的心理意象。飞轮效应听起来很合乎逻辑，但只有借助一个有形的对象，即飞轮本身，它的潜力才会变得明显。

实战演练

隐喻是理解的捷径。它们能帮助你的听众理解复杂或抽象的观点。在日常交谈中，我们经常使用隐喻。但在商业演示中要避免使用陈词滥调，因为人们太熟悉的隐喻已经失去其影响力。以下是一些常见的隐喻，应该避免使用。

- 球在你的场内
- 拿到台面上来
- 跳出框架想问题
- 杯水车薪
- 完美风暴
- 一粒老鼠屎坏了一锅汤

避免使用过于常见的隐喻。如果你已经听过某个隐喻 1 000 次，相信你的听众也会觉得毫无新意。

如何通过隐喻实现高效沟通

使用隐喻来描述独特的经历或事件。在宇航员克里斯·哈德菲尔德能够掌控国际空间站之前，他必须先到达那里。他搭乘了一艘"联盟"号火箭。大约 300 吨煤油和氮气燃料产生的 100 万磅[①]的推力帮助火箭摆脱了地心引力，飞向目的地。

---

① 1 磅 ≈ 0.45 千克。——编者注

哈德菲尔德是仅有的 240 名曾到达过国际空间站的宇航员之一。我们大多数人都不会有搭乘巨大的火箭被送入太空的经历。哈德菲尔德是一位经验丰富的科学教育家，他依靠熟悉的比喻来解释火箭发射的感受。他的描述带领我们体验了一次火箭发射的旅程。

离发射还有 6 秒，突然，这头野兽像一条喷火的巨龙一样开始咆哮。你能感觉到火箭脉冲强劲的动力正在你的脚下喷发。你就像飓风中的一片小树叶，你意识到，与即将发生的事情相比，你个人实在微不足道。当倒计时归零时，主引擎，也就是你身边的大型固体火箭点火了。就像遇到了一次巨大的事故，有什么东西撞上了你的飞船，一股巨大的能量穿透整个飞船。当引擎被点燃时，你感觉自己就像在一只巨犬的大嘴之中，它在用力地摇晃和摔打你。虽然你很无助，但你非常专注。[16]

咆哮的野兽、喷火的巨龙、喷发、飓风中的小树叶、巨犬的大嘴——这些都是具体的形象，哈德菲尔德用它们来描述一种陌生的体验。

使用隐喻让晦涩的话题易于理解。如果你观看商业新闻或者跟踪股市，你肯定听说过"护城河"这个词语。沃伦·巴菲特在 1995 年的伯克希尔·哈撒韦股东大会上普及了这个词语。一位股东问了这样一个问题："你们用来赚钱的基本经济规则是什么？"[17]

巴菲特回答道："我们要做的最重要的事情就是找到一座价值连城的城堡，守护城堡的公爵德才兼备，而且这座城堡拥有广阔且坚固的护城河。"

城堡的隐喻就像一条简洁的捷径，生动地解释了巴菲特和他的团队用来评估投资潜力的复杂数据和信息系统。深深的护城河赋予了一家公司独特的优势，使竞争对手难以进入该业务领域，从而保护了其市场份额。城堡的力量来自保护它的那位德才兼备的公爵，也就是CEO。巴菲特解释说，护城河具有永久而强大的威慑力量，能够阻止潜在的攻击者。

巴菲特在2007年重申了城堡的隐喻，用以解释其最赚钱的投资之一：GEICO保险公司。该公司向市场提供低成本的产品，公司因其著名的壁虎形象而享有很高的知名度，并且有着很高的利润率。

事实证明，寻找有护城河的城堡对巴菲特来说是一个赚钱的策略。虽然GEICO不是一家上市公司，但根据一家投资网站的估计，巴菲特在这项投资上赚了400亿美元，回报率为48 000%。

"GEICO是一颗宝石。"巴菲特曾说过。这位亿万富翁不停地用隐喻说话。

注意那些经常出现在电视上或者为记者们所依赖的分析专家。我做过15年的电视新闻主播，其中一段时间我在纽约报道金融市场。我告诉你一个秘密：很少有专家能成为伟大的沟通者。这解释了为什么只有少数专家能获得大量的曝光率。经济学家黛安娜·斯旺克就是其中之一。

黛安娜·斯旺克的职位是致同会计师事务所的首席经济学家，但她表示，她的主要角色是将复杂的数据转化为日常语言。

斯旺克作为世界上最受尊敬的经济学家之一而备受青睐，她忙于接受采访、录制播客和演讲，媒体和政府领导人会向她寻求对全球经济的清晰见解。她的能力在于使用隐喻。

斯旺克告诉我，她每个月要花40个小时撰写报告，其中大部分时间都用来构思类比和隐喻，以从一大堆数据中挖掘真知灼见。

在新型冠状病毒感染疫情期间，美国政府耗资数万亿美元帮助受困的个人和企业渡过难关。数万亿对人们来说很难想象。此外，政府还推出了一系列计划来分配这些资金。斯旺克会解读这些举措，从而帮助观众和读者理解这些政策。下面列出了斯旺克最常被引用的解读。毫不奇怪，她最受欢迎的语句都是用隐喻来表达的。

- "经济在一夜之间进入了冰期。我们处于深度冰冻状态。复苏经济所需的时间要比冷冻它的时间更长。"
- "新冠病毒就像冰山，我们正在努力寻找救生艇。"
- "我们将进入新冠病毒感染疫情马拉松最艰难的 1 英里。"
- "引擎盖下的就业报告看起来相当糟糕。"
- "美联储的魔术帽里已经没有更多的兔子了。"

斯旺克的天才之处在于，她将晦涩复杂的经济语言翻译成了常人易于理解的日常语言。但她说这个"天赋"需要大量的实践来打磨。"我的一位同事曾说，'你让它（使用隐喻）看起来很容易'。他们没有意识到这需要多少时间，"[18] 斯旺克告诉我，"但我是一个勤奋的写作者。沟通的艺术是我一直在努力学习的东西，如果你无法向读者解释清楚，信息就会在表述的转化中丢失。"

不要让你的信息在表述的转化中丢失，找到合适的隐喻需要下功夫。当你因沟通技巧而出名时，这一切都是值得的。

实战演练

一个简单的隐喻格式是"A 就是 B"，例如"时间就是金钱"。这种格式非常适合表达复杂的概念。从你所熟悉的领域中选择一个复杂的概念，使用"A 就是 B"的格式来解释它，并用口语化的语言描述这种比较。

复杂的概念：_____（A）

熟悉的概念：_____（B）

A 就是 B 的格式：_____ 就是 _____

例如：

复杂的概念：一项好的投资

熟悉的概念：有护城河的城堡

A 就是 B 的格式：一项好的投资就是一座拥有深深护城河的城堡，可以阻止竞争对手的进攻。

亚里士多德说过，能够掌握隐喻是天才的标志。我希望本章已经说服你释放你内在的天分，有意识地使用隐喻来传递你的思想。

有影响力的领导者使用隐喻和类比来教育他们的听众。虽然隐喻和类比是近亲，但它们之间存在区别。贝佐斯知道何时使用哪种方式。在下一章，你也将学会如何使用它们。

6 运用类比使抽象概念具体化

> 在晦涩难懂和平淡无奇之间,类比产生了大多数知识。
>
> ——亚里士多德

比尔·卡尔清晰地记得一次会议,这次会议改变了亚马逊,并开启了卡尔职业生涯中最激动人心的一段旅程。虽然卡尔不记得贝佐斯在全员大会上说的每一句话,但其中一个故事令卡尔难以忘怀。这个故事带给了卡尔信心,让他决定去推动一项他最初不愿接受的计划。

在亚马逊经历了 4 年的晋升后,卡尔已经成为公司的全球媒体副总裁。这时他的老板向他发出邀请,请他负责公司的新数字媒体业务。卡尔觉得他没有什么选择的余地,因为贝佐斯钦点了这项人事调整,但卡尔还是感到非常失望,因为他的职业生涯当时似乎正在起飞。作为亚马逊图书、音乐和视频部门的负责人,卡尔领导的部门贡献了公司全球收入的 77%。现在,他被选中来领导公司最小的业务部门,要知道,电子书在整个图书市场的占比还不到 1%。尽管亚马逊已经推出了图书内部搜索功能，但公司几乎没有提供数字产品和服务的经验，也没有开发出相应的硬件产品。但是，亚马逊在电子商务领域十分成功。

为什么现在要做出改变呢？卡尔心想。

在那次全员会议上，卡尔得到了答案。

"那次会议就像发生在昨天一样。"[1]卡尔说。

"很多人都有疑问和担忧：为什么亚马逊要投资于一个它涉猎甚少的领域？为什么要分散注意力，而不专注于亚马逊擅长的事情？为什么要制造自己的设备？亚马逊了解数字媒体服务领域吗？"

在听取了他们的评论和担忧之后，贝佐斯通过一种古老而有效的修辞手法——类比做出了回应。

贝佐斯说："我们需要种下许多种子，因为我们不知道哪颗种子会长成一棵高大的橡树。"[2]

橡树的类比是个绝妙的选择。

橡树的寿命可达 1 000 年，而贝佐斯注重的是长期思考。橡树很大，而亚马逊注重提供各种各样的产品。橡树也很有韧性，这些都是贝佐斯所要关联的价值观。一棵橡树一生中可以结出数百万颗橡子。每颗橡子都包含一颗种子，大多数橡子会被动物吃掉。但每年都会有一些橡子掉落在地上，生根发芽，最后长成高大的橡树。

"这是一个大多数人都能理解的类比，"[3]卡尔说，"它真的帮助人们理解了贝佐斯所做的决定。你可以在脑海中生动地想象出种下几颗种子，你给它们浇水，精心培育幼苗，看它们生长的过程。你甚至可以想象，其中一两颗种子会长成参天巨树，在未来的岁月里，你会坐在它们下面乘凉。"

其中一些种子确实成长为规模巨大的业务，它们叫作 Kindle、亚马逊音乐、亚马逊电影工作室和 Alexa 智能音箱。

"杰夫·贝佐斯是一位伟大的沟通大师,"[4]卡尔告诉我,"类比的力量是非常强大的。"

贝佐斯是隐喻大师和类比之王。

类比和隐喻是近亲,都是将两个不相关的事物进行比较以凸显它们的相似之处的修辞手法。类比在沟通中的目的是将知识从一个人传递给另一个人。尽管类比可以包含隐喻,但它比单一的隐喻更能提供详尽的解释。

我们喜欢用类比的形式接受信息,因为我们思考的方式就是类比。心理学家黛安娜·哈尔彭说:"类比在人类思维中无处不在。每当面对一个新的情境时,我们都试图通过参照一个熟悉的情境来理解它。"[5]

我们的大脑不断地通过将全新或未知的事物与熟悉的事物进行关联来处理信息。当我们面对一个新想法时,我们的大脑不会问"它是什么",而会问"它像什么"。

运用类比帮助听众记住并理解你的想法

没有类比思维,要产生创造性的想法几乎是不可能的。大部分重大的科学突破都发端于类比思维。例如,赋予我们"尤里卡时刻"的事件就是类比思维的结果。

公元前3世纪,一位名叫阿基米德的数学家面临一个难题。一位金匠为国王希罗制作了一顶王冠,希罗怀疑金匠欺骗了他,制作了一顶混有白银等金属的王冠。阿基米德能证明这一点吗?经过长时间的思考,阿基米德还是毫无头绪,他感到很沮丧,于是泡了个澡想放松一下。

当他将身体浸入浴缸时,一些水从浴缸边缘溢了出来。他意识到，他的身体排开的水的重量等于他身体浸入浴缸获得的浮力。由于黄金比其他金属（比如白银）更重，阿基米德可以利用同样的实验来判断王冠是不是纯金制成的。实验结果证明，王冠不是纯金的。阿基米德激动得没来得及穿上衣服就跑到大街上高喊："尤里卡！"

认知科学家援引阿基米德的例子，证明类比对我们思考的方式至关重要。我们的大脑将已知主题（阿基米德的浴缸）的基本结构映射到目标或未知主题（王冠）上。

通过提供相通的框架，类比手法使人们能够以新的方式看待一个观点。类比手法有助于信息的传递。类比能够使抽象概念具体化。

有些类比要比其他类比更好。哈尔彭进行了一项实验，以找出哪些类比最有效。[6] 她召集了193名年龄从17岁到64岁不等的志愿者。哈尔彭请他们阅读了3篇科学文章，并在阅读完后立即回答关于文章的问题。一周后，他们需要回答关于相同文章的第二组问题。

实验涵盖了淋巴系统和电流等主题。参与者被分成3组：一些人阅读的文章中不包含任何类比，一些人阅读的文章包含"近域"类比，另一些人阅读的文章包含"远域"类比。

近域类比来自听众已经了解的同一科学领域。远域类比将一个主题与另一个完全不同领域的主题进行比较。淋巴系统的远域类比将其比作海绵中水的流动。近域类比则将淋巴系统比作血液在静脉中的流动。

在电力话题的文章中，远域类比将电力比作水管，电压就像推动水通过水管的压力。电流就像水管中的水，电阻就像水管中阻碍水流动的沙子。近域类比描述的是也电力通过电路流动的情况。

这项实验的目的是测试人们记忆所读内容的能力。最初，研究没有发现任何组别之间存在显著差异。但是，当哈尔彭一周后对志愿者再次进行测试时，她发现了显著的差异。阅读包含远域类比文章的人能够回忆起更多的信息，并表现出对文章更好的理解。用科学术语来表达："当相似性关系更加模糊时，例如在远域类比中，受试者需要寻找潜在的关系才能使其具有意义。"简单地说，哈尔彭发现，远远超出主题的想法会在人的脑海中留下更深刻的印象。

哈尔彭的实验并不是这个领域进行的唯一研究。在关于教育的研究中，阅读包含远域类比的科技文献的学生往往比阅读没有类比材料的学生在衡量理解能力的测试中得分更高。例如"心脏就像一个由桶和泵组成的系统"，或者"循环系统就像一条铁路"的远域类比更易于记忆和理解。

如果你希望你的听众记住、吸收并理解你的想法，你可以使用一个远离主题领域的类比。如果你告诉我生命就像一个有机体，我可能不太会关注。但是如果你告诉我，生命就像一盒巧克力，我会很好奇地想知道为什么。《阿甘正传》中的阿甘就知道好的类比和糟糕的类比之间的区别。

实战演练

通过类比来增强你的写作和沟通能力的第一步，是意识到类比在我们的日常语言中的普遍性。记下在访谈、书籍、文章和视频中遇到的类比。特别留意那些讲述复杂主题的知名作家和演讲者，你会发现他们更有可能使用类比来传递信息。

用徒手倒立类比企业经营

创立、发展和经营一家企业需要不断学习和反馈。杰夫·贝佐斯在 2017 年致股东的信中完全可以用寻常的方式来表达这个事实，但他选择了一个与电子商务领域毫不相关的类比——学习如何徒手倒立。

"最近一位关系不错的朋友下决心,要学会如何做完美的独立式徒手倒立。"贝佐斯写道。[7]

不能倚靠在墙上,不可以仅仅持续几秒钟,而且要做到像照片墙上看到的那样好。她决定从瑜伽工作室的徒手倒立练习开始自己的学习旅程。可是她练习了一段时间之后,并没有得到她想要的结果。于是,她雇了一个徒手倒立专业教练。是的,我知道你在想什么,但很显然徒手倒立的专业教练是真实存在的。在第一节课中,教练给了她一些很好的建议。教练说,大多数人认为如果努力练习,他们应该能够在大约两个星期内掌握徒手倒立。但现实是,这需要每天练习并需要大约6个月。如果你认为你应该能够在两个星期内做到,最终的结果就是你会放弃。

经营企业和做徒手倒立是不同领域中的不同主题,但它们在逻辑结构上有相似性。创立一家企业比想象中更难。聘请最优秀的人才比想象中更难。写出一份优秀的6页备忘录比想象中更难。

贝佐斯继续使用徒手倒立的类比来提醒人们,在任何技能(尤其是写作)中实现卓越并不是一朝一夕的事情,这需要时间。

"这是我们所发现的。"[8]贝佐斯说。

通常,当一份备忘录不尽如人意时,问题并不在于作者不知道什么是高标准,而是对范围的错误期望:他们错误地认为可以在一两天甚至几个小时内写出高标准的6页备忘录,而实际上这可能需要一周甚至更长时间!如果他们试图在短短两周内完成完美的徒手倒立,那就说明我们提供的指导并不正确。优秀的备忘录被写了又写,与同事共享并请他们改进，搁置几天后以全新的心态再次编辑。它们根本不可能在一两天内被完成。写出一份优秀的备忘录可能需要一周或更长时间。

慎重地选择类比

2003年，贝佐斯用一个比喻震撼了TED的听众，这个比喻也曾影响了他的思维方式。

互联网泡沫吸引了大量投资者，他们将数万亿美元投入尚未盈利的公司。科技股指数在2000年3月10日达到峰值，然后用了15年的时间才重新回到这个水平。股市暴跌80%，这自然让投资者和分析师想寻找类似的事件进行比较。

一个著名的类比开始流传，那就是加州的淘金热。这个事件非常贴切，因为硅谷是互联网繁荣的中心和起源地。贝佐斯承认，这个类比表面上似乎很贴切，虽然很"诱人"，但他有另外的想法。

"很难找到一个恰当的类比去描述一个事件，"贝佐斯说，"但是我们如何应对事件，今天我们做出的决策以及我们对未来的期望，在很大程度上取决于我们如何对事件进行分类。"[9]

首先，贝佐斯分析了人们为什么会使用淘金热类比互联网泡沫。

"一方面，两者都是真实发生的。在1849年的淘金热中，淘金者从加利福尼亚州掘走了价值7亿美元的黄金。这是非常真实的。互联网也是非常真实的。这是人类相互交流的全新方式。这是件大事。"

19世纪50年代的淘金热和互联网遵循着同样的轨迹："巨大的繁荣，巨大的繁荣；巨大的崩溃，巨大的崩溃。"

贝佐斯继续描述了两者的相似之处："两个事件都伴随着大量的炒作。报纸广告响亮地喊着'黄金！黄金！黄金！'。"

这些故事激发了人们的兴奋之情。许多人放弃了不错的工作去淘金发财。"即使你曾是一名律师或银行家，也会抛下手头的工作，不管具备什么样的技能，都蜂拥去淘金。"

贝佐斯在演讲中说，当时甚至有些医生不再行医而跑去淘金，并展示了一张名为托兰的医生乘着有篷马车前往加利福尼亚的刊登在报纸上的照片。他微笑着补充道："互联网领域也发生了同样的事情。我们互联网有了 DrKoop.com。"

两者的衰落也有相似之处。它们都突然发生，导致了许多的破坏性的后果。贝佐斯展示了一张怀特山口小路的照片，这是克朗代克河淘金热期间一个臭名昭著的地区，位于阿拉斯加和不列颠哥伦比亚省交界的一个山口。成千上万头驮运动物死在这条崎岖的道路上，因此这个地方被称为"亡马小径"。

"现在，互联网与淘金热的类比开始出现分歧了，而且我认为二者的分歧还是相当大的，"贝佐斯继续说，"在淘金热中，当一切结束时，就是真的结束了。"

贝佐斯选择了一个更精确的主题来替代淘金热的类比："一个更好的类比可以让你变得非常乐观。"他决定用电的出现来替代淘金热的类比。

正如所有类比一样，这里需要一个解释。回忆一下第 5 章，隐喻是说一件事是另一件事，A 就是 B。在这个故事中，如果贝佐斯说"互联网就是电"，这是不合逻辑的。类比通常始于隐喻，但它需要一个讲故事的人让它变得栩栩如生。

贝佐斯解释说，到 1849 年时，淘金者已经在加利福尼亚州翻遍了几乎每一块石头，所有的黄金都消失不见了。但是电力不同，一旦电力基础设施建成了，大量公司就开始使用电力制造出各式各样的电器。创新永无止境。

贝佐斯认为，灯泡是第一个"杀手级应用"。接下来是电风扇、电熨斗、吸尘器，还有一个让邻居羡慕不已的电器：洗衣机。

"每个人都想要一台这样的电动洗衣机。"[10]贝佐斯说。

他展示了一张1908年的赫尔利牌洗衣机照片，它看起来更像一台水泥搅拌机，而不是今天在家得宝超市可以买到的那种优雅的顶装式洗衣机。这种原始的洗衣机很危险。"有令人毛骨悚然的传闻说，人们的头发和衣服会被卷入这些设备。"贝佐斯说。

"我们现在处于互联网发展的1908年赫尔利牌洗衣机的阶段，"贝佐斯补充道，"这就是我们现在的水平。虽然我们不会被绞住头发，但这就是我们所处的原始水平。我们身处互联网的1908年。"

如果你把互联网热潮比作淘金热，那么根据贝佐斯的说法，"你现在会感到相当沮丧，因为最后一粒金子已经消失了。但好处是，在创新里没有最后一粒金子的说法。每一项新事物都会创造两个新问题和两个新机会"。

选择一个更好的类比需要时间和思考，但回报可能是巨大的。好的类比不仅可以让你自己的想法更清晰，还可以让那些为你工作的人的想法更清晰。即便大多数人不相信，它也可以让你确信自己走在正确的道路上。选择更好的类比不仅使贝佐斯的演讲充满力量，还让他有信心应对批评者。贝佐斯展示了一系列出现在媒体上的关于亚马逊的头条新闻：

所有的消极因素叠加在一起，让在线体验变得得不偿失（1996年）

烤焦的亚马逊（1998年）

爆雷的亚马逊（1999年）

贝佐斯认为，就像人们使用电力不光是用来照明一样，人们使用

6 运用类比使抽象概念具体化

互联网也不光是用来浏览网页或下订单，而是用它来做更多的事情。

贝佐斯总结道："如果你真的相信现在是互联网的非常非常初级的阶段，就像 1908 年的赫尔利牌洗衣机，那么你应该对未来保持乐观。我认为这就是我们所处的阶段，而且我确实认为未来的创新会比我们过去更多。我们还非常非常初级。"

贝佐斯是正确的，他的类比被证明非常精准。在这次 TED 演讲的那一天决定投资亚马逊的人，如果一直持有亚马逊股票直到贝佐斯卸任公司 CEO 那天，他们的投资价值会增长 15 000%。因此，要慎重选择你使用的类比，错误的类比会让你错失致富的机会。

你传递的信息不需要改变，需要改变的是你传递信息的方式。你需要换一种方式将你的想法转变为大众能够理解的语言。当讨论一个很多听众都不熟悉的话题时，你可以考虑使用类比。

沃纳·福格尔斯博士是亚马逊传奇的 CTO（首席技术官）之一，也是全球最大的云计算部门 AWS 的首席架构师之一。他曾说，CTO 的角色是搭建技术和业务之间的桥梁，完成这项任务需要简洁清晰地解释问题。毕竟，如果人们不知道如何使用云计算，它就没有任何用处，福格尔斯说。

2006 年，福格尔斯带领他在 AWS 的团队宣布推出 S3 业务（Simple Storage Service），这是一个使客户能够轻松存储和检索数据的服务。该服务的诞生推动了云计算革命，但它的推出时间过早，以至最初关于 S3 的新闻稿甚至都没有提到"云计算"。

福格尔斯表示，虽然 S3 使在互联网上存储数据变得容易，但构建它并不容易。亚马逊的开发人员采用了一个全新的系统，使用"对象、存储桶和密钥"来创建一个可扩展、可信赖且经济实惠的服务模式。如果你不是计算机程序员，那么这些术语对你来说可能毫无意义。因此，福格尔斯选择了一个大家都熟悉的事物——图书馆——来解释这个系统是如何工作的。

"S3 业务团队构建的东西的一个类比就是经典的图书馆。"福格尔斯说。[11]

在我们的 S3 图书馆中，书籍被称为对象。对象可以是任何形式的数据：照片、音乐、文档、客服中心的交互信息等。对象被存储在存储桶中。在图书馆的类比中，存储桶类似于图书馆某个分类，如艺术史或地质学等。存储桶是你用来分类和组织所有内部对象的方式。存储桶可以包含单个对象，也可以包含数百万个对象或主题。把密钥想象成我们图书馆的目录卡。密钥包含有关存储桶内可以识别每个对象的唯一信息。每个存储桶中的对象都有一个密钥。你可以使用密钥来找到正确的存储桶和对象。

这个类比有助于解释存储系统是如何构建的，以便随着数据需求的指数增长而扩展。在 2020 年 S3 业务推出 15 周年之际，福格尔斯宣布 S3 存储桶中存储了 100 万亿个对象。他补充道："虽然我们并不容易对这个数字有直观概念，但 100 万亿大约等于人脑中的神经突触数或人体细胞的数量。"福格尔斯不断寻找类比，以架起技术和业务之间的桥梁。

类比是一种古老的沟通手段。然而，随着世界信息量的增长和复杂性的增加，它的引导力量变得比以往任何时候都更加重要。如果你能用精心挑选的类比来改进你的语言，你将能激励你的观众。

类比和隐喻是构建故事大厦的基石，因此，伟大的故事讲述者使用这些修辞手法来连接熟悉和陌生的事物，这并不奇怪。在第二部分，我们将一起探索通过创造好故事来实现教育、说服、激励和启发等目的的艺术。伟大的故事讲述者会进入世界上最顶尖的大学，伟大的故事讲述者会得到高级职位，伟大的故事讲述者会吸引投资者为他们的初创企业投资，伟大的故事讲述者也能激励他人把不可能的事情变为可能。

第二部分 | **构建故事的结构**

7 三幕式故事结构

杰夫·贝佐斯一直没有走出充满好奇心的年纪,他对叙述和讲故事的兴趣不仅来自亚马逊图书销售业务的根基,也源自他的个人热情。

——沃尔特·艾萨克森

想象一部讲述杰夫·贝佐斯生平的电影的开场情景。剧本可能会从一个惊悚事件开始,这个事件差点儿终结了贝佐斯的生命。

开阔的外景
得克萨斯州西南部的山脉　上午 10 点
观众听到直升机螺旋桨在得克萨斯州西南部崎岖不平的教堂山上呼呼作响。

转场:直升机起飞了。这是一架 5 个座位的红色小羚羊直升机。突然,一阵强风使直升机失去平衡。

转场:极近距离的画面显示 3 名乘客脸上露出恐慌的表情,而飞行员试图重新控制飞机。机上乘客包括亿万富翁贝佐斯、一名律师、一名牛仔以及一位绰号为"骗子"的飞行员。

"骗子"拼命努力地控制飞机，直升机挣扎着试图越过一排树木，接着像牛仔竞技表演中一匹暴躁的野马一样扭曲狂跳着撞上一个土堆，最后倒下来。直升机的螺旋桨叶片断成碎片，差一点儿刺入机舱。机身翻滚着掉进小溪中，大头朝下，溪水灌入了机舱。

转场：在事故现场附近，有一块标牌上写着"灾难溪"。

寂静。

画面切换回事故现场：溪水涌入机舱。牛仔不小心吞下了一口水，他拼命从挽救了他性命的安全带中挣脱出来。律师则被卡在水下，其他人在拼命地营救她。当她的头露出水面时，她大口喘气，感觉背部剧痛，但她保住了性命。

乘客们爬出直升机，聚集在小溪的岸边。他们身上都有割伤和擦伤，浑身酸痛不已。他们看着倒栽在小溪中的直升机，知道自己还能活着已经很幸运了。

贝佐斯对牛仔说："你是对的。我们应该选择骑马。"

淡出：当这位亿万富翁逃过了死亡后，他发出一阵充满力量的笑声，笑声回荡在峡谷中。

这个故事中的细节是真实的。事故发生于2003年3月6日上午10点。当时的西南得克萨斯州高海拔地区阵风不断，变幻莫测。

杰夫·贝佐斯与他的律师伊丽莎白·科瑞尔以及当地一名真正的牛仔农场主泰·霍兰一起乘坐直升机。霍兰对该地区的风向模式有着丰富的经验，他感到很不放心。当天早些时候，霍兰建议他们不要乘坐直升机，而是骑马前往目的地。

"骗子"查尔斯·贝拉在当地很有名，他因参与了一次越狱事件而出名。据《埃尔帕索时报》报道，1997年7月11日，贝拉"参与了一次拙劣的尝试，试图将3名囚犯从新墨西哥州圣菲附近的监狱空运出去。他声称他当时是在枪口下被迫这样做的"。[1]贝拉驾驶的直升机曾在史泰龙主演的电影《第一滴血3》中出过镜。

有些故事是自己写出来的。

后来我们得知，贝佐斯当时正在为他的太空公司蓝色起源寻找合适的场地。事故发生两年后，该公司进行了第一次测试飞行。2021年7月，贝佐斯和他的兄弟马克成了该公司首批要送入太空的人。

尽管贝佐斯在建立这家公司时是秘密行动，但他对叙述和讲故事的热情却在公司的成立文件中体现出来。贝佐斯通过一家有着奇怪名字的公司实体——泽弗拉姆有限公司——购买了土地，这个名字来自《星际迷航》中的电影角色泽弗拉姆·科克伦，他发明了能让人类以超光速旅行的技术。贝佐斯请他的朋友、科幻作家尼尔·斯蒂芬森担任新企业的首席顾问。

"杰夫对叙述和讲故事的兴趣不仅来自亚马逊图书销售业务的根基，也源自他的个人热情。"[2]作家沃尔特·艾萨克森说，"在孩提时期，贝佐斯每个夏天都要在当地图书馆阅读几十本科幻小说，现在他在这家图书馆主持每年一次的作家和电影制片人研讨会……他将对人文学科的热爱、对技术的热情和对商业的直觉联系在一起。"

艾萨克森的观察适用于大多数有影响力的领导者——他们都对讲故事充满热情。亿万富翁、投资人和亚马逊前董事会成员约翰·多尔告诉我，真正实现变革的创业者是那些能触动人们头脑和心灵的领导者。触动心灵最直接的方式是讲故事。多尔说，不是什么故事都可以，故事必须有一个贯穿始终的结构才能吸引听众。

在本章中，我将揭示一个经过验证的、千百年来在不同国家和文化中得到证明的成功的故事蓝图。你将学习如何使用与创造出好莱坞大片和引人入胜的商业演示相同的叙事结构。你还将看到，贝佐斯和其他商业叙述者都遵循这个模板来打造他们的演讲。一旦学会了这个模型的简单步骤，你就可以对其进行调整，这样你也能够打动自己的观众。

让我们从探索让故事讲述变得非常简单的结构开始。

三幕式结构

2 000多年前，说服之父亚里士多德就已经指出了故事的3个组成部分。他说，故事必须有开头、中间和结尾。这个结构对我们来说很合理，因为它反映了我们生命的旅程：出生、成长和死亡。

是的，这个说法没问题，我想我们都可以接受亚里士多德的基本大纲，即故事有开头、中间和结尾。但是，如果不能学会如何在这些部分中创作内容，这个大纲就没有什么意义。

你可能会这样想：如果大多数故事都有相同的3个部分，那么为什么它们都不一样呢？答案隐藏在它们共同的结构中。一个故事有3个部分，但是这些部分中的内容使它们各不相同。关键是要学会在结构中探寻广阔的创造空间。

结构不会限制创造力，相反，结构使创造力得以释放。

亚里士多德是说服之父，但悉德·菲尔德是编剧之父。据《好莱坞报道》报道，菲尔德是全世界最受追捧的编剧教师。作为几乎所有广受欢迎的电影基础的三幕式结构并不是由菲尔德发明的，但是，他认为这个结构是所有好剧本的基础。

第一幕是铺陈。顾名思义，电影剧本的第一幕设定了故事情节：介绍和建立角色，启动故事的中心前提，展示角色所处的世界，并创建主角和其他角色之间的关系。在电影和商业演讲中，第一幕的前几分钟至关重要。开场必须能够吸引受众的注意力，让他们去关注故事的其余部分。

第二幕是挑战。在故事的中间，主人公受到考验，遇到反派角色、障碍和冲突，这些障碍妨碍了他们梦想的实现。克服这些障碍将推动故事向前发展，并让观众保持投入和参与。编剧艾伦·索金说，他崇拜"目的和障碍"的圣坛：有人想要某物，有人则拦在他们的路上。悉德·菲尔德说得最好："没有冲突，你就没有行动；没有行动，你就没有角色；没有角色，你就没有故事；没有故事，你就没有剧本。"[3]

第三幕是结局。在第三也是最后一幕中，主角找到了解决问题的方法，实现了梦想，并且——这是至关重要的——让自己或他们所处的世界变得更好。他们带着一笔财富，也就是一种新发现的智慧从冒险中归来。

不要将三幕式结构与公式混为一谈。结构是一个模型，揭示了好故事的构造方式，无论是电影、小说还是商业演讲都适用。公式意味着每次的输出都是相同的。公式剥夺了内容的创造力，而结构释放了创造力。

《星球大战》：一个经典的三幕故事。虽然我几乎可以选择任何一部获得票房成功的电影来展示三幕式结构，但我还是选了这部大多数人都熟知的系列电影。乔治·卢卡斯于1977年创作的《星球大战：新希望》是三幕故事叙述的典型例子。

第一幕：我们认识了年轻的农家男孩卢克·天行者。在冒险开始前，我们了解了卢克和他的生活方式。当我们了解了他的希望、梦想和挫折时，我们对这个角色投入了情感，这些品质使我们与他产生了共鸣，尽管他生活在一个遥远的星系中。

我们在这一幕还见到了电影中其他的大多数主要角色，他们或陪伴卢克一起冒险，或对他进行阻挠，包括达斯·维达、莱娅、欧比旺·克诺比、R2-D2 和 C-3PO。汉·索罗和乔伊在第二幕才登场。

故事的大背景在第一幕的前 10 分钟就得以揭示。反抗军必须打败邪恶的帝国，为星系带来和平。达斯·维达抓住了公主莱娅，聪明的莱娅巧妙地将摧毁死星的技术计划隐藏在 R2-D2 的存储库中。

第二幕：卢克遭遇了一系列障碍和敌人，这阻碍了他拯救公主和将计划交到好人手中的目标。阻挡他的是维达、冲锋队员，此外，卢克还从一个生活在垃圾桶里的可怕生物那里死里逃生。

第三幕：卢克（正面角色）和达斯·维达（反派角色）之间的最终决斗。卢克摧毁了死星，恢复了星系的和平。卢克和他的朋友因帮助反抗军同盟而获得勋章，所有人都过上了幸福的生活——直到下一部电影。

你会发现，在网飞、优兔、亚马逊 Prime、迪士尼 + 或你最喜欢的流媒体服务平台上，几乎每个影视节目都遵循三幕式结构。即使是喜欢时不时离经叛道的导演詹姆斯·卡梅隆（他的电影《终结者》是五幕式结构附加尾声）也说他在写作时会以三幕式结构为前提。詹姆斯·卡梅隆指出，在打破规则之前，了解规则很重要。图 7.1 是一个可视化的展示，展现了三幕式结构是如何打造从开始到结束的全过程的。

使用这个模型构建演讲蓝图的关键在于：大多数故事都遵循三幕式结构，但并非所有遵循三幕式结构的故事都是好的。一个故事和一个好故事之间的区别在于故事的场景或"节奏"。

关键场景或"节奏"。节奏对推动故事发展至关重要。它们创造出了观众喜爱的悬念、紧张和兴奋感。通过将以下 4 个"节奏"融入你的演讲和陈述，你的听众将会对你讲的每个词都着迷。

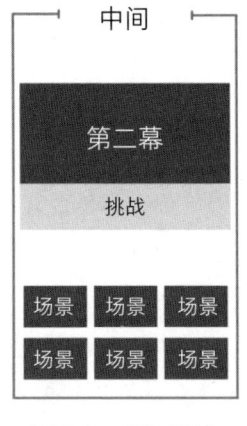

```
┌─────────────┐  ┌─────────────┐  ┌─────────────┐
│   开头       │  │   中间      │  │   结尾      │
│             │  │             │  │             │
│  ┌───────┐  │  │  ┌───────┐  │  │  ┌───────┐  │
│  │ 第一幕 │  │  │  │ 第二幕 │  │  │  │ 第三幕 │  │
│  ├───────┤  │  │  ├───────┤  │  │  ├───────┤  │
│  │ 铺陈  │  │  │  │ 挑战  │  │  │  │ 结局  │  │
│  └───────┘  │  │  └───────┘  │  │  └───────┘  │
│ 场景 场景 场景│  │ 场景 场景 场景│  │ 场景 场景 场景│
│ 场景 场景 场景│  │ 场景 场景 场景│  │ 场景 场景 场景│
└─────────────┘  └─────────────┘  └─────────────┘
```

图 7.1　三幕式结构

催化剂：在剧本写作中，"催化剂"指的是一件打破现状、开始冒险并推动故事发展的事件。浪漫喜剧的作家是这种场景的专家。在电影《诺丁山》中，安娜（朱莉娅·罗伯茨饰）和威廉（休·格兰特饰）在街角偶遇。威廉把橙汁洒在了安娜的衬衫上，恰好威廉的公寓就在附近。于是火花四溅，爱情冒险开始了。

在创建文稿时，一定要考虑如何创造催化剂。是什么激发了你对这个想法的热情？这可能是你经历过的一件事情、遇到的问题、激励你的导师、读过的一本书或一次旅行。霍华德·舒尔茨参观了一家位于米兰的咖啡馆，他受到启发创办了星巴克。如果一些事情促使你开始以某种方式思考，你就可以与你的观众分享这个催化剂。

挣扎时刻：即使是英雄也会迟疑和困惑。他们需要做一些自我反省或与其他角色交流，然后选择踏上冒险之旅。改变是一件令人害怕的事情。由于大多数人更喜欢安于现状，我们可以理解那些希望事情保持不变的人，但我们更喜欢看到有勇气追寻梦想并寻求冒险生活的人。这种情节的经典例子出现在《星球大战》的第 35 分钟。在看到公主莱娅请求帮助的炫酷的全息影像后，卢克·天行者根本没有打算加入欧比旺·克诺比的冒险。然而，当卢克看透了银河帝国彻头彻尾的邪恶本质时，他改变了主意。他想去学习获取原力的方式，成为他父亲一样的绝地武士。他已经没有回头路了。

在你决定开始你的冒险之前，你是否有过犹豫的时刻？更重要的是，是什么让你最终有信心去追求自己的目标？你是如何应对那些说你永远不可能完成目标的批评者和否定者的？

网飞联合创始人马克·兰多夫告诉我，当他和别人讲述他的想法时，别人最常见的反应是"这永远不会成功"。他开始觉得也许他们是对的。但他对解决问题、面对现实困难以及尝试解决方案的热情促使他保持前进的动力。你可能也经历过类似的情况，在你生命中的某个时刻，肯定会有人告诉你，"这永远不会成功"。你是如何克服内心的疑虑或批评的，这将是你故事中的一个关键场景。

欢乐时光：这是剧本或商业演示中有趣的部分。这些情节很容易被观众捕捉到，也是缓解紧张气氛的必要手段。我们并不总是想看到主角在挣扎。我们渴望轻松的时刻。这些场景可能是古怪的、惊喜的或有趣的冒险。在每一部"哈利·波特"电影中，我们都能找到欢乐时光。例如，当哈利到达霍格沃茨时，哈利被分到了格兰芬多，他在城堡里探险并参加了魁地奇队。

在商业演讲中，大多数人很快就会感到无聊，因为它几乎没有任何娱乐价值。要去寻找有趣的东西。萨拉·布莱克利把她推销SPANX内衣的成功归因于她发现幽默的能力。布莱克利在时装领域没有任何经验，也没有上过商学院，她只有5 000美元的存款，而且对自己的前景并不乐观。当她找不到适合的内衣参加聚会时，她把连裤袜的双脚部分剪掉，她感觉这样穿使她看起来很不错。布莱克利向人讲述了这个故事以及关于融资和发展公司业务的许多其他有趣的轶事。因此，布莱克利把幽默作为 SPANX 的核心价值之一也就不足为奇了。

化为乌有：这是我在电影和商业演讲中最喜欢的场景。在电影中，两个命运多舛的恋人失去了他们能在一起的所有希望，或者在《星球大战》中的英雄们距离被压缩机压碎只有几英寸[①]，都属于这样的场景。实现梦想对主角来说变得遥不可及，至少此刻看起来是这样。但是，他们如何从"灵魂的黑夜"中爬出来，才是赋予故事灵感的力量。

詹姆斯·戴森经常讲述他在成功制造出第一台无袋真空吸尘器之前"失败"了 5 126 次的故事，这个产品让他成为亿万富翁。但他当时的胜算几乎为零，他的时间和金钱都快用完了。但是，从每一次失败中，戴森都学到了一些使他接近目标的东西。他得到的教训是：应该欢迎失败，而不是害怕它。

实战演练

思考你自己的演讲。确定重要场景或"节奏"，把它们融入你的叙述。这些场景可以推动情节的展开并让观众参与其中。在你的生活或工作中寻找下列事件：

催化剂：＿＿＿＿＿＿＿＿＿＿＿＿＿＿＿＿＿＿＿＿＿＿＿

挣扎时刻：＿＿＿＿＿＿＿＿＿＿＿＿＿＿＿＿＿＿＿＿＿

欢乐时光：＿＿＿＿＿＿＿＿＿＿＿＿＿＿＿＿＿＿＿＿＿

化为乌有：＿＿＿＿＿＿＿＿＿＿＿＿＿＿＿＿＿＿＿＿＿

---

① 1 英寸 =2.54 厘米。——编者注

从好故事到伟大的故事：三幕式结构应用

我们已经介绍了三幕式结构和能让一个好故事变成伟大故事的"节奏"。现在让我们来看看杰夫·贝佐斯是如何将这个结构应用到亚马逊故事中的。

新冠病毒感染疫情使杰夫·贝佐斯无法出席 2020 年 7 月 29 日的国会听证会。虽然他在离华盛顿 2 700 英里远的西雅图办公室远程发表了演讲，但他的演讲征服了全场，《华尔街日报》称这篇演讲"鼓舞人心、充满力量、令人信服"。该报罕见地直接援引了演讲中的 350 个单词。尽管贝佐斯在演讲中引用了许多关于亚马逊的数据，但该报只摘录了他分享故事的那部分。文章写道，你"很难不起立鼓掌"。演讲后，美国消费者新闻与商业频道的一位主持人说："哇，真是鼓舞人心，多么棒的故事啊！"你的听众不会记得你演讲的所有内容。他们不会记住你传递的所有信息和数据，但他们会记得你讲述的故事。

贝佐斯在美国众议院的演讲为我们提供了一个很好的例子，展示了三幕式结构和场景节奏的实际应用。下面的所有文字都来自这次演讲，它们展示了贝佐斯是如何严格遵守讲故事的结构的。

概括故事的一句话：我是杰夫·贝佐斯，26 年前创立了亚马逊，它旨在成为世界上最以客户为中心的公司。[4]

第一幕

我的妈妈杰基还在新墨西哥州的阿尔伯克基读高中时就怀了我，当时她才 17 岁。那时一个怀孕的高中生在阿尔伯克基是不受欢迎的。所以那时她非常艰难。当他们试图把她赶出学校时，我的外祖父站出来为她辩护。经过一番协商，校长说："好吧，她可以留下来完成高中学业，但不能参加任何课外活动，也不能拥有自己的储物柜。"我的外祖父接受了这个条件，于是我的母亲完成了高中学业，但不能与同学们一起走上台领取毕业证书。她决心继续接受教育，于是她参加了夜校，并选择了那些允许她带着婴儿上课的课程。她带着两个行李袋来上课，一个装满了课本，另一个装着尿布、奶瓶和任何能让我感兴趣和安静几分钟的东西。

我父亲的名字是米格尔。他在我4岁时收养了我。卡斯特罗上台后不久，16岁的他借着"彼得潘行动"从古巴来到美国。我父亲独自一人来到美国。他的父母认为他在这里会更安全些。他妈妈以为美国会很冷，于是给儿子做了一件全部由清洁布缝制的夹克衫，这也是他们手头唯一的布料。我们仍然留着那件夹克衫，它就挂在我父母的餐厅里。我父亲在佛罗里达州的马特坎伯难民中心待了两个星期，然后被转移到特拉华州威尔明顿的一个天主教传教会。能够到达这个传教会，实在是很幸运，但即便如此，他也不会说英语，生活并不容易。但他拥有的是毅力和决心。他获得了阿尔伯克基一所大学的奖学金，那里也是他遇到我妈妈的地方。生命会赠予你不同的礼物，而我所拥有的其中一份伟大的礼物就是我的父母。他们一直以来都是我和我的兄弟姐妹们杰出的榜样。

你可以从祖父母那里学到与父母不同的东西。从4岁到16岁，我有幸每个夏天都在外祖父母位于得克萨斯州的牧场度过。我的外祖父是一名公务员和牧场主。20世纪的50年代和60年代，他曾为美国原子能委员会工作，从事太空技术和导弹防御系统的研究。他自力更生，足智多谋。当你生活在一个荒无人烟的地方时，当某些物品坏了时，你不能拿起电话叫人来修理，你必须自己修理。作为一个孩子，我亲眼看见他自己解决了许多看似无法解决的问题，无论是修复一辆坏掉的卡特彼勒推土机，还是自己做兽医工作。他告诉我：你能够自己解决难题。当你遇到挫折时，你要重新振作并再次尝试。你可以为自己创造更美好的未来。

挣扎时刻

我曾经在纽约的一家投资公司工作。当我告诉老板我要辞职时，他带我在中央公园走了一大圈儿，在静静地听我讲了很多话后，他终于说道："你知道吗，杰夫，我认为这是个好主意，但对一个没找到好工作的人来说，这个主意可能会更好些。"他说服我先考虑两天再做最终决定。辞职是我用心而不是拍脑袋做出的决定。当我在80岁回顾过去时，我希望我能把一生中后悔的事情最小化。而我们大多数的后悔都是对未曾尝试过的事情、未曾走过的路的遗憾。

欢乐时光

当我还是个少年时，这些经历就让我深受启发，于是我成了一个"车库发明家"，我用装满水泥的轮胎制作了一个自动关门器，用雨伞和锡箔制作了太阳能炊具，并用烤盘制作了警报器来捉弄我的兄弟姐妹们。

第二幕

亚马逊最初的启动资金主要来自我的父母，他们把毕生积蓄的大部分都投资到了一件他们不理解的事情上。他们不是在赌亚马逊或互联网书店的概念，而是在对自己的儿子下注。我告诉他们，我认为有70%的概率他们的投资会血本无归，但他们最终还是决定这样做。我开了50多次会才募集到了100万美元，而在所有这些会议中，最常见的问题是："互联网是什么？"

与世界上许多其他国家不同，我们所居住的这个伟大国度支持且不会污名化创业冒险。我离开了一份稳定的工作，来到西雅图的一个车库创办了自己的公司，完全明白这可能不会成功。我还亲自开车将包裹送到邮局，梦想着有一天我们能买得起叉车，这一切就像昨天刚刚发生的一样。

　　亚马逊的成功并非命中注定。早期投资于亚马逊是一件风险极高的事情。从我们成立之初到2001年底，我们的业务累计亏损达到近30亿美元，直到那一年的第四季度，我们才首次实现了盈利。[5]

化为乌有

　　聪明的分析师曾经预言巴诺书店将碾压我们，称我们为"烤焦的亚马逊"。在我们经营近5年后的1999年，《巴伦周刊》以头条刊登了一篇关于我们即将崩溃的文章——《爆雷的亚马逊》。我在2000年致股东的信中以一个词开头："哎哟。"在互联网泡沫的顶峰，我们的股价达到了每股116美元，但随着泡沫的破裂，我们的股票下跌到每股6美元。专家和权威人士认为我们正在走向破产。为了让亚马逊生存下去并最终获得成功，我们需要很多愿意与我们一起冒险并信念坚定的聪明人。

第三幕

　　幸运的是，我们的努力奏效了。根据主流的独立民意调查，80%的美国人对亚马逊整体印象良好。在2020年1月人工智能公司Morning Consult的一项调查中，对"做正确的事情"这件事，只有主治医师和军队比亚马逊更值得人们信任。在《财富》杂志2020年最具影响力公司排名中，我们排名第二（苹果排名第一）。我们很感激客户注意到了我们为他们所付出的努力，并以他们的信任回报我们。努力赢得并保持这种信任是亚马逊"第一天"文化的最大推动力。

大多数人所知道的亚马逊就是向你发送带有笑脸的棕色盒子的在线订单公司。这就是我们的起点，而零售业务仍然是我们最大的业务，占我们总收入的80%以上。

当客户在亚马逊网站上购物时，他们也是在帮助当地社区创造就业机会。实际情况是，亚马逊直接雇用了100万人，其中许多人从事的是按小时计酬的入门级工作。我们不只是在西雅图和硅谷雇用了受过高等教育的计算机科学家和工商管理硕士。我们在西弗吉尼亚、田纳西、堪萨斯和爱达荷等州雇用并培训了数十万其他劳动者，他们在包装、机械和工厂管理等岗位工作。对许多人来说，这是他们的第一份工作。对其中的一些人来说，这些工作是他们通向其他职业的跳板，我们为能够帮助他们而感到自豪。我们正在花费超过7亿美元为10万多名亚马逊员工提供医疗保健、运输、机器学习和云计算等领域的培训项目。这个项目被称为"职业选择"，我们为学员支付95%的学费和相关费用，让他们去获得高薪或热门工作所需的证书或文凭，不管这些证书或文凭是否与员工在亚马逊的工作相关。

在演讲的结尾部分，贝佐斯将亚马逊的创业经历作为美国企业家精神的隐喻。"亚马逊能在这个国家诞生并不是巧合。与地球上任何其他地方相比，新公司都更容易在这里起步、成长和发展壮大。"贝佐斯说，"我们的国家崇尚足智多谋和自力更生，崇尚白手起家的创业者。即使面对当前的各种挑战，对我们的未来我也从未感到如此乐观。"

这篇演讲有一个铺垫、一个挑战和一个结论。贝佐斯设定了他在冒险开始前所生活的平凡世界。他在这个平凡的世界中学到的价值观帮助他在第二幕中应对考验、困难、障碍和挑战。他在第三幕中克服了这些挑战，改变了世界。

> 杰夫·贝佐斯很乐于分享关于亚马逊的逸闻趣事。他有很多有趣的故事，可以根据不同听众进行讲述。以下是两个例子：
>
> 1994年，我萌生了创建亚马逊的想法。当时我偶然发现一个惊人的统计数据，即互联网使用量每年增长2 300%。我决心找到一个能够在这种增长背景下合情合理的商业计划，然后我选择将图书作为第一种在线销售的产品。我打电话给一个朋友，他向我推荐了他的律师。他说："我需要知道你希望公司在注册文件上用什么名字。"我说："卡达布拉（cadabra）。阿布拉卡达布拉（abracadabra）里的卡达布拉。"他说："卡达佛（cadaver）？"我当时就感觉不太对劲，于是我说："暂时用卡达布拉吧，回头我再换一个名字。"3个月后，我把它改成了亚马逊，因为它是地球上最大的河流，也拥有世界上最多的选择。[6]
>
> 成立后的第一个月，我和别人一起跪在硬水泥地上打包箱子。我说："你知道我们需要什么吗？护膝。这个姿势会把我的膝盖弄坏。"我旁边的一个人说："我们需要的是打包箱子的桌子。"我当时想："这是我听过的最聪明的想法。"第二天，我去买了打包箱子的桌子，我们的工作效率提高了一倍。[7]
>
> 幽默有助于缓解紧张气氛，增加吸引力和信任感。找一些能让人感到欢乐的逸闻趣事，你的听众也会喜欢它们。

每个人都在讲故事

贝佐斯是一个优秀的故事讲述者，因为他研究叙述技巧。像其他著名的企业家一样，贝佐斯认为，卓越的技术和坚实的商业模式如果没有一个好故事来推销，基本上毫无意义。贝佐斯知道如何发掘一个好故事。

在 2017 年关于亚马逊工作室的发展会议上，气氛非常紧张。贝佐斯表达了对该部门原创节目质量的失望：

"标志性的节目有一些共同的基本要素。"[8] 贝佐斯说。

据参加会议的人士透露，接下来发生的事情证明，贝佐斯对构成伟大故事的元素有深刻的理解。贝佐斯没有查看笔记或文档就能够列出以下故事要素的清单，因为这些要素他早已牢记于心：

- 一个经历成长和改变的英雄主角
- 一个引人注目的反派角色
- 满足愿望（主角拥有超能力或魔法等隐藏能力）
- 道德选择
- 构建差异化的世界（不同的地理景观）
- 追剧的紧迫感（悬疑剧情）
- 文明遭遇高风险（如外星人入侵或毁灭性的流行病等对人类的全球性威胁）
- 幽默
- 背叛
- 积极的情感（爱、喜悦、希望）
- 消极的情感（失落、悲伤）
- 暴力

会议结束后，贝佐斯要求工作室高管定期向他汇报正在开发的项目的最新进展。这些新进展必须"包括描述每个节目拥有哪些叙述元素的电子表格，如果缺少一个元素，他们必须解释原因"。[9]

亚马逊工作室原创剧集的叙事质量开始得到改善，工作室推出了大量全球热门剧集，比如由汤姆·克兰西编剧、约翰·卡拉辛斯基主演的间谍惊悚片《杰克·莱恩》。如贝佐斯所希望的，它在全球受到欢迎。

亚马逊流媒体视频网站 Prime Video 为 200 多个国家及地区提供服务。像《杰克·莱恩》这样的影视节目采用精心设计的叙述方式吸引了全球观众。在每一集中，你都会找到贝佐斯在会议上指出的 12 个元素。杰克·莱恩是一位无名英雄、一个感觉自己仅仅是机器上的齿轮的情报分析员，而且杰克正在为自己所受的创伤烦恼。该剧的主创故意避免让主角拥有超人的能力，保持他的平实让他更具有亲和力。相反，他们在莱恩遇到的反派身上花了更多的心思。制作人员表示："当你讲述一个故事时，你的主角面对的反派越厉害，主角就会越出彩。我们花了很多时间和精力去创造一个复杂的、多层次的反派。"[10]

如果你想体会一个有效的故事结构能多快地吸引你的注意力，你可以去观看《杰克·莱恩》第一季的第一集。尽管通常一部一小时的电视剧有 5 个部分，但这些部分仍然符合古老的三幕式结构。

第一集开头是一个引子，引子的用意是构建一个令人震惊或惊讶的、让你无法自拔的场景。我在本章开头所写的虚构的贝佐斯剧本中，选择了直升机坠毁作为引子。在看了引子之后，观众就会认识剧中的主要角色。在《杰克·莱恩》的第一集中，我们认识了绝大多数在这部 8 集剧集中一直存在的角色。在一个场景中，莱恩在美国中央情报局（CIA）的新上司走进会议室，他说："让我们依次介绍一下自己吧，告诉我你是做什么的。"

我们还更多地了解了剧中主角的价值观。在一场戏中，莱恩拒绝参与内部交易，由此我们可以知道，对他来说，原则重于金钱。

第二集设计了很多冲突，从激烈的口头争论到突然袭击和激烈打斗。

在第三集里,莱恩成功地解决了几个冲突(包括修复他与上司的关系,以及在恐怖分子审讯所死里逃生)。

在每一集的结尾,就在你认为故事结束的时候,都会有一个悬念出现。

虽然每个史诗级的故事都会遵循一个结构,但是故事中包含的内容却因我们每一个人的生活而不同。每个人都有自己的故事,而这个故事值得被听到。

在下一章中,你将会听到4位创业者的故事,他们都白手起家,以一个想法为起点,如今他们创建的几家公司总价值已经达到3 200亿美元。你会看到他们每个人是如何用三幕式结构去打造他们的起源故事的。每位企业家和领导者都应该学会如何讲一个引人入胜的故事。你的听众对故事很感兴趣,他们渴望故事,期待着你讲述一个能够激发他们想象力的故事。

8 创业者如何运用三幕式结构讲故事

> 有效地讲述故事并非易事,但如果能成功地做到这一点,智人就会拥有巨大的力量,因为它能使数百万陌生人团结起来,为了共同的目标而努力。
>
> ——尤瓦尔·赫拉利

讲故事是一项建立信任的技能,这项技能在我们物种的发展中起到了重要作用。

正如尤瓦尔·赫拉利在《人类简史》中所说,"贸易离不开信任,而信任陌生人非常困难"。[1] 故事是将我们凝聚在家庭和团体中的黏合剂,"讲故事赋予智人前所未有的能够在人数众多的组织中灵活合作的能力。这就是智人可以统治世界的原因"。

人类学家说,当我们的祖先在结束了漫长的一天的狩猎和采集后聚集在篝火周围时,他们会用80%的时间分享故事。那些精通讲故事技巧的男人和女人在部落中会受到广泛的钦佩,通常会被视为该群体的领导者。讲故事的人利用这项技能赢得信任、影响行为、鼓励合作，并基于共同的价值观建立强大的文化。

值得注意的是，几乎所有伟大的故事，从最早的《吉尔伽美什史诗》到世界上最受尊敬的品牌的创始神话，其情节推进都遵循约瑟夫·坎贝尔在《英雄之旅》中所描述的几个阶段。坎贝尔是一位神话学教授，他发现跨越时间和文化的英雄故事遵循着相似的循环。他称这个共通的模式为"单一神话"，是一个英雄故事的标准模板。古代神话中的英雄故事遵循这个模板，现代电影中的英雄，从杰克·莱恩到哈利·波特，从凯特尼斯·伊夫狄恩到卢克·天行者，他们的故事也都遵循这个模板。

这个结构并不是坎贝尔创造的，他只是发现了它。

"英雄之旅"与大多数企业的成功故事完美契合：一个男英雄或女英雄生活在平凡的世界中，受到冒险（问题、挑战或想法）的召唤。他们都心存疑虑，要去面对怀疑者。他们还会遇到帮助他们为未知做好准备的导师。英雄最终迈出了第一步、开启了旅程。他们离开当前舒适和安全的家园去冒险。在旅程中，他们遇到了考验、障碍、盟友和敌人。磨难变得更加严峻，他们面临濒死的体验，跌入深渊，跌入谷底。但正如坎贝尔所说，正是在挫折中英雄才会找到真正的宝藏，实现自己的梦想。当化险为夷之后，英雄获得了胜利，并因此经历了人生的转折。最重要的是，他们带着"灵丹妙药"，也就是将惠及他人的经验或宝藏，从冒险中归来。

如果你仔细听像杰夫·贝佐斯这样的技艺高超的沟通者的演讲，你就会找到"英雄之旅"中所描绘的几乎每个阶段。

贝佐斯的成长环境十分普通，当他出生于新墨西哥州阿尔伯克基时，他的母亲还在上高中。随着年龄的增长，贝佐斯遇到他的导师，也就是他的外祖父，外祖父将促使其成功的价值观灌输给了这个雄心勃勃的男孩。当贝佐斯得知互联网正以每年2 300%的速度增长时，他感受到了去冒险的召唤。他遇到了很多怀疑者,他的老板也劝说他放弃梦想。贝佐斯最终迈出了第一步,实际上是与妻子麦肯齐一起坐上一辆车,开始了前往西雅图的旅程。在互联网泡沫破裂使亚马逊的大部分市值化为泡影时,他体验了一次濒死的经历。也就是在这个过程中,他想出了一些促使公司增长的好点子(出租云服务,向第三方卖家开放亚马逊零售平台)。他甚至带着"灵丹妙药"从险境中返回。在贝佐斯向美国国会委员会发表的演讲的结束语中,他说:"全世界都渴望喝一小口我们在美国拥有的这种灵丹妙药。像我父亲这样的移民看到了这个国家的宝贵之处。"

讲故事不是我们刻意去做的事情,我们就是讲故事的人。

擅长讲故事的企业家对"英雄之旅"不会感到陌生,但他们并不认为故事必须涵盖每一个阶段。坎贝尔将英雄之旅分为17个阶段。后来,在20世纪90年代,迪士尼的编剧克里斯托弗·沃格勒将坎贝尔的公式压缩为12个阶段,这是好莱坞电影制作人更容易遵循的模板。

虽然"英雄之旅"激发了从编剧到电子游戏制作的一切灵感,但任何讲故事的人都可以根据自己的需要改编这个神话结构。他们可以跳过一些阶段或者将这些阶段重新排列组合。如果你的目的是讲述商业故事,那么你必须记住,尽管"英雄之旅"有那么多阶段,总体叙述仍然要分为三幕。"英雄之旅"复杂的角色弧线是构建在三幕式结构之上的。

如果你想借用"英雄之旅"中的场景来推动你的故事情节,这是完全可以的。但最重要的是要记住,你的受众渴望故事,三幕式结构是他们喜爱的故事结构模板。

在本章剩余的部分,我将为你提供几个成功企业家公开讲述的关于男英雄和女英雄的故事,他们用这些故事教育客户、筹集资金、推销想法、建立信任,并让他们的受众赞叹。你会发现,虽然故事的内容不尽相同，但它们的结构保持不变。

网飞：弱小英雄战胜巨人

第一幕： 马克和里德一起搭车上班。马克是一位连续创业者，他在寻常的车程中向里德推销各种想法：定制狗粮、定制洗发水、个性化冲浪板。里德拒绝了他所有的想法，除了其中的一个。

1997年1月的一天，里德很生气，因为百视达以他没能按时归还《阿波罗13号》录像带为由向他收取了40美元的滞纳金。

"一个没有滞纳金的世界会是怎样的呢？"[2]他问道。

于是，网飞的创意诞生了。但这两位创业者将面临巨大的障碍和公司濒临死亡的经历，摆在他们面前的是一场冒险之旅。

第二幕： 马克·兰多夫和里德·哈斯廷斯很快发现，邮寄电影录像带太贵了。幸运的是，一种名为DVD（数字通用光盘）的新发明降低了邮寄成本。1998年5月，马克和里德创办了网飞，全球第一家在线DVD租赁平台。

两年后，一场危机袭来。由于网飞只有30万订户，公司一直在亏损。仅2000年一年，该公司的亏损就高达5 700万美元。由于互联网泡沫破裂，额外的资金来源正在枯竭。所以这两位创业者放下了他们的骄傲，安排了一次与百视达的会面。

当他们走进宽敞的会议室，面对百视达CEO约翰·安蒂奥科时，里德提醒马克，百视达的规模是网飞的1 000倍。

里德进行了推销：百视达可以以5 000万美元的价格收购网飞，而网飞将负责运营合并后新公司的在线业务部门。

很明显，马克发现安蒂奥科正在努力控制自己的笑声。在这之后会议很快就变得对网飞不利了。处于沮丧和震惊中的马克和里德登上了返回加利福尼亚的航班。在道别前，马克对里德说："百视达不想要我们，所以现在我们很清楚下一步要做什么。我们得好好教训他们一顿。"

歌利亚，遇见了大卫。

第三幕：这两位创业者击败了日渐自满的百视达。百视达的文化不崇尚创新，因此最终未能适应新的娱乐消费方式——流媒体。另一方面，网飞的业务已经从邮寄DVD转变为向190个国家的2亿名用户提供互联网流媒体服务。网飞也成为全球重要的电视节目和电影制作公司。

网飞的三幕式故事大约需要3分钟讲完。但这并不是故事的全部。它没有涵盖马克·兰多夫花费在没有成功的创意上的时间，它也不包括公司成立前几个月的分析、数百小时的讨论和马拉松式的会议。

"完整的故事很混乱，如果你告诉人们所有的细节，他们会变得目光呆滞。"[3]当我在加利福尼亚州圣克鲁斯采访兰多夫时，他说："硅谷喜欢好的创业故事。投资者、董事会成员、记者和公众都喜欢听。拥有这些能让人动容的故事是一个巨大的优势。当你试图击败行业巨头时，你公司的创立故事不能是一本300页的书，你必须把它放入3~4个简短的段落。里德经常讲起的网飞的创业故事，是品牌定位的最佳范例。"

网飞的创业故事简单明了、清晰易记。它凸显了公司有远见、创新、坚韧的特质。这个故事成了里德和马克多年间说服客户、投资者和合作伙伴支持他们实现愿景的有力武器。

可画公司：被拒绝100次后，打造了一个价值400亿美元的品牌

第一幕：在澳大利亚珀斯上大学时，梅拉妮·珀金斯通过教授

图像处理软件 Adobe Photoshop 赚外快。这个软件昂贵且复杂，学生们很难掌握使用它的基础知识。2007 年，梅拉妮突然有了一个点子：开创一项基于网络的服务，通过它任何人都能轻松地进行设计。可画的创意就此诞生。

第二幕：可画公司的总部距离硅谷数千英里，难以接触到投资者，而且投资者对可画也缺乏兴趣。梅拉妮向 100 位投资者推销这个想法，她被 100 次拒绝。但她并没有因此而气馁。

梅拉妮学会了风筝冲浪，以便结识那些热衷于这项运动的潜在投资者。2013 年 5 月，她受邀参加由理查德·布兰森在英属维尔京群岛的私人岛屿上举行的一场风筝冲浪比赛，许多投资人也来参加这场比赛。某天早上，梅拉妮跟着他们一起出海，但是她偏离了航线，当她 30 英尺高的风帆垂落之后，她搁浅了。她撞上了珊瑚礁，当她忍受着痛苦，等待了数小时直到救援赶来时，她提醒自己，如果能为自己 6 年前创立的公司争取到投资人的资金，一切冒险都是值得的。

这个风筝冲浪的故事折射出了她坚忍不拔的核心品质，梅拉妮经常拿来与人分享，让其他人了解什么是驱动她（故事中的女主角）前行的动力。同时，讲述这个故事也为听众提供了一些"欢乐时光"。

第三幕：梅拉妮发现投资者不愿意资助这个初创公司，因为他们不理解它存在的意义。梅拉妮的推销被拒绝了 100 多次，因为她花了太多时间告诉人们可画能做什么，而没有解释为什么她要创立可画，也就是说，她的故事没有第一幕。当梅拉妮开始分享她的创业想法的来源——创作者对现有设计工具的沮丧时，她说一切都改变了。"很多人都可以理解被 Photoshop 或其他设计工具搞得完全摸不着头脑的感觉，"[4] 梅拉妮告诉我，"特别是对投资者来说，讲述故事的这个部分变得非常重要，因为如果不了解问题所在，他们就不会明白为什么客户需要我们的解决方案。这个故事具有变革性。"

在实现人人都能设计的使命和重新构思的推销方案的激励下，梅拉妮很快说服了投资人支持她的想法。除了苹果前传道者盖伊·川崎，演员伍迪·哈里森和欧文·威尔逊也成为梅拉妮的狂热支持者。2019 年，通过引入 8 500 万美元的投资，可画的估值达到 32 亿美元，而这只是个开始。2021 年，一笔 2 亿美元的大规模投资使可画成为一家价值 400 亿美元的公司。今天，梅拉妮拥有世界上最有价值的由女性创立和领导的创业公司，可画在 190 个国家拥有超过 5 000 万的活跃用户，梅拉妮正在完成她赋予世界设计力量的使命。

爱彼迎：每个伟大的创始人都能讲一个伟大的故事

第一幕：布赖恩和乔，两个来自设计学校的朋友，正在设法支付他们合租的位于旧金山的公寓的昂贵租金。2007 年，他们看到了一个机会。一次国际性的设计会议即将在旧金山举行，所有酒店都被预订一空。于是，他们迅速创建了一个网站，向参会者出租他们公寓里的充气床。3 名设计师接受了他们的提议。

当布赖恩和乔最初告诉人们他们在做什么时，他们认为这个想法听起来很疯狂。他们说："人们永远不会住在陌生人的家中。"但是第一个周末发生了让大家意想不到的事情。布赖恩和乔就像老朋友一样对待来到家里的客人，让他们体验到旧金山独特的一面，这是他们自己从未体验过的。参会者来到旧金山时是外来者，但离开时感觉就像当地人。

这次经历也给了布赖恩和乔前所未有的感受。爱彼迎的创意由此诞生。

第二幕：软件工程师内特·布莱查奇克加入了布赖恩·切斯基和乔·吉比亚的行列，他们共同设计了一个平台。但是这 3 位创始人遇到了一个更大的设计问题：如何让陌生人在彼此的家中感到足够舒适？关键是信任。他们设计的解决方案整合了房东和房客的个人资料、集成的消息系统、双向评价和建立在技术平台上的安全支付，从而建立了信任。他们的想法最终使得爱彼迎在全球范围内提供住宿服务，这在当时是难以想象的。

第三幕：今天，房屋和公寓共享的想法听起来似乎并没有那么疯狂。现在有超过400万房东提供各种各样的住宿选择，从家中的一个房间到整个豪华别墅，从一晚到几个月。在全球220多个国家和地区，爱彼迎已经迎接了超过8.25亿位客人，总收入达到1 100亿美元。

爱彼迎在全球范围内实现了民宿共享，并创造了一个新的旅游类别。客人在爱彼迎上不像旅游者那样感觉自己是个外来者，而是可以住在当地人居住的社区，获得真实的体验，像当地人一样生活，并能在全球约10万个城市与当地人共度时光。

爱彼迎改变了传统的房东和房客的世界，也改变了这家公司创始人的生活。布赖恩、乔和内特现在的身家加起来达到了300亿美元。

爱彼迎联合创始人兼CEO布赖恩·切斯基是一个优秀的故事讲述者。我记得在旧金山北部的一个高级度假村参加一个风险投资活动时，切斯基也是其中的演讲者之一。他谈到了"英雄之旅"，以及爱彼迎如何为人们创作自己的故事提供便利。风险投资机构安德森·霍洛维茨基金的合伙人杰夫·乔丹回忆起，当他第一次听到爱彼迎的理念时，认为这是"最愚蠢的想法"。但那是在他遇到切斯基之前，这次相遇之后，他被爱彼迎背后的故事以及一个难忘的类比吸引：爱彼迎是空间市场，就像易贝是物品市场。

"我从一个完全的怀疑者变成了一个完全的信徒，只用了29分钟，"乔丹说，"每个伟大的创始人都能讲一个伟大的故事。"

乔丹被切斯基的叙事方式打动了。切斯基能够编织出一个有着完整的开头、中间和结尾的三幕式结构的创业故事。他的故事有跌宕起伏、剑拔弩张和烟消云散的情节，以及一个极具吸引力的愿景，这些将剧情紧密地联系在一起。当爱彼迎于 2020 年 12 月上市时，切斯基讲述的故事得到了很好的回报。现在，爱彼迎活跃于 200 多个国家，而切斯基的个人净资产约为 150 亿美元，他再也不用担心每月的房租了。

伟大的创业故事 = 三幕式结构 + 100 字

创业故事应该遵循三幕式结构，但并不一定很长。例如，眼镜零售商 Warby Parker 是由一群创业者在 2010 年创建的，他们有一个颠覆传统眼镜行业的愿景。当你收到从这家公司订购的眼镜时，你会在盒子里找到一块清洁布。清洁布上没有公司的标志，但是写着一个故事。这个故事非常简短，能够写在一块清洁布上，只有 100 个英文单词。

从前，一个年轻人把他的眼镜落在飞机上。他想买副新眼镜，但新眼镜很贵。"为什么买时尚的眼镜要花费一大笔钱呢？"他想。回到学校后他告诉了他的朋友们。"我们应该创办一家公司，销售价格合理又令人惊艳的眼镜。"其中一个人说。"我们应该让购买眼镜这件事变得有趣。"另一个人说。"每卖出一副眼镜，我们就应该向有需要的人捐赠一副眼镜。"第三个人说。这主意太好了！Warby Parker 就此诞生了。[5]

第一幕是环境设定。我们的主人公把眼镜落在了飞机上。
第二幕是冲突、矛盾。我们的主人公发现新眼镜很贵。于是他开始寻求解决问题的方法，并吸引其他人加入冒险。

第三幕是解决方案。主人公和认同他的同伴创办了一家可以让购买眼镜变得有趣、廉价，并使世界变得更美好的公司。

Warby Parker 的全部历史可以"用比洗碗、擦拭眼镜或细嚼慢咽6根小胡萝卜还少的时间"[6]读完。

如果你去访问 Warby Parker 的网站，你会看到一个更详细的故事，其中包含了更多的细节和解释。例如，丢了眼镜的创始人尼尔·布卢门撒尔在研究生的第一个学期一直没有戴眼镜，总是"眯着眼睛抱怨"。其他的联合创始人也有类似的经历，他们都对找到一副很好但又不至于让自己破产的眼镜是多么困难这件事感到震惊。故事还解释了为什么眼镜的价格如此之高。其中还包括该公司"买一赠一"计划的信息，该计划向有需要的人免费发放眼镜。这些细节很有趣，但并非每个受众都需要知道。对大多数客户来说，一个100个单词的故事足以建立对公司的信任。

实战演练

打造你自己的创业故事。每家创业公司的背后都有一个故事。你的故事是什么？是什么人、物或事件激发了你的创业想法？用三幕式结构讲述你的故事。在第一幕中，讲述你开始创业冒险之前的生活。是什么问题或事件催生了你的想法？在第二幕中，谈谈你所面临的挑战。哪些障碍阻碍了你的寻宝之路？通过告诉你的听众你曾经多么接近失败来营造紧张气氛。在第三幕中，亮出你的解决方案。你是如何克服这些障碍，又是如何从逆境中走出来最终获得成功的？你从中学到了什么？这次经历是如何让你、你的公司和世界变得更好的？

你的听众想要一个精心包装的创业故事。而你正好有一个故事可以和他们分享。

你有一个独一无二的故事要讲，这个故事反映了你的价值观。尽可能多地分享你的故事。不要指望你的客户、投资者、员工或合作伙伴知道你公司的故事。你可能已经厌倦了讲述这个故事，但其他人想听。

讲故事深深根植于亚马逊的文化中。在下一章中，你将了解贝佐斯如何将叙事转化成亚马逊的竞争优势，从而开启了公司历史上最具创新性的时期。

9 从 PPT 到 6 页备忘录

这可能是你遇到的最奇怪的会议文化。

——杰夫·贝佐斯

2004年6月9日星期三，晚上6：02，每位在亚马逊工作的高层领导人都会记得在那时收到的那封电子邮件。

当时，许多亚马逊员工正享受着比平常更温暖的夏日傍晚。气温达到76华氏度（约24摄氏度），"可以看到山了"，每当壮丽的雷尼尔山清晰可见时，西雅图市民都会这么说。西雅图的夏季很短，在夏天直到晚上9点太阳才会落山。

然后，这封电子邮件来了。

代表贝佐斯发送这封邮件的高管柯林·布里亚说，这条消息"简单、直接、令人震撼"。电子邮件的标题是：

从现在起，CEO直属高管团队不再使用PPT。

突然间，一阵寒意袭来，那些高管用了数周时间为下周二的会议准备的PPT，在这个温暖的夏夜全变成了垃圾文件。布里亚接到了一连串的电话和一大堆电子邮件。

"你是在开玩笑吧？"高管们问。不，这不是玩笑。

贝佐斯禁止在亚马逊高层领导会议上使用PPT。计划在下次会议上展示他们想法的团队成员仍然可以展示，但他们需要做出一个改变：用简短的带有叙述性结构的文字备忘录代替PPT。

这可不是开玩笑。

故事驱动创新

布里亚被称为"杰夫的影子"，他是继17年后成为亚马逊CEO的安迪·贾西之后担任这个职位的第二个人。官方的说法是，"杰夫的影子"是一名技术助理，类似于总统在白宫的幕僚长。如果你看过美剧《白宫风云》，你就知道没人可以直接与总统交谈，所有与总统的会面都必须经过幕僚长。想要与贝佐斯会面的团队必须与布里亚约好时间，然后由布里亚为他们与老板的谈话做好准备。

当贝佐斯询问布里亚是否愿意成为他的技术助理时，布里亚说他需要一个周末的时间来考虑一下。那个周末，各种挑战在他的脑海里闪过：

我的时间将不再属于我自己。
我每天要与5~7个团队会面。
我每天要花10个小时和老板在一起。
杰夫会期望我立即想出主意。

这份工作会带来巨大的挑战，但好处同样巨大。贝佐斯为布里亚提供了一个学习机会，他无法想象能够学到多少东西。布里亚将有机会近距离接触历史上最具远见的商业领导者之一。他将看到，贝佐斯如何在一天内做出比普通职业人士在整个职业生涯中做出的重大决定更重大的决策。

布里亚接受了贝佐斯的邀请，并在接下来的两年里一直跟随他。

在布里亚任职期间，文字备忘录给亚马逊 Prime 会员、亚马逊网络服务、Kindle、亚马逊物流以及许多其他影响你日常生活的功能、产品和服务带来了生机。

叙事之于亚马逊就像引擎之于法拉利。当然，作为豪车的法拉利是一眼就能认出来的，但它的特别之处在于藏在引擎盖下面的东西。叙事写作的应用并非亚马逊成功的唯一原因，但它为这家公司的创新引擎提供了动力。

PPT 并不是讲故事的好工具

为什么贝佐斯觉得迫切需要弃用已经在整个组织中普及的沟通工具 PPT？

灵感来自贝佐斯在一次商务航班上读到的一篇 30 页的文章。当时，布里亚就坐在贝佐斯身边，他也阅读了同一篇文章。两人正在寻找一种改进高管会议决策的方式。他们在 ET 的作品中找到了答案，这里的 ET 指的不是电影中的外星人角色，而是一位提出了一个超前的论点的耶鲁大学教授。

数据可视化领域的先驱爱德华·塔夫特在《PPT 的认知风格》一文中指出，带有项目符号的幻灯片的传统风格"通常会削弱言语和空间推理，几乎总是会破坏统计分析"。[1] 塔夫特的批评出现在第一段，并在接下来的文章中变得更加严厉。

塔夫特写道："在日常实践中，PPT 模板可能会帮助缺乏能力、逻辑混乱的演讲者提高 10% 或 20% 的演讲效率，但代价是可察觉的

80%的智力损伤。统计数据显示，其损伤程度接近痴呆。"据塔夫特所述，"PPT使演讲者假装他们正在做真正的演讲，而观众也可以假装他们在倾听"。

塔夫特让文章读者尝试去想象一种昂贵且广泛使用、声称能让他们变得美丽的药物。"这种药物会引起频繁、严重的副作用：让我们变傻，降低我们沟通的质量和可信度，让我们变得无聊，浪费我们同事的时间。这些副作用以及由此产生的难以令人满意的成本效益比，将会导致全球范围内的产品召回。"

看来塔夫特的确非常讨厌PPT。但他真的如此吗？

我仔细研究了贝佐斯和布里亚2004年在飞机上读到的那篇文章，它在亚马逊和许多其他采用亚马逊叙事策略的公司引发了巨大的变革。许多亚马逊前员工承认自己公然剽窃了这份6页的蓝图，并将其引入了自己的创业公司，因此，塔夫特对PPT的分析以及他所发现的PPT的局限性，值得我们在这里探讨一下。

塔夫特将他的批评集中在典型的PPT演示上，这种演示用词语片段和项目符号列表替代句子和段落，也就是叙事。根据塔夫特的说法，"通过省略要点之间的叙事，项目符号列表忽略和隐藏了推理的因果假设和分析结构"。项目符号列表是演讲者将语言压缩成短语的方式。塔夫特写道，项目符号列表"可能偶尔有用"，"但有主语和谓语的句子通常更好"。

塔夫特认为，在错误的人的手中，项目符号真的是具有很大的杀伤力。他引用2003年"哥伦比亚"号航天飞机灾难调查的最终报告来支持他的说法。这架航天飞机在以声速的18倍的速度重返地球大气层时解体，7名宇航员全部遇难。

在坠毁两周前，当"哥伦比亚"号航天飞机升空时，一个用于为外部燃料箱隔热的泡沫块脱落并击中了左翼前缘。这次撞击在机翼上留下的洞没能被发现，使得航天飞机最终无法承受重返大气层时产生的高温。

NASA（美国国家航空航天局）官员可以在"哥伦比亚"号升空后 82 秒的一帧视频中看到小泡沫碎片脱落。他们请求波音公司的工程师对损伤进行评估，航天飞机是波音设计和制造的。工程师们很快准备了 3 份 PPT 报告，共 28 页。

塔夫特分析了其中一张幻灯片，称其为"官僚超理性主义的 PPT 狂欢"。它有 6 个不同级别的层级符号，每个都包含级联顺序中的简短陈述（见图 9.1）。

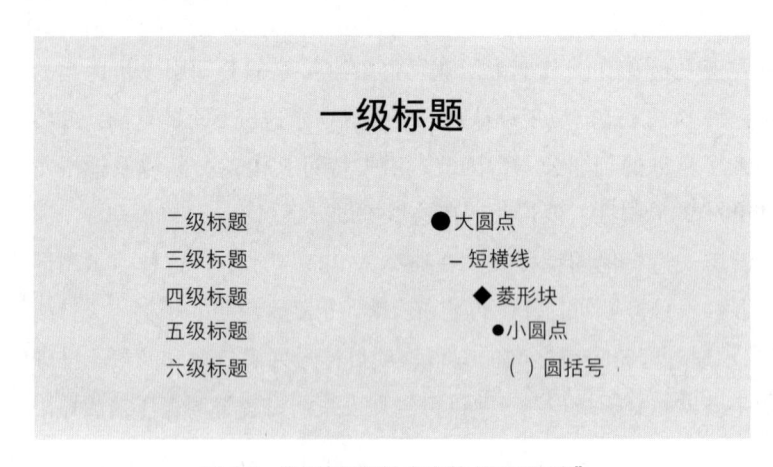

一级标题

二级标题　　　　　　　●大圆点
三级标题　　　　　　　－短横线
四级标题　　　　　　　◆菱形块
五级标题　　　　　　　·小圆点
六级标题　　　　　　（ ）圆括号

图 9.1 "官僚超理性主义的 PPT 狂欢"

这张幻灯片的标题为那些需要确定采取什么行动的 NASA 官员描绘了一个乐观的图景。用小字体标注的较低级别的要点掩盖了航天飞机的实际损伤。工程师们把句子打碎，以便把内容塞入幻灯片。由于缺乏完整的句子，信息的真实含义变得模糊不清。

"从报告中官员们相信'哥伦比亚'号并未处于真正的危险中，他们因此没有进一步评估威胁。"塔夫特写道。

波音公司的工程师试图讲述真实发生的事情，但PPT并不是一个讲故事的工具。

在最终的报告中，"哥伦比亚"号事故调查委员会得出以下结论："PPT的普遍使用揭示了技术沟通方法的问题……当信息在组织层级结构上逐级传递时，关键的解释和支持信息会被过滤掉。在这种情况下，我们很容易理解，为什么高级管理人员在读了PPT之后却没有意识到这是一个危及生命的情况。"

这份调查报告让塔夫特确信，为了适应模板而将项目列表分成小段会对决策造成实质性的损害。塔夫特说："PPT不适用于严肃的演示。严肃的问题需要严肃的工具。"

杰夫·贝佐斯仔细研读了塔夫特的文章的每一页。他意识到塔夫特发现了更好的替代方案，一种5 000年前就有的分享思想的"新"方法——用完整的句子和段落表达思想。塔夫特建议："用清晰的文字叙述取代PPT，将文字、数字、数据、图形和图像放在一起展示。"

贝佐斯解释了为什么要进行这种转变："撰写一份好的4页备忘录比'写'一份20页的PPT要难，因为一份好的备忘录的叙事结构会促使人们更深入地思考，更好地理解什么更重要，以及事物是如何产生联系的。PPT的演示在某种程度上似乎允许人们忽略想法，弱化重要的信息，并忽略想法之间的相互关系。"[2]

每个创新背后都有一个叙事过程

"善意无效，机制有效。"这是杰夫·贝佐斯的口头禅之一，现在已经成为亚马逊经典的话语之一。

这句话是贝佐斯在2008年2月全体员工会议上发言内容的简化版。"通常，当我们发现一个反复出现的问题时，我们会召集团队，要求他们努力尝试，做得更好，本质上，我们要求的是善意。但这很少奏效。"[3]贝佐斯说，"当你要求善意时，你并没有要求改变，因为实际上人们已经具备了善意。但是，如果善意不起作用，什么能起作用呢？机制会起作用。"

机制是可重复的流程，是一种能够让行动和决策与亚马逊领导原则保持一致的工具。一项机制被引入、采纳和"审计"，以确保它按设计方式工作，发挥其应有的作用。"两个比萨团队"和"单线程领导者"这些我们之前讨论的话题都属于机制的例子。另一个由亚马逊建立的机制是"源于挫折"，今天被认为是催生亚马逊最伟大创新的源泉之一。这种机制是叙事性的。

简单来说，叙事就是一份能够使思维变得清晰的书面文件。叙事有不同的形式。本章和下一章的主题讲的就是贝佐斯在亚马逊推行的两种主要叙事形式：6页备忘录和新闻稿/常见问题解答（PR/FAQ）。任何人都可以用它们来提高沟通质量。

撰写叙事文字的过程让你能够提炼、澄清和清晰表达你的想法。最重要的是，任何人都可以做到。

布里亚回忆说，亚马逊第一次尝试撰写叙事文字的结果"糟糕得可笑"。那些认为自己无法在4页纸上解释他们想法的高管无视这一准则，提交了40页的散文。当他们被告知要遵守篇幅限制时，他们找到了各种绕过规则的聪明办法，比如单倍行距、缩小边距和缩小字号。这很聪明，但并没有奏效。贝佐斯很快就发现了这个问题。

贝佐斯及其高层团队最终决定，备忘录最长不超过6页。支持性细节可以作为附件添加在备忘录中，但备忘录本身不能超过6页。这个规定的关键点在于：一份叙事性结构的备忘录应该足够长，足以表达思想，而不是简单的一句话。如果2页纸足以讲明白一个想法，那就用2页。

一份 2 页或 6 页的备忘录具有相同的目的：迫使提议者理清他们的想法。撰写带有标题、副标题、句子、动词、名词和段落的叙事备忘录比用项目符号去填充幻灯片更难。叙事方式要求"写作者比制作幻灯片时更深入地思考和综合考量"。[4] 布里亚说："写在纸上的想法会经过更好的思考和打磨，特别是在整个团队都看过并提供反馈之后。将所有相关事实和重要论点整理成一个连贯易懂的文档是一项艰巨的任务，但事情本该如此。"

要写出能打动贝佐斯的叙事文档，没有正式的模板，但确实有一些行之有效的写作策略，可以帮助你创造一个令人印象深刻的叙事。

你可以采用并酌情调整以下写作策略。别忘了，自 2004 年以来，亚马逊的每一项重大创新背后都有一个叙事过程，这些成功的创新推动了亚马逊的发展，并让贝佐斯成为全球最富有的人之一。这些策略对他有用，对你也有用。

撰写优秀文字备忘录的 5 个策略

1. **关注点是叙事，而不是"6 页"纸**。使用亚马逊的 6 页备忘录策略并从中获益的关键是将注意力放在恰当的地方——叙事。贝佐斯说，叙事性结构的备忘录需要包括"主题句、动词和名词，而不仅仅是项目符号"。

6 页备忘录是一种适用于亚马逊高层决策会议需求的特殊格式，在亚马逊，没有规定备忘录必须是 6 页。任何书面沟通，无论是电子邮件还是内部备忘录，都应尽可能简洁明了。在许多情况下，一页的备忘录就足够了。下面是宝洁公司的一个例子。

你可能不熟悉理查德·德普雷这个名字，但你一定熟悉他发明的电视剧类型：肥皂剧。

作为 20 世纪 30 年代宝洁公司的 CEO，德普雷无视大萧条期间削减市场费用的呼声。他加倍投资于一种新媒体——无线电广播节目。电灯泡被发明之后，宝洁的蜡烛销售量开始下降，于是公司开始专注于提高另一种热门产品——肥皂的销量。德普雷投资于在白天播放的电视连续剧，为数百万失业的美国人提供了逃避现实的娱乐形式，宝洁利用这个平台推动了象牙肥皂的销售，"肥皂剧"由此诞生。

德普雷还将"一页备忘录"引入了宝洁的领导团队。根据管理专家汤姆·彼得斯的说法，"德普雷非常不喜欢超过一页的备忘录。他经常会将长篇大论的备忘录退回去，并附带一项要求：'把它浓缩成我能理解的东西。'如果一份备忘录里包含复杂的问题，他有时会补充说：'我不能理解复杂的问题。我只能理解简单的问题。'当有一位采访者询问他为何如此时，他解释说，'我的工作之一就是训练人们将一个复杂的问题分解成一系列简单的问题，然后我们都可以明智地行事'。"[5]

事实证明，简化有改变一切的力量。那么，宝洁是如何训练员工来达到老板严格的标准的？在宝洁，撰写一份一页备忘录的过程包括 5 个要素。表 9.1 对易于遵循的宝洁备忘录格式的每个要素进行了解释。

表 9.1　宝洁一页备忘录包含的要素[6]

要素	解释	示例
观点梗概	你的建议是什么？参考第 4 章关于梗概的内容，了解如何用一句话表达你的主要观点。	"'宝洁美好每一天'是一项新的消费者奖励计划，我们值得信赖的品牌将帮助你将日常行为转化为对自己、家人、社区和世界的善举。"
观察判断	介绍事实、趋势和问题的情况摘要。	"180 多年来，宝洁一直致力于对社会产生积极影响。宝洁大家庭的各个品牌一直致力于做正确的事情：对社区产生积极影响、支持性别平等、推动多样性和包容性，并促进环境的可持续性。"

续表

要素	解释	示例
如何执行	解释你的提案的细节，包括如何实现、什么内容、谁来负责、何时以及在哪里进行。	"'宝洁美好每一天'是一个奖励计划，奖励那些希望对社会产生影响的人。"
关键获益	德普雷要求演讲者列举他们提案的3个益处，最好是能为公司带来战略和盈利价值方面的益处。可以参考第16章中的三法则来了解这种有效的沟通策略。	"当你加入'宝洁美好每一天'奖励计划并通过网站进行简单的操作时，宝洁将为你选择的事业捐款，因此你也可以对社会做出贡献。通过参加测验、调查或扫描数据等活动获得奖励，宝洁将自动向你所关心的事业捐款，你无须支付任何费用。"
后续行动	后续需要采取哪些行动，由谁负责，何时进行？	"我们可以共同完成更多的事情。通过'宝洁美好每一天'，你可以将你行善的愿望与宝洁公司解决世界各地所面临的挑战的持续努力结合起来。如果要注册，请访问'宝洁美好每一天'网站。"

一页备忘录在宝洁文化中根深蒂固，至今仍然被作为电子邮件、备忘录、销售和营销宣传的蓝图，甚至是公司电视广告的模板。

2. 使用标题和副标题。回到爱德华·塔夫特的文章，他提出："几个世纪以来，科学家、工程师和其他所有人，都是在没有分级符号的情况下完成关于复杂事项的沟通的。"

塔夫特提醒我们，著名的物理学家理查德·费曼写了一本600页的书，涵盖了热力学和量子行为等复杂主题，他只用了两级标题：标题和副标题。

"理查德·费曼是一位了不起的科学家，但更重要的是，他是一位了不起的老师，"比尔·盖茨说，"他可以用有趣的方式向任何人解释事物。他是唯一一位真正成功地用简单的概念解释量子物理学的人。用非常简单的概念来解释一些对大多数人来说有点儿神秘的事情,是典型的费曼风格。"[7]

在1986年担任调查"挑战者"号航天飞机爆炸事故委员会成员时,费曼对项目符号存在的问题有了亲身体验。费曼写道:"然后我们了解了'项目符号',那些本该起到总结作用的短语前面的黑色小圆点。这些该死的小圆点一个接一个地出现在我们的简报和幻灯片上。"[8]

费曼曾经做过一次如今已经变得很著名的演示,展示了1986年"挑战者"号航天飞机爆炸事故的原因。他不需要幻灯片或项目符号来进行有力的论述,一杯冰水就让PPT黯然失色。

在"O形密封圈冰水演示"中,这位诺贝尔物理学奖获得者证明了他的理论,即发射当晚的低温降低了固体火箭助推器中橡胶O形密封圈的弹性,导致航天飞机在起飞73秒后爆炸。

在一场媒体云集的听证会上,费曼带来了橡胶O形密封圈的样品并将其放入一杯冰水中。橡胶变得僵硬,证明了在低温情况下它无法起到应有的密封作用,就像发射当日那个寒冷的早上,O形密封圈无法很好地发挥密封作用一样。

费曼坦言,在做证的前一晚上,他还很不情愿去进行这个演示。他想:"不,那太笨拙了。"[9] 但随后费曼想起他所钦佩的物理学家,他们有"勇气和幽默感"。当其他演讲者试图让事情复杂化时,他所钦佩的这些人却用简单明了的方式传递信息。受邀发表关于"挑战者"号灾难原因解释的其他演讲者带来了有图表、幻灯片和项目符号的简报。但费曼简单的演示"震惊了整个委员会",事后报纸头条这样报道。

费曼是一位天才,一位与爱因斯坦、伽利略和牛顿齐名的科学家。费曼因将复杂的话题翻译成通俗易懂的语言而被誉为"伟大的解释者"。费曼推广了一种学习新事物的技巧:用你自己的话把概念写在纸上，你会用这些话向别人解释这个话题。用包含名词和动词的完整的句子，而不是用项目符号，写出解释。费曼说过："你可以通过它的美丽和简单来认识真理。"

3. 不要急于求成。你可能还记得第6章关于类比的内容，贝佐斯曾将写作比作学习徒手倒立。它看起来很容易，但需要几周甚至几个月的练习才能掌握。这个技巧同样适用于叙事性结构的备忘录，好的叙事写作需要时间。不要期望一夜之间就能成为专家，（如果可能）要给自己足够的时间来完善你所写的东西。

你不能在叙事上急于求成，因为清晰的写作反映了清晰的思维。叙事性写作者常犯的最大的错误是没有在实际的写作过程上花足够的时间。根据贝佐斯的说法，如果你花时间把它做得很好，你的想法将会是经过深思熟虑的和杰出的，并且具有"天使歌唱般的清晰度"。没有比这更高的赞美了。

4. 通过协作实现沟通。亚马逊的传统是提交没有署名的6页备忘录。这传递了一个信号：优良的写作是整个团队努力的成果，而不应该由一个人独自完成。

贝佐斯在他2017年致股东的信中写道，一份优秀的备忘录和一份普通的备忘录之间的差别就在于是不是"模糊不清"的。"写一份优秀备忘录的具体要求很难被逐条罗列。然而，我发现很多时候，读者对优秀备忘录的反应却非常相似。他们一看到就知道说的是什么。标准是真实存在的，即使它不易被描述出来。"[10]

尽管优秀写作的标准难以描述，但贝佐斯表示，团队合作无疑会提高文件的质量。你需要成为一个非常熟练的作家才能写出世界一流的备忘录吗？"在我看来，没那么重要。"贝佐斯说。只要你们团队合作，他补充道。"橄榄球教练不需要会投球，电影导演也不需要会演戏。但是他们都需要能够识别什么才符合高标准，并提出切合实际的期望。即使在写6页备忘录的例子中，起作用的也是团队合作。团队中需要有人具备这项技能，但不一定非得是你。"这句话的另一层含义是，如果团队中最好的写作者是你，那么你会成为每个团队都抢着要的人。

"写一份优秀的、有理有据的6页备忘录是一项艰苦的工作。"[11]布拉德·波特说。他在亚马逊工作了13年，是为数不多的"卓越工程师"之一，他在亚马逊的工作是加快Prime Now这样的重要项目的开发，Prime Now是亚马逊的快递服务，可以在顾客下单一个小时内将产品送到顾客的家门口。

波特说："精准度至关重要。将一项复杂的业务用6页纸概括出来可能很难，因此团队需要花费数小时准备这份文件以供评审。这种准备工作有两个作用，首先，它要求撰写文档的团队真正深入地了解自己的领域，搜集数据，理解其运作原则，并能够清晰地表达出来。其次，一份优秀的文档能够让我们的高管在阅读后的半小时内把一个他们可能不熟悉的全新领域内化为自己所理解的东西。"

5. 开会前先默读备忘录。在亚马逊，每个人在进入会议时都会收到一份打印好的文件，而且不会提前得到文件。他们随后开始安静地阅读文件。如果与会者是远程参会的，他们可以在计算机上阅读文件，但最好是在同一个房间里一起阅读。贝佐斯将默读时间称为"自修课堂"。

微软也借鉴了亚马逊的叙事理念。在微软的会议中，会议文件将被上传到SharePoint这样的协作平台上，读者可以实时发表评论。这种方法使每个人都能看到其他人的评论。当有人支持某个观点时，他们会写"+1"，意思是"我同意"。稍后，你将了解亚马逊的叙事理念为什么以及如何进入微软。

无论是打印的还是在线的，那些没有参与起草备忘录的人都不应该被允许提前阅读会议文件。

多年来,亚马逊的新员工常常会惊讶于会议前 20 分钟的"诡异的沉默"。在寒暄问候之后,每个人都会安静地阅读准备好的备忘录。以每分钟 3 页的平均阅读速度计算,所有人阅读完一份 6 页备忘录需要 18~20 分钟。因此,假设会议持续一个小时,余下的 40 分钟可以用来讨论。

亚马逊的员工会根据会议类型来调整备忘录的长度和讨论时间。比如,你参加一个 30 分钟的会议。寒暄几分钟后,你就会坐下来默默地读完一份两页长的备忘录。再过 6 分钟左右,每个人都会从阅读中抬起头来,留下 20 分钟讨论想法、挑战论点、质疑策略、提供反馈、提出问题,并确定下一步的行动。

值得一提的是,如果你和贝佐斯参加了同一个会议,很有可能他是最后一个读完会议文件的人。贝佐斯有一种神奇的能力,能够发现其他人都没有察觉的洞见。"他先预设每个句子都是错的,除非他能够证明它是正确的,"[12] 布里亚说,"他质疑的是句子内容,而不是写作者的动机。"

对亚马逊的员工来说,经历这种叙事式体验是很有压力的。曾在亚马逊工作过 5 年的程序员杰西·弗里曼表示,准备文字备忘录是他工作中最具挑战性和最令人紧张的部分。"感觉就像在撰写硕士论文,"[13] 他回忆道。然而,即使离开公司后,弗里曼也继续使用这种方法。撰写文字备忘录是"你能够组织思想并与他人分享的最有效的方法之一"。

实战演练

在制作幻灯片之前先写叙事性文字。尽管 PPT 在亚马逊的高层会议上被禁用,但亚马逊的高管在与客户、合作伙伴和外部受众交流时也会使用 PPT。但 PPT 不是一个适合讲故事的工具，项目符号也缺少故事性。通过尝试使用书面叙事文字来构建故事。叙事结构需要一个主题、标题和副标题，并由含有名词、动词和宾语的完整句子组成。在开始制作 PPT 之前，尝试着先写出你要讲述的故事。PPT 不能讲故事，只是对故事的补充。

将技术发现转化为叙事的能力至关重要

全食超市联合创始人兼 CEO 约翰·麦基表示，亚马逊的 6 页备忘录是"一次富有成效的对话的开始"。亚马逊于 2017 年以 130 亿美元的价格收购了这家天然食品连锁店。麦基告诉我，当他在亚马逊第一次听到 6 页备忘录的做法时，他"欣然接受"，并将其带到了全食超市。

"这也是两家公司的合并如此成功的原因之一，"麦基说，"在全食超市，我们倾向于依靠自己的直觉，而亚马逊倾向于依靠数据。我认为，整个流程的严谨性让我们获益匪浅。亚马逊没有在全食超市强制推行不同的文化，但我们受益于使用他们的某些流程来改善我们交付高品质天然食品的业务水平。这是一次非常好的合作。"[14]

在那些曾在亚马逊供职的员工以及曾与亚马逊合作的领导者中，麦基并不是唯一一位采纳了叙事性流程的人。

我们在前文中已经介绍过亚当·塞利普斯基的观点，他说："我从亚马逊公然复制的管理方式之一就是叙事。"[15] 塞利普斯基最初于 2005 年加入亚马逊，在接下来的 11 年里，他参与了为高层管理者会议准备 6 页备忘录的工作。其中的一份 6 页备忘录成功推动了亚马逊的云计算部门 AWS 的诞生。2021 年，在离开公司 5 年后，塞利普斯基回到亚马逊担任 AWS 的 CEO，该项业务每年为亚马逊带来 500 亿美元的收入，并占据了云计算市场47%的份额。

塞利普斯基承认，这种叙事性工具一开始看起来很"奇怪"，但它的好处实在太大了，不容忽视。

"试一试吧。"亚马逊前主管龙尼·科哈维说。

你可能不认识科哈维，但他创造的产品认识你。他为亚马逊、微软和爱彼迎开发的工具甚至可能比你更了解你自己。

科哈维是人工智能和机器学习领域中最具有影响力的学者之一。在微软公司的14万名员工中，科哈维是仅有的40位技术研究员之一，这个职位通常被称为公司的"超强大脑"。

在加入微软之前，科哈维在亚马逊负责数据挖掘和个性化工作。他的想法变成了年收入数亿美元的产品。科哈维将数据挖掘解释为"使用机器学习等工具在数据中发现新模式的过程。通过挖掘数据，我们（数据挖掘专家）可以帮助公司做出更好的预测，并为每个客户提供个性化体验"。[16]

当你访问亚马逊网站的首页时，它会用你的名字和你打招呼，并根据你的需求推荐你买什么、看什么或做什么，这就是个性化。当你想吃比萨的时候，在谷歌或必应搜索引擎中输入你的位置，它会把你附近的比萨店信息推送给你，这就是个性化。当你登录你的网飞账户时，它会为你推荐你感兴趣的电影，这就是个性化。如果你的朋友或家人访问他们的资料页，网飞会根据他们曾经观看的内容、搜索的关键词、观看时长以及许多其他的个人指标提供不同的推荐。如果你觉得这家公司真的很懂你，那是因为它确实了解你。这就是为什么这个领域被称为"一对一"个性化服务。

设想一下：当你走进一家实体零售店时，过道两旁货架上的商品不会根据你的偏好和购物历史来排列。而当你走进一家在线零售商店的"电子门"时，过道会立即重新排列。该网站或移动应用程序会预测你在寻找什么，并会建议你了解一些你从未考虑过的选择。

像科哈维这样的专家是每一种类似的个性化数字体验的幕后推手，科哈维又是这个领域的佼佼者之一。

科哈维在华盛顿州的车牌上有一个可以向其他计算机科学家传达他身份的密码。他的车牌号码是DMP13N。这是一个基于数字的首字母缩略词。DM代表"data mining"（数据挖掘），数字13代表"Personalization"（个性化）这个单词中P和N之间的字母的数量。

2004年，科哈维也是宣布在高层管理人员会议上禁止使用PPT的邮件收件人之一，这是拥有机器学习博士学位的科哈维第一次接触叙事流程。没过多久，他就认识到这种方式作为一种"强制功能"所具备的价值：要求写作者在表达自己的想法时要清晰地思考。从此之后，科哈维不只是喜欢写故事，他成了一名叙事流程的布道者，并把这种方法介绍给了他的下一任雇主微软。

"尝试一下，这是我传递给团队的关键信息。"科哈维说，"当我来到微软时，叙事文档在这里从未被使用过。我开始和我的团队一起使用它。当来自其他团队的人参加我们的会议，看到大家在沉默地阅读文件时，他们都感到惊讶，但在我们解释了这个过程之后，他们不仅参与其中，而且将这个方法带给他们自己的团队。"

科哈维说，引入一种新的表达方式很像在组织中引入A/B测试。在微软，科哈维领导了一个由110名数据科学家和开发人员组成的团队，他们开始进行控制实验（A/B测试）。他们的研究帮助微软从一家封装软件公司转型为云公司。[17]

A/B测试提供了一种数据驱动的方法，可以快速测试一个想法的潜力。如今，从亚马逊到沃尔玛、从微软到领英，很多公司都在使用A/B测试，以确定哪些产品功能能够转化为收入，或者能提高客户满意度（从而提高"客户终身收益"，这是公司取得商业成功的关键指标）。

贝佐斯在 2013 年致股东的信中强调了这种实验的价值。"我们拥有自己的内部实验平台 Weblab，用于评估我们的网站和产品改进的效果。2013 年，我们在全球范围内进行了 Weblab 试验，从 2011 年的 546 个试验增加到 1 976 个，"[18] 他写道，"最近的一个成功案例是我们的新功能'向买家提问'……在产品页面上，客户可以提出有关产品的任何问题。该产品与我的电视 / 音响 / 计算机设备兼容吗？组装起来容易吗？电池能用多久？然后我们将这些问题推送给已购买过该产品的买家。就像发表评论一样，客户很乐意通过分享他们的知识去直接帮助其他客户。"

科哈维说，看似微小的改变可以增加数千万美元的收入。在微软进行的一次测试中，数据显示，将网站的加载速度提高 100 毫秒将会增加 1 800 万美元的额外收入。"举个例子，亚马逊的实验表明，将信用卡的优惠入口从主页移动到购物车页面，每年可增加数千万美元的利润。显然，小投资可以产生高额回报。"

科哈维说，大多数公司在引入这种测试方法后才认识到其价值。"一旦团队接触到这种运行 A/B 测试的科学方法，他们就会爱上它，并且将其带入他们的其他工作。"科哈维说，"当我加入微软时，微软还没有开展过 A/B 测试。当我离开微软时，我们团队建立的平台上每天要开始 100 个新的 A/B 测试受控实验。从零到每年进行约 2 万次实验，这种科学方法变得很流行并迅速扩大规模。"

一旦团队认识到叙事的价值，它就会得到团队的认可。

科哈维建议商业专业人士，尤其是技术领域的人士要注意以下几点："叙事是你工作的一部分。写作和演讲技能至关重要。数学学习固然也很重要，但是许多人忽略了一个现实情况，即在任何组织中，你的工作都是说服他人根据你在数据中发现的某些模式采取行动。将技术发现转化为令人信服的叙述，让非技术人员也能理解，这种能力是一项极其重要的技能。"

科哈维说，贝佐斯在这方面是一位出色的翻译。"他可以讲技术，但他也可以退后一步，写出一篇惊人且经过深思熟虑的文章。将一个想法变成令人难忘的东西是杰夫非常擅长的事情之一。"

曾在亚马逊工作了13年的杰出工程师布拉德·波特表示，叙事是亚马逊成功的关键因素之一。"亚马逊之所以能够更好地运营、做出更好的决策并实现规模化，就是因为这种特殊的创新。"[19]波特说，"想象一下，你去参加一场会议，每个与会者都清楚地了解你要讨论的主题，他们精通企业的关键数据。想象一下，如果每个人都理解你的核心原则，并把你将它们应用于决策的方法内化为他们自己的能力。这就是亚马逊的会议模式，它真的很神奇。"

实战演练

杰夫·贝佐斯写了24年的亚马逊致股东的信。其中许多都采用了精心编写的叙事方式。每封信都有一个主题、清晰的逻辑结构，以及支撑性的故事和数据。你可以访问AboutAmazon.com网站，搜索"shareholder letters"去查看这些信件。建议优先阅读以下年份的信件：1997年、2006年、2013年、2014年、2017年和2020年。这些信件结构精巧，有明确的主题，并使用了隐喻来解释复杂的思想。

神奇之处不仅仅是6页备忘录这种形式。文字备忘录只是亚马逊领导者用来做出重要决策的一种叙述性文档。在下一章中，你将了解另一种工具，它将改变你推销想法的方式，并提高你在任何组织中的影响力。通过"逆向工作法"来做好前进的准备吧。

10 亚马逊逆向叙事 6 要素

> 我们建立了从客户开始的完整流程，然后逆向推进工作。
>
> ——杰夫·贝佐斯

比尔·卡尔带着自己自商学院开始一直在磨炼的十八般武艺进入了与杰夫·贝佐斯会面的会议室。卡尔是一名电子表格战士，PPT 和 Excel 是他的首选武器。

卡尔担心自己会被降职，就在几周前，他还在亚马逊的图书、音乐和视频部门担任总监，该部门占亚马逊全球收入的 77%。因此卡尔无法理解老板的决定，让他去负责亚马逊规模最小的业务部门：一个全新的"数字媒体"业务部门。但当卡尔听到贝佐斯已经在祝贺他时，他只好答应下来。贝佐斯是卡尔见过的最杰出的企业家，是一个能够预测未来的有远见的人。他愿意为实现贝佐斯的目标发挥自己的作用。

尽管卡尔有了新的头衔（副总裁）和新的职责，但他仍旧依赖于自己长期以来搭建业务的工具：SWOT 分析法、财务预测，以及详尽计算营运利润和市场规模的电子表格。"我是一名工商管理硕士，这正是我的工作。"[1]卡尔告诉我。

贝佐斯坐在桌旁仔细研究了卡尔的预测分析，但他似乎并不信服。最后，贝佐斯抬起头问："实物模型在哪里？"

在亚马逊，创建实物模型是为了展示客户在网站上的整个旅程——从页面外观到客户如何浏览网站。制作模型需要时间和金钱。会前卡尔还没有准备任何实物模型。他只想让组建数字媒体团队的预算获得批准。

贝佐斯没有批准卡尔的预算申请，而是让他重新去准备。几周后，卡尔带来了贝佐斯要求的实物模型。

贝佐斯提出了一系列棘手的问题：

- 我们要做的音乐服务与 iTunes（苹果数字媒体播放应用程序）有什么不同？
- 电子书的价格应该是多少？
- 读者更喜欢在平板电脑、手机还是计算机上阅读电子书？
- 亚马逊的数字产品怎样才能比目前市场上的任何产品都更好？

当时卡尔的回答没能让贝佐斯感到满意。卡尔说："对贝佐斯来说，不成熟的模型就是想法不成熟的证据。"

在经历了几次令人沮丧的会议之后，贝佐斯建议采取一种不同的方法，他说，"忘掉电子表格和 PPT 吧"。取而代之的是，在下一次会议中 10 名高管需要撰写一份叙事文本，即一份备忘录，描述他们对数字媒体业务的最佳想法。

接下来的这次会议更有成效，激发了很多创意。一位高管提出了一种具有新型屏幕技术的电子书阅读器，有的与会者建议发布新版本的 MP3 播放器。贝佐斯提出了一个名为"亚马逊冰球"（Amazon Puck）的想法，也就是一个能够对语音指令做出反应的设备，10 年后，亚马逊推出了 Echo Dot，一个形状像冰球的智能音箱。把想法写下来这个要求"使高管们摆脱了电子表格的量化要求和幻灯片的视觉诱惑"。[2]

贝佐斯看到叙事流程在亚马逊取得的成功后，进一步提出了"让我们先写出新闻稿"的想法。

当一家公司推出新的产品或服务时，它通常会对外发布新闻稿。在大多数组织中，发布新闻稿是由市场营销和公共关系部门来负责的。贝佐斯打破了常规，他要求亚马逊的高管从客户的角度出发，向自己发问：客户为什么会喜欢这个产品或服务。

将新闻稿作为起点使一个想法落地，团队的注意力就能集中在开发真正让客户满意的产品和服务上。这种做法回答了一个问题："那又如何？"当客户第一次听到一个产品或服务时，他们会想："那又如何？这对我来说有什么意义？"

当亚马逊开始使用"未来的新闻稿系统"（另一个亚马逊的工作"机制"）时，一个新问题很快就显露出来：需要另一个叙事过程来解决在开发过程中出现的内部挑战和技术问题。解决方案是添加几页"常见问题解答"。常见问题解答让开发人员和决策者清楚地了解他们必须克服哪些障碍才能将想法变成现实。

亚马逊的这个逆向倒推文档被称为 PR/FAQ。由于 FAQ 不是逆向工作过程中的硬性要求，所以，本章剩余部分将集中讨论撰写新闻稿的方法，这是任何人都可以撰写的一种备忘录。人们可以用它来提出和评估想法，并使团队围绕新的产品、服务和业务的共同愿景团结起来。

从客户开始倒推的方法是亚马逊模式的核心，卡尔将他与亚马逊前员工柯林·布里亚合著的书命名为《亚马逊逆向工作法》。他们在亚马逊 27 年的工作经历中所获得的见解、领导力和管理策略，对任何级别的商业人士来说都大有裨益。

通过与卡尔和布里亚交谈，我更加确信，模拟新闻稿是启动一家公司或开发新产品或服务的最强大的写作技巧之一。这种方法之所以有效，是因为它迫使你和你的团队将客户置于对话的中心。

PR/FAQ 方法将创意转化为你每天都接触的产品、服务和公司，即便你从来不在亚马逊网站购物也是如此。以下是一些始于 PR/FAQ 的想法的简要列表：

- 亚马逊 Prime 会员
- 亚马逊 Prime Video 会员
- 亚马逊工作室
- 亚马逊音乐
- 亚马逊微笑计划
- 亚马逊市场
- 亚马逊 Echo 和 Alexa 智能音箱
- 亚马逊物流

这些只是亚马逊的一些例子。各大商业类别的初创公司和企业都采用了亚马逊首创的 PR/FAQ 系统。我与许多初创公司的创始人和专业人士交谈过，他们都被教导要遵循模拟新闻稿系统来起草新想法或推销新项目，其中一些人甚至没有意识到贝佐斯是背后的推手。他们只知道，一旦尝试过，他们就会觉得相见恨晚。

简言之，逆向工作法是构建未来的最佳方法。

逆向叙事 6 要素

PR/FAQ 的诞生源于挫败。在亚马逊数字媒体部门成立之初，亚马逊的领导团队曾经由于无法确定客户到底渴望什么样的产品类型而头疼不已。

第一个以 PR/FAQ 为开发起点的产品彻底改变了出版业，也改变了数百万人的阅读习惯。这个产品就是 Kindle。

亚马逊于 2007 年 11 月 19 日推出了 Kindle 电子阅读器。第一批产品在 6 小时内就被抢购一空。销售额在接下来的一年内激增，被称为"读书俱乐部女王"的奥普拉亲自为 Kindle 背书。"这绝对是我在这个世界上最爱的新宠，"[3] 奥普拉赞叹道，"我真的不是一个设备控，但我深深地爱上了这个小东西。"

如果开发 Kindle 产品的第一步不是撰写一份模拟新闻稿，奥普拉估计很难如此钟爱 kindle。奥普拉尤其喜欢该产品的一个关键功能是，她可以在 60 秒内获得她想得到的任何一本书。

以 PR/FAQ 为起点的逆向工作法使 Kindle 的开发人员意识到：如果客户能随时随地下载图书，而不需要连接个人计算机或购买单独的无线登录服务，客户会很乐意使用这款产品。"如果你像我一样有些恐惧计算机，那么请不要害怕 Kindle，因为你甚至不需要计算机就能使用它，"奥普拉补充道，"这就是它的绝妙之处。"

奥普拉在亚马逊 PR/FAQ 方法的演进中不是次要角色，而是核心人物。在培训中，亚马逊员工被要求使用"奥普拉式语言"撰写模拟新闻稿，想象着你坐在奥普拉对面的沙发上，你会如何使用通俗易懂的语言向她和她的数百万观众描述某个产品。在与内部同事交流时，你可以随意使用术语，但奥普拉式语言才是面向大众的语言。

亚马逊新闻稿由 6 个要素组成。请记住，"未来"的新闻稿是一份文件，需要反复书写、讨论、修改和完善。初稿往往混乱不堪，存在瑕疵。最终版本则能够清晰地传达信息，把团队团结在一个共同愿景的周围。由于 Kindle 最终发布时使用的官方新闻稿与团队最初的模拟版本非常相似，我将以此为蓝本对亚马逊新闻稿的 6 个要素进行解释。

1. 标题

亚马逊 Kindle 问世。[4]

标题是宣传产品问世的号角。它用一两行文字阐明谁发布了什么。在适当的情况下，标题会包括产品的名称，但这种模板不仅限于用在产品发布这一场景上。例如，2021 年 2 月 2 日，亚马逊新闻部门发布了以下标题的新闻稿：亚马逊宣布更换 CEO。这个标题则阐明了由谁宣布了怎样的内容。

2. 副标题

革命性的便携式阅读器让客户在不到一分钟的时间内无线下载书籍，并自动接收报纸、杂志和博客推送。完成这一切不需要计算机，不需要寻找 Wi-Fi（无线网络）热点。

副标题是位于标题下方的第一句话，它会描述产品最具吸引力的客户价值或差异化特点。副标题是引人注目的钩子，给了读者一个关注的理由。它必须用简洁、日常的语言来写，突出最吸引人的优点以取悦客户。

副标题很关键。它起着第 4 章介绍的"梗概"（概括故事的一句话）的作用。你可能会记得，梗概是在好莱坞推介剧本的先决条件。它回答了一个基本的问题：这部电影讲述的是什么？理想的梗概不应当超过 30 个单词。Kindle 的新闻稿中的副标题是 29 个单词。

3. 概述

2007 年 11 月 19 日，西雅图，亚马逊网站今天推出了亚马逊

Kindle，一种革命性的便携式阅读器。它可以通过无线的方式将图书、博客、杂志和报纸下载到清晰、高分辨率的电子纸显示屏上，即使在明亮的阳光下也能提供类似真正纸张的阅读体验。现在 Kindle 商店有超过 9 万本书可供选择，包括 112 本《纽约时报》畅销书和新书中的 101 本，除非另有标注，下载价格均为 9.99 美元。Kindle 从今天开始发售，售价 399 美元。

新闻稿的首段通常是一段概述。它以日期和地点开头。即使在"未来"的新闻稿中也要添加一个明确的日期，因为它会促使人们讨论项目的可行性。简明的概述段落介绍了产品及其优点。在构思创意时，要把 80% 的精力放在标题、副标题和概述上，因为 80% 的读者的阅读会止于这一步。

4. 指出产品要解决的问题

"我们已经花费了 3 年多的时间开发 Kindle。我们设计这个产品的目标是让 Kindle 在你手中消失，也就是让它变得仿若无物，这样你就可以充分享受阅读的乐趣，"亚马逊创始人兼 CEO 杰夫·贝佐斯说，"我们还想超越传统纸质书的限制。Kindle 是一款无线设备，无论你躺在床上还是在火车上，你都可以在不到 60 秒的时间内拥有一本你想读的书。不需要计算机，你可以直接从设备上购买所需的内容。我们非常高兴能够在今天让 Kindle 面市。"

第二段解释了产品或服务打算解决的问题。虽然在问题段落中使用引用语不是必要的，但在 Kindle 的新闻稿中，撰稿人做出了创造性的决定，让贝佐斯来说话。第二段最关键的一点是，必须指出产品解决的问题，否则作为解决方案的产品就没有问世的必要。

5. 解决方案和优势（第三到第六段）

不需要计算机，不需要寻找 Wi-Fi 热点即可无线下载内容。

Kindle 的无线传输系统 Amazon Whispernet 使用与先进手机相同的全国高速数据网络（EVDO）。Kindle 用户可以通过无线方式购买、下载或接收新内容，不需要计算机、Wi-Fi 热点或同步功能。

新闻稿的第三段开始深入探讨产品、服务或想法的细节。客户的问题得到了简单而令人愉悦的解答。解决方案段落包括解释产品和服务的工作原理，以及产品入门有多容易。让这些段落保持简短，每段只需要三四个句子。

在 Kindle 的新闻稿中，副标题强调了产品的优势。每个重点后面都有一些简短的细节。例如，"无线下载内容"是最主要的好处。其他好处包括：

- 没有每月的无线账单或使用承诺
- 纸质书的阅读体验
- 提供书籍、博客、杂志和报纸等内容
- 10.3 盎司[①] 重的设备可存储数百本书
- 内置字典和维基百科
- 超长续航

要精挑细选突出的好处。整篇新闻稿应该能写在一页纸上。如果你写了一页半，那就说明它太长了。

[①] 1 盎司 ≈ 28.35 克。——编者注

6.合作伙伴的评价、高管语录或客户推荐

Kindle 用户可以在设备上浏览美国最知名的报纸、流行的杂志和期刊,如《纽约时报》《华尔街日报》《华盛顿邮报》《大西洋月刊》《时代》《财富》等。Kindle 商店里还有来自法国、德国和爱尔兰的顶级国际报纸,包括法国《世界报》、《法兰克福汇报》和《爱尔兰时报》。

来自公司发言人、合作伙伴和客户的引人入胜的评价或推荐,是构成理想新闻稿的第六个要素。这份新闻稿前面部分已经引用了贝佐斯的话,所以当前段落强调的是合作关系。即使你正在为一款目前只是大脑中的一个火花的产品撰写未来的新闻稿,你也应该进行这部分写作,内容包括假想客户或合作伙伴的一些表达喜悦的话语。这个段落为你提供了一个机会,精准展示客户喜欢你的创意的理由。

亚马逊首席执行官安迪·贾西表示:"在写代码之前,我们会先写新闻稿。新闻稿的目的是充分展示产品的所有好处,确保你真正为客户解决了问题。"[5]

删除一切不简单明了、不积极向上的信息

2004 年,当卡尔的团队正在研发 Kindle 时,贾西也在尝试使用新闻稿技巧推销他关于计算存储业务的想法,这个想法最终成为 AWS。

卡尔回忆道:"我们与其他公司开发方式的不同之处在于,安迪·贾西和 AWS 团队在前 18 个月都与杰夫·贝佐斯一起工作,共同编写并完善 PR/FAQ 文档。"[6]

那个团队的工程师曾向贝佐斯的技术助理抱怨说："贝佐斯难道不知道我们是工程师，我们的工作是写代码，而不是写文档吗？"但是，贝佐斯和贾西坚持这个流程。在开始编写 AWS 业务的代码之前，他们花了一年半的时间撰写叙述文本和新闻稿。AWS 最终能成为历史上最快达到 100 亿美元销售额的业务部门的成功秘诀就是：他们在动手之前花费了非常长的时间来规划、编写和记录这项服务应该做的事情。

卡尔补充说："如果我是一所商学院的院长，我会坚持为学生提供撰写有说服力的商业备忘录或文档的正式培训课程。"[7]

在 2021 年第一季度，亚马逊实现了创纪录的最高季度销售额 1 080 亿美元。公司认为，Prime 会员和其他订阅服务收入增长了 36%，这推动了其销售额的增长。贝佐斯宣布，亚马逊在全球范围内已经拥有超过 2 亿名的 Prime 会员。如今，近 60% 的美国家庭都拥有 Prime 会员资格，在缴纳年费后，会员可以享受免费送货、快速交付和其他的特权。

亚马逊于 2005 年 2 月宣布推出 Prime 服务。顾客收到了一封由杰夫·贝佐斯签名的信件形式的电子邮件，邮件介绍了这项全新的服务计划。信件的开头写道："亲爱的顾客，我非常高兴地宣布亚马逊 Prime 的推出，这是我们提供的第一个'自助餐'式的快递服务会员计划。"[8]

寥寥数语，贝佐斯就清晰明了地说明了这项服务的内容及优势。他甚至强调了该服务计划的简单性。

他这样写道："显而易见，你只需支付年费，就可以无限制免费享受超过 100 万种现货商品的两日送达快递服务。"这个计划奏效了，在本书写作时，亚马逊平台自营商品销售数量已经激增至 1 200 多万件（不含第三方卖家出售的数亿件产品）。

"亚马逊 Prime 会员计划让你能够轻松下单，没有最低消费金额和订单合并的要求，"贝佐斯继续写道，"两天送达也不再是偶尔的奢侈体验，而会成为每天的常态。"信件的其他内容解释了会员计划的费用和其他对用户来说有吸引力的益处。贝佐斯最后用对行动的呼吁——一个非常简单的"一键下单"注册链接——来结束这封信。

但客户不知道的是，早在几个月前，亚马逊 Prime 会员计划尚在开发过程中时，贝佐斯就起草了这封信。最终官方的发布信与早期版本非常相似。"自助餐"的类比是团队通力合作的成果，而"Prime"这个名称完全来自贝佐斯的创意。

如今，亚马逊 Prime 会员计划已成为互联网上最成功的会员计划，为公司创造了一个强大的稳定收入引擎。大多数美国家庭现在都是 Prime 会员，在亚马逊网站上每年平均花费 3 000 美元。Prime Day 是一个备受欢迎的 48 小时会员活动，其间产生的销售额超过了美国历史上最大的零售购物日黑色星期五所有零售商销售额的总和。

"自助餐"这个比喻得到了亚马逊高层的一致支持。贝佐斯后来开玩笑说："当你提供一个随便吃的自助餐时会发生什么？谁会最先来？当然是那些大胃王！这很可怕。就像'天哪，我真的可以吃虾吃到塞不下吗？'，这是真实发生的，但我们观察到了趋势走向以及我们吸引的客户类型。"[9]

"在审阅新闻稿、产品描述、演讲稿和致股东的信时，贝佐斯都会用红笔删去一切不符合简单明了、积极向上标准的信息。"[10] 布拉德·斯通在《一网打尽》一书中写道，"贝佐斯认为，任何人在不知道如何向世界传达信息、不了解神圣的客户将如何看待它的情况下，都不能针对一个产品或一项功能做出明智的决策。"

在叙事性写作过程中，贝佐斯始终保持着高标准。据斯通说，贝佐斯经常建议使用更具冲击力的标题，或者在阅读几句备忘录后说，

"我已经不感兴趣了"。他希望人们深思熟虑，花时间去思考如何准确地表达自己的想法。

斯通从中得到启发。在写作过程中，当他想直接采访贝佐斯时，他以叙事的形式提出了自己的要求，想象这本书出版后新闻稿会说些什么。

写作能让你的思考清晰、准确

撰写一篇虚拟的新闻稿是非常具有挑战性的。它要求你以比幻灯片上的要点更精确的方式来阐明你的想法。它需要你能清晰地回答以下问题：

- 用户将如何与产品互动？
- 它与现有的任何产品的不同之处在哪里？
- 用户会认为哪些功能最具吸引力？
- 为什么用户会喜爱该产品或服务？

2015 年，珍妮弗·卡斯特撰写了一篇 PR/FAQ 文档，试图赢得公司内部对她新想法的支持。乍一看，对一家通过互联网创造了巨大财富的公司来说，这似乎有违直觉。卡斯特被任命为亚马逊首次进军实体店业务的负责人。

作为亚马逊书店的副总裁，卡斯特很高兴能为消费者提供另一个帮他们找到喜欢的书的渠道。卡斯特是亚马逊的第 25 位员工，她是"客户至上"口号的忠实拥趸。卡斯特并不想创建另一家传统的实体书店，她痴迷于给客户提供全新的体验。卡斯特的研究得出了一个关键性的发现：如果这家开了世界上最大的书店的公司想要重塑客户关于店内体验的想象，它就必须考虑让其实体书店比传统书店规模更小。通过在人流量较大的地区建立更小的店面，并提供较少的图书选择，亚马逊书店可以为客户提供与传统书店不同的体验。卡斯特很高兴能分享她的想法，但首先她必须把它们写下来。

"首先要知道的是，写 PR/FAQ 文档是一个耗时费力的艰巨任务，"[11]卡斯特说，"在我撰写亚马逊书店 PR/FAQ 文档的 6 个星期里，我至少写了 12 个版本，至少花了 120 个小时。"卡斯特的辛劳付出得到了回报。她的"逆向工作法"会议持续了 90 分钟，最终贝佐斯和高管团队的成员批准了亚马逊第一家实体书店的开发。

表 10.1 列出了卡斯特撰写的模拟新闻稿中赋予亚马逊书店生命力的元素。

表 10.1　亚马逊书店模拟新闻稿[12]

标题	亚马逊将开设具有在线功能和优势的线下书店
副标题	商店出售的商品包括亚马逊的全系列设备，并向顾客提供与亚马逊网站相同的低价
第一段	在本段中，卡斯特宣布亚马逊开设了第一家实体店。她详细说明了其所处位置以及一些给顾客提供的福利。
第二段	在本段中，卡斯特做出了一个创造性的选择：她选择避免去陈述"问题"，因为实体书店并没有真正的问题。她选择了写一段假设性的来自杰夫·贝佐斯的引语，强调了亚马逊书店的一些与众不同之处，这些不同之处将为顾客提供更好的体验。
第三至六段	卡斯特提供了一些能够指导设计师创造店内体验的细节。
公司语录、客户证言	本段包括来自客户的证言（依旧是假设性的）。客户表达了他们对图书真实地摆在面前、阅读亚马逊排名和评论、比较亚马逊平板电脑、发现新项目（如 Fire TV Stick），以及使用移动应用程序下订单或查找更多信息的热情。卡斯特说，客户证言是新闻发布过程的关键部分，因为它们有助于决策者评估这个想法的力量。如果这个证言力量很弱，那么这个想法很可能无法为足够多的客户群体带来实质性的价值，这就证明这个项目不值得开展。

2015 年 11 月 3 日，亚马逊在西雅图大学村购物中心开设了它的第一家实体书店。珍妮弗·卡斯特认为，PR/FAQ 文档为团队指明了清晰的方向，并帮助他们专注于客户体验。她指出，亚马逊的首要领导原则并不是客户"服务"或客户"关注"，而是"客户至上：领导者从客户开始，逆向工作"。新闻稿迫使团队中的每个人都把客户置于体验的中心。

实战演练

使用下面的表格起草一份模拟新闻稿，介绍你的想法：一家初创公司、一个产品、一项服务或一个计划。

主题	（产品、计划、服务或公司。）
标题	（回答是谁宣布的以及他们宣布了什么。）
副标题	（副标题是引起读者关注的钩子。它必须简洁。不要超过 30 个单词。）
第一段（概述）	（这一段简介产品、计划、服务或公司以及它们能为客户带来的好处。）
第二段（问题）	（第二段阐明你的产品、计划、服务或公司打算解决的问题。）
第三至八段	（第三至六段深入探讨你的产品、计划、服务或公司的细节，以及它是如何解决问题的。）
公司语录／客户证言	（引用公司发言人、合作伙伴和客户的引人入胜的话，即使他们目前还不存在。）

逆向叙事可以改变职业生涯

任何人都可以使用模拟新闻稿的模板来指导产品开发，协调团队，明确提案或推销关于新业务、产品和服务的创意。

约翰是一家国际医疗器械公司的分公司总裁，他向我讲述了他关于亚马逊模拟新闻稿的经历。当时约翰带着他的团队成员飞往西雅图与亚马逊讨论合作的可能性。这是约翰第一次接触亚马逊的模拟新闻稿写作任务。

尽管约翰欣赏亚马逊对 PR/FAQ 这种方法的投入，但他怀疑这种做法对他的公司是否有价值。约翰承认，起初他加入这项活动只是因为亚马逊慷慨地邀请他的团队参加一个头脑风暴会议。约翰告诉我："是的，我们当时对此还持怀疑态度。我们会遵守他们的流程，但坦白说，我们认为这是在浪费时间。"但是，当参与这项进程时，约翰发现这个过程迫使他以一种清晰简洁的方式解释自己的想法，以便任何人都能立即认识到它的价值。"到我们离开会议时，我们已经被说服了，"约翰说，"我们爱上了这种方式，成为撰写模拟新闻稿方法的传道者。我没有夸张，它确实改变了我们的团队。"

约翰并没有夸大其词。离开亚马逊回到自己的公司后，约翰和他的团队开始为总公司的 CEO 准备一个提案，提请 CEO 批准与亚马逊的合作以及完成该项目所需的资金。团队有 60 分钟来陈述他们的观点。要知道该公司在 150 个国家都设有分支机构，CEO 的时间很宝贵。他们能得到整整一个小时已经很不容易了。

约翰做出了一个大胆的决定，他说服团队创建一个只需 20 分钟的 PPT，为 CEO 节省了 40 分钟的时间。如果 CEO 有更多的问题，他们会准备好答案。但是演示本身不会超过 20 分钟。约翰是一位沟通专家，他认识到长时间的演示通常会变得混乱、不连贯、令人不知所措，甚至枯燥无味。相比之下，短时间的演示几乎总是更有说服力。

于是，约翰的团队开始行动。他们创建了一个 20 分钟的 PPT，概述了他们与亚马逊的会议，定义了潜在的合作伙伴关系，描述了这个想法如何有益于患者，并试图说服 CEO 批准数额巨大的预算申请。

约翰没有忘记他在亚马逊学到的未来新闻发布的方法，但他将这个概念推进了一步。"如果我们要从患者的角度出发，那么让我们从产品发布后的电视广告开始吧，"约翰建议道，"广告视频将展示患者如何轻松订购治疗服务并在家中方便地使用它。视频还将展示通过与亚马逊云技术的合作，我们能够快速、便捷地将检测结果发送给患者的医生。"

约翰的团队制作了一个两分钟的视频，并请演员在视频中扮演未来的患者角色。他们把视频插入 PPT，在视频播放时，约翰观察着 CEO 的表情。"他的眼睛亮了起来。"约翰回忆道。

视频播放完毕后，约翰切回到幻灯片上并说："现在你已经看到了我们的愿景，下面让我来展示一下我们将如何实现它：我们需要在人力、技能和资源方面进行投资。"

这次原定一小时的会议只用了约 30 分钟，CEO 满腔热情地批准了约翰的预算申请。这种治疗方法于 2022 年进入临床试验阶段，然后在 2023 年提交监管机构批准。这种治疗方法承诺运用尖端的医疗技术和亚马逊的云计算能力，以便在早期发现某些类型的癌症，从而能够避免数百万人的死亡。

从新闻发布开始的逆向叙事改变了约翰的人生。他获得了晋升，领导了这个开创性的项目，并被任命为这家拥有 10 多万名员工的全球公司仅有的 20 名部门总裁之一。约翰告诉我："如果没有这种沟通技巧，我就不可能得到今天的职位，清晰简洁地传达引人注目的想法是一项至关重要的技能。如果你想在大公司发展或为初创企业筹集资金，你必须说服老板、CEO 或投资人。我就是一个证明演讲技巧可以改变职业生涯的生动例证。"

通过逆向叙事让所有人保持同步

"保持同步"是我与那些采用逆向叙事的商业专业人士交谈时经常提到的一个主题。

雄心勃勃的产品经理赞恩就职于一家高科技公司,他告诉我说,他的公司使用PR/FAQ方法来让利益相关者围绕既定战略举措保持一致。赞恩执行团队对新闻稿施加了严格的一页限制,他每季度至少写一次,以提出新的创意。

"如果你不能用一两句话清晰地解释你的创意所能解决的问题,那么你可能还没有完全理解这个问题。"赞恩说,"如果你不能用几句话说明客户可获得的利益,并用引语来说明他们为什么会喜欢这个产品,那么你对客户还不够了解。如果你不能用一两句话解释你的产品与竞争对手产品的不同之处,或者你的产品将如何让客户的生活得到改善,那么你几乎不可能在公司内部获得所需的支持。"

赞恩是一名31岁的产品经理,他希望将来能成为一家大公司的CEO。在新冠病毒感染疫情期间,赞恩的公司允许所有员工远程工作。像许多其他公司一样,赞恩的公司发现管理"分布式劳动力"不仅是可行的,而且许多员工更喜欢这种工作方式。

"现在,由于我团队中的每个人都在远程工作,并身处不同时区,书面写作变得比以往任何时候都更重要,"赞恩说,"我需要把我的想法提炼成一种每个人都能理解的简洁表述。我必须确保财务、销售、技术和客户等各利益相关方都能够保持同步。"

产品经理因其跨职能的职业角色而被称为"迷你CEO"。"我同时要与四五个不同的受众打交道,"赞恩说,"我必须使用工程语言与产品开发人员交谈;我必须与CFO(首席财务官)谈论数字,并能清楚地解释我们的产品对公司利润的影响;我必须能让销售人员相信客户会喜欢这个产品，愿意花更多的钱。我所传达的一切必须针对特定受众。如果我不能针对不同的受众调整我的信息，那么我会变得效率低下，说服的成功率也会降低。"

逆向叙事对任何提出新想法的人来说都是至关重要的一个环节。

火箭科学家奥赞·瓦罗尔表示，NASA有自己独特版本的亚马逊新闻稿工作法，它被称为"回溯预测"。瓦罗尔和他所领导的火星探测器探险团队编写了未来的新闻稿以推动该项目。他说："与其让我们的资源驱动我们的愿景，不如让我们的愿景驱动我们的资源。"[13]

瓦罗尔表示，回溯预测能够让大胆的想象变成现实，推动NASA完成那些不可能的任务。例如，将人类送上月球并安全返回所需的火箭技术在20世纪60年代初是根本不存在的。瓦罗尔说："NASA的做法是以登陆月球的目标为起点，逆向推导出达到目标所需的步骤。先把火箭送上天，然后把宇航员发射到环绕地球的轨道，接着进行太空行走，再实现与地球轨道上的目标飞行器的会合和对接，然后将载人飞船发送到月球上并绕月一周返回。只有逐步完成了路线图上的这些步骤，我们才会尝试去登陆月球。"[14]

"沟通，无论是口头的还是书面的，都是科学家或专业人士可以培养的最重要的技能之一，"[15]瓦罗尔告诉我，"能够将你所研究的内容，尤其是关于复杂主题的内容提炼成任何人都能理解的语言，是一种罕见但非常有价值的技能。掌握这种技能的人往往会脱颖而出。"

优秀的写作者会脱颖而出。

在本部分的最后一章，你将了解到优秀的演讲者如何找到创造性的方法来解释他们的想法，以及为什么他们的故事永远也不会枯竭。这是关于亚马逊成长的另一个被低估的话题：任何重视写作的公司都会强调阅读的力量，它能让人成为更好的写作者。

11 阅读的力量

> 优秀的领导者必须是出色的沟通者,而写作的辛勤工作在阅读的磨刀石上能得到最好的磨砺。
>
> ——美国海军退役上将詹姆斯·斯塔夫里迪斯

在创建全球最大的网上书店的 30 年前,杰夫·贝佐斯就已经读了一些激发他追求梦想的小说。

在 4~16 岁的成长时期,贝佐斯每年夏天都会去他的外祖父在得克萨斯州科图拉的牧场生活和劳动。在西得克萨斯州耕作的农民都很自豪地称科图拉为家,尽管他们很难描述牧场的具体位置。"它位于圣安东尼奥和拉雷多之间。"贝佐斯说。

当地的一位捐助者向镇上的图书馆捐赠了一些科幻小说,这些小说激发了贝佐斯追求星际旅行的热情,这个愿景在之后的岁月中一直陪伴着他。作为一名早熟的学生,贝佐斯如饥似渴地阅读着儒勒·凡尔纳、艾萨克·阿西莫夫和罗伯特·海因莱因的作品。在六年级时,贝佐斯就能够清楚地表达他从 J.R.R. 托尔金的《霍比特人》中学习到的价值观。书中的主题是非凡的英雄可以从平凡的环境中崛起，这位未来的冒险家对其产生了强烈的共鸣。

书籍点燃了年轻的贝佐斯心中的竞争之火。12岁时，为了获得一个特殊的读者证书，他阅读了各种各样的书籍。在这件事中，贝佐斯表现出早期的竞争本能，他下定决心不让其他学生超过自己。贝佐斯甚至"把自己和另一位声称每周可以读12本书的同学进行比较，说那位同学比不上他"。

贝佐斯沉溺于阅读。他位于西雅图的湖畔住宅中藏有数百卷书，其中包括科幻小说家阿瑟·克拉克的著作，贝佐斯在致股东的信中曾经引用他书中的话。传记作者布拉德·斯通说："当其他人读这些经典著作只是幻想着不同的场景时，贝佐斯却似乎认为这些书中的情节是令人兴奋的未来的蓝图。"[1]

儒勒·凡尔纳的经典著作《从地球到月球》深深地影响了贝佐斯。他的朋友丹尼·希利斯说过："杰夫将自己和蓝色起源公司视为更大愿景的一部分。这是儒勒·凡尔纳所写的和阿波罗计划所完成的事情的下一步。"[2]

在距离西雅图以南约17英里的蓝色起源公司总部的中庭，参观者可以看到一个约二层楼高的火箭模型，这个火箭的灵感来自儒勒·凡尔纳的经典小说。据斯通所说，这个模型是"一个维多利亚时代宇宙飞船的全尺寸蒸汽朋克模型，就像在儒勒·凡尔纳的小说中所描述的一样，配有驾驶舱、黄铜材质的控制器和19世纪的家具。参观者可以进入火箭内部，坐在天鹅绒覆盖的座位上，想象自己是生活在尼摩船长和菲莱亚斯·福格时代的无畏的探险家"。[3]

亚马逊并非贝佐斯的第一项创业计划。在就读于帕尔梅托高中期间，贝佐斯想出了一个针对中学生的夏令营创意——梦想学院。学生们需要阅读由贝佐斯精心挑选的书籍：《大卫·科波菲尔》《异乡异客》《格列佛游记》《黑骏马》《永恒之王》《指环王》《金银岛》《兔子共和国》。

虽然这个创意最终未能实现，但贝佐斯从未失去与他周围的人分享书籍的热情。

贝佐斯认为，领导者的角色是分享他们从书籍中学到的知识。2013年夏天，贝佐斯为亚马逊的高管举办了3场全天的读书俱乐部活动。"我们一起阅读商业书籍，并讨论战略、愿景和书的内容，"贝佐斯告诉美国消费者新闻与商业频道记者，"这些书真的成了我们可以用来谈论业务的框架。它让我们有机会更好地了解彼此。"[4]

贝佐斯并不是唯一将读书视为重中之重的亿万富翁。从理查德·布兰森到沃伦·巴菲特，从萨拉·布雷克里到奥普拉·温弗瑞，从瑞·达利欧到埃隆·马斯克，亿万富翁们读的书远超平均水平。

一项综合性调查发现，约1/4的美国成年人（27%）不阅读任何书籍。受访者中仅有1/5的人表示他们每年阅读12本或更多的书。[5]因此，如果你每月读一本半书，你就会成为热衷于阅读且由此取得巨大成就的精英阅读者群体的一员。

退役美国海军上将詹姆斯·斯塔夫里迪斯是一个阅读的异类。他每年阅读至少100本书，几乎是普通美国成年人阅读量的10倍。"我可以告诉你，当某人晋升为四星上将或海军上将时，他肯定是深度阅读者。"[6]斯塔夫里迪斯告诉我。

多读书的4个理由

1. 阅读拓展认知

小说家乔伊斯·卡罗尔·欧茨说："阅读是我们不知不觉地、往往是无法控制地陷入另一个人的皮肤、声音和灵魂的唯一途径。"[7]

通过让你进入另一个人的灵魂，书籍充当了大脑模拟器的角色。根据神经科学家的研究，人类大脑无法区分阅读一种经历和亲身经历之间的区别。当你置身于书中角色所面对的情况中时，你会问自己："在这种情况下，我会怎么做？"

20多年前，斯塔夫里迪斯通过阅读帕特里克·奥布莱恩的经典海洋小说，从《怒海争锋》开始，准备指挥一艘海军驱逐舰。他还从史蒂文·普雷斯菲尔德的史诗小说《火之门》（Gates of Fire）中获得了灵感，该小说讲述了斯巴达人在温泉关战役中做出战斗和牺牲的终极承诺。他说："当阅读那本书时，你可以设身处地为他们着想，了解他们的动机，然后问自己，我是否有足够的勇气、决心和荣誉感去承担这项使命？"[8]

2. 书籍提供了不同的视角

"书籍提供了一个可以不离开家或学校就能体验各种人生经历的机会，"[9]斯塔夫里迪斯说，"否则，一个年轻的有抱负的领导者怎么能了解到，1915年欧内斯特·沙克尔顿的'坚韧'号在南极洲被冰块撞击并摧毁后，他是如何拯救全体船员的？回想起我的阅读生涯，我最钦佩的许多人都是通过读书——要么是他们写的，要么是关于他们的——来认识的。"

企业家经常通过阅读那些以第一人称叙述的、克服了巨大的困难将愿景变成现实的人的书来获得灵感。例如，在2009年接受《新闻周刊》采访时，贝佐斯说："如果你读过我最喜欢的书之一《长日将尽》，你会忍不住想，我刚刚度过了10个小时的另类人生，我学到了一些关于生活和遗憾的事情。你无法通过读一篇博客文章学到这些。"[10]

3. 书籍是一种浓缩知识的宝贵形式

就投资回报而言，即便是宣称要从下一个热门初创企业中分一杯羹的投资者，也无法与一本好的商业书籍相提并论。

本书不到 8 万个英文单词。如果按照平均速度阅读，你应该能在 4 个多小时内读完。作为对这 4 个多小时投入的回报，你将从全球最富有的人之一那里获得他 23 年的见解，这位企业家将自己的创意变成了市值 1.7 万亿美元的庞然大物。此外，你还将从亚马逊前高管和成功的商业领导者那里学习到沟通策略，他们都模仿贝佐斯的蓝图成功创办了自己的公司。

书籍是提高你领导技能的最宝贵的工具。

4. 阅读者的表达能力更佳

正如斯塔夫里迪斯上将所说："领导力的本质在于沟通和激励。而要做到这一点，你必须是一名出色的演讲者和写作者。通过阅读好的文学作品，无论是小说还是非虚构文学，你都可以提高你的书面和口头表达能力。"

根据我的经验，几乎每一位邀请我去他们组织中演讲的 CEO 都阅读过我写的一本或多本书。虽然我每年至少阅读 50 本书，但这些 CEO 和企业家几乎总能介绍给我一些我还没读过的书籍。这些领导者中大多数都是优秀的沟通者，他们希望自己的团队也能提高演讲和写作能力。重视书面表达的领导者也非常重视阅读，阅读可以帮助他们成为更好的写作者。

简言之，阅读量大的人表达能力更佳。阅读各类小说和非虚构文学作品的人，可以知道丰富、有趣的故事。他们的箭筒里有更多的箭：故事、洞见、例证和智慧。他们可以提供新鲜、令人惊讶和独特的看待世界的角度，并能解释他们所看到的事情。人类天生是喜欢学习新事物的探险者，我们往往会被阅读者吸引，因为他们是文化的传承者。他们传递信息，阐明事物，并激励我们。贝佐斯说过，创造引人入胜的内容的秘诀在于有趣，不管是书籍、电影还是备忘录。他说，你必须"引人入胜"。

当今体育界最引人入胜的人物之一是高尔夫频道的分析师布兰德尔·钱布利。我将钱布利称为体育评论员中的达·芬奇，因为他能从数学、科学、物理、艺术和文学领域中汲取灵感。我在2021年美国公开赛的那一周与钱布利进行了一次交谈。我们的谈话涉及众多作家和故事讲述者：从尼采到尼尔·德格拉斯·泰森，从亚里士多德到艾伦·索金，从威廉·莎士比亚到诺拉·艾芙隆。

钱布利告诉我，他经常带着书去报道高尔夫比赛。在15年的美国职业高尔夫球巡回赛解说生涯中，他养成了阅读的习惯，在每天比赛结束后，他喜欢与作家为伴。钱布利曾经问过一位著名的高尔夫球撰稿人，他是如何保持文章的新鲜感，并总能找到新奇的隐喻和类比来吸引读者的。"为什么你的文章读起来不同于其他高尔夫球撰稿人的文章？"[11]钱布利问。"那是因为我不阅读其他高尔夫球撰稿人的文章。"专栏作家回答道。

钱布利认为：''如果你只阅读与你的运动项目相关的内容，你就会和其他人一样。你必须尽可能广泛地阅读。"

不是所有的阅读者都令人着迷，但所有令人着迷的领导者都是阅读者。

有目的地阅读的 3 种方式

1. 阅读相关领域的前沿作品

我们生活在阅读的黄金时代。数以百万计的图书以各种形式存在：从精装到平装，从有声书到电子书。浓缩的知识触手可及。但是，正如你所知，太多的选择会导致决策困难。这里有一个惊人的数据：亚马逊每 5 分钟就会添加一本新书到其书库中。现在通过亚马逊网站可以购买、下载或收听的书超过 3 000 万册。那么你该如何选择你的下一本读物呢？

要从你所读的书中获取最多的知识，意味着你要选择那些对你最有价值的书。

假设你是一个终身学习者，你决定从 23 岁大学毕业开始每月读一本书，直到 90 岁。那加起来你一生的阅读量就是 804 本书，虽然这听起来是个巨大的数字，但你得知道，这个数字只占当前可读书总量的 0.002%。

成功的领导者知道他们无法读完所有的书，所以他们会尽可能地阅读其他成功领导者所读的书。

"要想每年读 100 本有意义的书，你必须有一个系统。"[12]亿万富翁和慈善家大卫·鲁宾斯坦说。鲁宾斯坦是凯雷投资集团的联合创始人之一，该公司是全球最大的私募股权公司之一，管理资产规模达到 2 300 亿美元。鲁宾斯坦主持了一档电视节目，在节目中他采访了世界上顶尖的商业和政治领导者。他会阅读那些他采访的领导者写的书，并且会根据书评和推荐选择阅读书目。因此，你也可以养成一种习惯，问问其他成功人士他们认为哪些书特别有价值。

尽管鲁宾斯坦读的书比普通美国人要多得多，但他知道随意阅读并不高效。虽然在去书店时他也会为偶然发现留出一些时间。然而，鲁宾斯坦主要专注于特定领域的书籍，包括慈善、商业、政治、领导力和历史（他捐赠了数亿美元用于保护纪念碑和历史遗迹，并花费2 400万美元购买了仅有的4份已有800年历史的《大宪章》原件中的一份）。

"领导者每天都需要拓展他们的知识——锻炼他们最独特的肌肉：大脑。"[13]鲁宾斯坦写道，"如果不这样做，他们就很难跟上快速变化的世界。我试着通过痴迷阅读来继续学习。没有什么比一本写得好的书更能让人聚精会神了。"

尽管鲁宾斯坦的净资产超过了40亿美元，但他仍在不断提高自己的写作和演讲技能，这凸显了沟通在我们社会中的重要作用。鲁宾斯坦认为："如果没有人跟随，领导就是不可能的。领导者可以通过3种基本的沟通手段说服他人跟随自己：写一些能激励读者的东西，说一些能激励听众的话，或者做一些能为他人树立榜样的事情。"[14]

鲁宾斯坦说，伟大的领导者除了拥有出色的沟通技能，还有一些共同的品质。他们写的书提供了丰富的知识和通往成功的捷径。第一步，确定与你的职业、事业和兴趣最相关的类别。第二步，确定你欣赏的领导者和企业家。第三步，阅读他们的图书、博客、采访和文章。这些领导者可能通过书籍开启了一个新世界，他们渴望分享他们的智慧。因此你要抓住这个机会。

2. 做笔记

成为一个积极的阅读者。Kindle和其他移动设备可以让我们便捷地在书中做笔记或标记重点内容。如果你正在阅读一本精装纸质书，你会发现它的页边留出的空白也是有目的的：在你拿着书的时候为你的大拇指留出空间。另外半英寸的页边距也为记笔记提供了空间。当然，除非你是从当地图书馆借的书，但在这种情况下，一张便利贴就能解决问题。

当你做笔记时，你等于是在给你的大脑创造更多编码信息的渠道。换句话说，你会记住更多的你所读的内容。

3. 分享并谈论你喜爱的书籍

斯塔夫里迪斯告诉我："当我 35 岁左右，第一次准备成为一名船长时，我投入了大量时间阅读有关船长的书籍。阅读这些书对我是有帮助的，但更大的回报来自与经历过指挥考验的高级军官讨论这些书。"

2003 年，杰夫·贝佐斯指派他的技术助理柯林·布里亚为亚马逊高层领导团队挑选图书。布里亚说："他们都是聪明的商界人士，但他们需要更多的关于如何构建可扩展的、强大的软件技术的知识。[15] 亚马逊的领导原则之一就是不断学习并保持好奇心。所以，尽管工作很忙，我们的高层领导团队还是接受了读书会的想法。杰夫会指定一本书，要求团队中的所有人一起读。然后，我们会聚在一起进行小组讨论。每 4 到 6 周，我们会进行一次读书活动。"

布里亚和贝佐斯选择了小弗雷德里克·布鲁克斯的《人月神话》，在这本书的启发下，亚马逊现在著名的"两个比萨团队"理论诞生了。高层领导团队还阅读了《从优秀到卓越》，这本书催生了推动亚马逊发展的飞轮战略。另外，《基业长青》和《创造》(*Creation*) 推动了亚马逊网络服务 AWS 的诞生，《创新者的窘境》激发了 Kindle 的灵感，山姆·沃尔顿的《富甲美国》启发了亚马逊的 16 条领导原则。

另一本书，《齐格曼杰出服务指南》(*Zingerman's Guide to Giving Great Service*) 提供了如何让顾客感到惊喜和愉悦的点子，而《目标》

教给亚马逊高管在其快速增长的电子商务业务中管理瓶颈、物流和其他运营挑战的方法。贝佐斯在接下来的20年里每封信都附上原始的1997年致股东的信的想法是从何而来的。这个想法受到了阿兰·格林伯格的《总裁备忘录》(*Memos from the Chairman*)的启发。

布里亚说:"世界上大部分的知识都被储存在书中,所以如果你不是一个如饥似渴的读者,你就会错失良机。"[16]贝佐斯是一位涉猎广泛的人。他广泛阅读不同主题的图书,并寻找可以带入组织的那些知识。"

随着高级管理人员读书俱乐部的消息逐渐传开,员工们通过电子邮件向布里亚询问每个月高管都在读些什么。于是贝佐斯开始公开分享他正在阅读的书以及他对这些书的评价,以便公司里的每个人都能保持同步。

高效的领导者会比组织内其他成员读更多的书,他们会与其他人分享他们学到的知识。普利策奖得主、历史学家巴巴拉·塔奇曼说过:"书籍是文明的载体。没有书籍,历史是沉默的,文学是无声的,科学是残缺的,思想和推断是停滞的。没有书籍,文明将不可能得到发展。它们是变革的引擎(正如诗人所说),是世界的窗户,是时间之海中的灯塔。它们是同伴、教师、魔法师,是保管心灵财富的银行家。书籍是被印刷出来的人性。"[17]

最佳的学习领导力的方式是借助阅读的力量。值得庆幸的是,在印刷文字的历史上,普通人从未像现在这样能如此容易地获得那些创造了我们所生活的世界的人所积累的智慧。带着这些作者走上你的人生旅程吧,他们是极佳的伙伴。

第三部分｜**沟通的工具**

12 AMP 模型

> 把时间和精力花在哪里，是你人生中要做出的最重要的决定之一。
>
> ——杰夫·贝佐斯

我的女儿曾经极度害怕蜘蛛。如果觉得门外有蜘蛛，她就不会出门。后来一位治疗师教给我们一个巧妙的方法，通过使用这个方法，她慢慢学会了控制自己的焦虑。这个方法很简单，在我们的房子里贴几张蜘蛛的照片，每过一星期，我们轮流将照片挪到不同的位置。经过一段时间后，我女儿对这种 8 条腿的生物就不再那么敏感了。

治疗师为我们提供的方法叫作"暴露疗法"，这是一种常用的、可以帮助人们面对自己的恐惧的治疗方法，它可以帮助人们回归正常生活。如果不去面对恐惧而是选择逃避，即使短时间内会感到缓解和舒适，但随着时间的推移，逃避你害怕的事情会让那些引发你焦虑的事物、地点或事件更有力量。最终，你将无法控制恐惧，恐惧会控制你。

你可能知道，公共演讲是人们所经历的最大的恐惧之一。根据美国国家精神卫生研究所的数据，对公众演讲的恐惧（又称"言语恐惧症"）影响着约 73% 的人口。公众演讲焦虑是由我们祖先的大脑结构决定的，这也是为什么这种现象如此普遍。我们习惯于渴望被他人接纳，并倾向于过分关注他人的评价。

不幸的是，商业人士如果想要获得职业上的提升，逃避公众演讲并不是一个可选项。人才招聘软件公司 iCIMS 的一项调查显示，65%的招聘人员和招聘经理表示，他们更看重求职者的写作和口头表达能力，而不是大学所读的专业。[1]在另一项由云演示平台 Prezi 委托进行的调查中，70% 的受访者表示，公众演讲对他们的职业成功至关重要，但 12% 的女性和 7% 的男性受访者承认，他们曾经假装生病以逃避公众演讲。[2]

亿万富翁沃伦·巴菲特说过，公众演讲能够让你在职场上的价值提高 50%。不幸的是，太多职业人士未能充分利用这种价值，因为他们害怕演讲，或者一想到要做演讲就感到恐慌。

好消息是：优秀的演讲者是后天培养出来的，不是天生的。

任何人都可以从一位焦虑、笨拙的演讲者变成吸引全场听众的演讲者。我们已经一再见证了这种情况的发生。我的商业合作伙伴瓦妮莎·加洛拥有心理学专业背景，她的工作是帮助我们的 CEO 和高管客户改善他们的肢体语言、口头表达、信息传递技巧和领导风范。瓦妮莎和我一起开发了一套叫作"加洛 AMP"的系统，这套系统基于 3 个变量去提升演讲者的表现，可以让普通的公众演讲者变得更出色。

什么是 AMP 模型

针对想要提升演讲技能的客户，我们采用了一种能"AMP"他们演讲的模型。AMP 在这里是一个及物动词，其定义是"启发和激励"，AMP 是由能力（ability）、信息（message）和练习（practice）3 个单词的首字母组成的。通过这 3 个方面的提升，你能够成为一位能启发和激励你的听众的、充满活力的演讲者。

表 12.1 显示了这 3 个所有演讲者都应当着力改进的变量。熟悉这 3 个变量之后，我将向你展示如何评估这些变量，让你变成你渴望成为的优秀演讲者。

表 12.1　AMP：能力、信息和练习

变量	解释
能力（不可变） 在很大程度上你的天赋能力是恒定的。这些是你已经具有的个人优势和才能。这些优势在你的演讲技能发展的每个阶段都是清晰可见的，它们是你的基本技能。	天赋能力包括： · 舒适自然地在公众面前演讲。 · 深厚的内容知识。 · 在文字、图像、隐喻或艺术方面具有创造力。 · 强有力的能打动人的语气语调。 · 能在场景中寻找幽默感。 · 良好的体态，这也许源自演讲者体育或表演艺术方面的背景。
信息（可变） 演讲的内容：主题、清晰度、词语选择、故事、幻灯片和视觉效果。	你的信息是一个你可以改善和提升的变量。强大的信息包括： · 在情感上引人入胜的内容（故事、图像、视频）。 · 简短、清晰的主题。 · 3 个支持性例子。 · 用主动语态写的短句。 · 具有视觉吸引力的幻灯片。 · 可以抓住听众注意力的故事。 · 简单易懂的顺序。
练习（可变） 你花在排练和内化演讲内容上的时间是第二个可以控制的变量。你用在刻意练习上的时间越多，你演讲时就越自信。	你可以调整用于练习的时间。重复排练直至达成以下目标： · 你已经内化了每张幻灯片的关键信息，并且可以在不看笔记的情况下表达这些信息。 · 就像与朋友共进晚餐一样，你可以用对话的方式呈现演讲内容。 · 你熟悉演讲的内容，知道它们将起到的作用以及需要多长时间才能完成演示。 · 你缩短了要讲述的故事，使其简明扼要、与主题相关并能够推动演讲向前发展。

提升演讲技巧的第一步是了解自己的能力。即使一个人具备极佳的天赋和优势，他也需要很棒的信息，并投入练习时间来完善他的表达。而那些天赋稍逊的人如果想要在演讲中脱颖而出，更需要学会构思出色的信息，并且要投入更多的时间练习。

首先，通过了解和确认自身的天赋能力，你能够明智地决定花费在创作演讲稿和完善演讲技巧方面的时间。在图 12.1 中，你可以看到两位演讲者是如何通过不同的方式成为同样出色的公众演讲者的。左侧的演讲者拥有更多的天赋，因此，她在准备演讲时只需要花费较少的练习时间，但是，她仍然需要在准备一份完美的演讲稿上面花费 30% 的时间。右侧的演讲者天赋稍差，可能对上台演讲感到不太适应，他同样需要花费 30% 的时间准备演讲稿，但是，他必须安排更多的时间去练习，直到有把握能够在演讲时收放自如。重点是，两位演讲者都很优秀，但他们采取了不同的方式，根据个人情况对 AMP 变量进行了调整，从而使自己达到巅峰状态。

图 12.1 两位不同的个体如何都成了优秀的演讲者

加洛 AMP 模型告诉我们，只要了解自己的天赋优势，充分发挥这些优势，并在其他方面合理投入，你就可以成为一位优秀的演讲者。也许每个人的"配方"不同，但最终的结果都是一场精彩的演讲。

贝佐斯的魔力演讲

贝佐斯说过："我们是谁取决于我们的选择，打造属于你自己的精彩人生故事。"他在自己的人生中正是这样演绎的。贝佐斯在他在亚马逊开展职业生涯的早期就下决心要提高自己的公众演讲技巧。我是怎么知道这一点的？因为现在的贝佐斯和25年前的贝佐斯完全不同。他一直在努力提高自己的演讲技能，并且取得了显著的成效。

接下来的部分展示了瓦妮莎对贝佐斯3场不同演讲的分析，这3场演讲发生在贝佐斯20年公众演讲历程的不同阶段。首先，我们从贝佐斯在亚马逊成立后不久的1998年在森林湖学院发表的早期演讲开始。当我们查看一个演讲视频时，第一步是识别演讲者天生的能力或优势，这些优势是我们在培养演讲者口语能力时可以利用的特质。根据贝佐斯1998年这次演讲的视频，我们能够判断出他具备创造力、幽默感和丰富的主题知识三大优势。表12.2列出了在森林湖学院演讲中贝佐斯所展现出的这些天然优势。再次强调，这些个人特质是演讲者需要在整个职业生涯中不断发掘和发展的天然优势。

表12.2　贝佐斯在1998年的森林湖学院演讲中展现的优势[3]

优势	引文	备注
创造力	"如果你把亚马逊网站上的商品目录打印出来，它的厚度将超过40本纽约市的电话簿。"	把统计数据融入情境和生动形象的描写需要具备创造性思维。

12　AMP模型

续表

优势	引文	备注
创造力	"这可能就像从高压水龙头里喝一口水。"	贝佐斯用这个比喻来描述当雅虎将亚马逊列入其热门网站名单后,亚马逊订单量发生了怎样的变化。正如我们之前讨论的,隐喻是一种创造性的工具,用来使概念简单易记。在之后的职业生涯中,贝佐斯会使用更多的隐喻。
	"房主在车库的正中央安装了一台有着大肚子的炉子。"	贝佐斯运用细微的、描述性的细节为故事注入生命力,这展示了他早期就有的叙事天赋。
幽默感	"通过阅读别人写的文字中的前5个单词,人类大脑可以立即判断出对方是聪明人还是疯子。"	贝佐斯很有幽默感。在这里,他解释了为什么亚马逊允许好评和差评,以及为什么客户会本能地知道该关注哪些评价。
	"他们已经打包好了我们的东西,然后他们想知道要把它们运到哪里去。我告诉他们,就向西走吧,明天给我打电话,我们会告诉你目的地。"	贝佐斯讲了一个有趣的故事,讲述他和前妻麦肯齐从得克萨斯州驱车向西去创业的那一天的情景。正如前面章节所述,在英雄之旅的体系中,这是一个从普通世界跨越到冒险世界的例子。
	"我们心想,哇,这些打包桌子真的很好用!"	在亚马逊成立之初,贝佐斯和他的员工坐在地板上为数百个订单打包,这很不舒服。他太专注于按时将包裹送出门,以至没有意识到有一张打包桌子会有帮助。当有人提出这个建议时,贝佐斯不禁笑了,因为这是一个如此简单的解决方案。贝佐斯在他的演讲中添加了幽默的轶事,这是他接下来的20年里经常使用的一种策略。
主题知识	"在1994年的春天,互联网使用量每年增长2 300%……这种增长速度在细菌培养皿以外的地方是不可想象的。"	贝佐斯天生擅长数字,他通过将统计数据放入语境中,使其更容易被记住。

续表

优势	引文	备注
主题知识	"亚马孙河的流量是密西西比河的10倍。"	贝佐斯解释了公司名称"亚马逊"背后的隐喻。他还使用轶事和支持性研究来强化自己的信息。
	"我们的客户在做出选择时,以下因素非常重要:易用性……便利性……价格。"	这句话反映出贝佐斯对客户的深刻理解,显然他很了解客户的需求以及亚马逊将如何满足这些需求。

创造力是当今职场专业人士都渴望拥有的技能,但这项技能并不容易被教授。贝佐斯在其演讲生涯的早期就表现出了非凡创造力,这将是一项极具价值的技能。

现在让我们更深入地研究一下森林湖学院的演讲。虽然贝佐斯展现出了非凡的天赋,但在其他方面,他还有可提升的空间,这些方面包括信息和练习。他本可以花更多时间完善故事情节,练习演讲。在这次演讲中,贝佐斯的许多话语都过于冗长,他需要去看笔记,而且当忘了讲到哪儿的时候,他经常会结巴或停顿。这里有几个例子。

- "嗯,让我们看看。(低头看笔记)让我试着找些更有趣的故事。"(浏览笔记寻找故事)
- "所以,我们基本上就是这样,我想应该是在 1996 年 5 月,从那个时候开始,用了大约一年时间才推出一个网站。"
- "和简·奥斯汀同时代的那个人是谁来着?她一直很嫉妒她。啊,我现在想不起来了。"("勃朗特!"麦肯齐大喊道。)"是的,是勃朗特。顺便说一句,观众席上喊话的是我的妻子,她再一次拯救了我。"
- "最后,这是一场胜利……我不记得我已经用过哪个例子了。"(贝佐斯指着笔记告诉观众,他正在试图想起自己已经使用过的例子。)

你可能已经注意到了,这并不是一场流畅的演讲。但是贝佐斯在演讲时通过他的幽默感让观众捧腹大笑,并且很明显,关于演讲主题,贝佐斯拥有广泛而深入的知识。这篇信息量丰富的演讲是贝佐斯在 1998 年发表的,他的信息传递水平、演讲风格、语言表达能力在接下来的几年里都在持续改进。

演讲者的天然优势很重要,这些优势是我和同事瓦妮莎在与客户展开工作时确定基线的基础。如果在 1998 年森林湖学院的演讲中贝佐斯能够完善信息并多加练习,这次演讲的影响就会更加深远。我们发现,一位演讲者要想拥有掌控现场的自信,他每天至少要重复练习 10 次。

让我们来看看第二个例子,这是 2003 年贝佐斯发表的 TED 演讲。在这个演讲中,他的几大优势(创造力、幽默感和主题知识)仍然显而易见(见表 12.3)。

表 12.3　贝佐斯在 2003 年的 TED 演讲中展现的优势[4]

优势	引文	备注
创造力	"我们很容易把刚刚经历的繁荣和萧条类比成互联网淘金热。"	贝佐斯诠释了类比的力量,以及为什么应该用更准确的类比来取代淘金热。
	"这是在 2000 年超级碗上播放的一则广告。"	贝佐斯在演讲中创造性地嵌入了视频,用它来阐释他举的一个例子。
	"互联网和电力行业有很多相似之处。"	贝佐斯从大众常用的淘金热的隐喻过渡到他创造性的见解,阐明了与淘金热相比,互联网与电力更为相似。
幽默感	"时间到了 1852 年,好多人在想:'如果不去加州赚大钱,我会不会是地球上最蠢的人?'"	贝佐斯在演讲中穿插了一些轻松的小故事。在这里,他开玩笑地讲起在 19 世纪 50 年代,东海岸的人听说了加利福尼亚的致富故事后决定抛弃一切去加州发财。

续表

优势	引文	备注
幽默感	"这是电动领带夹,但它从未真正流行起来。我猜人们不想弄皱他们的领带。"	贝佐斯对过去的一些发明的诙谐评价让观众多次发笑。
主题知识	"左边这个人,理查德·贝弗利·科尔医生,他住在费城,却取道巴拿马。"	贝佐斯越来越会讲故事。在这里他讲述了一些人为了去加州寻找金子而放弃了优越的生活。
	"在顶峰时,旧金山港口被600艘船挤得满满当当。因为船只到达那里后,船员就会弃船去寻找金子。"	具体的船只数量使这个故事更有说服力,让人印象更深刻。
	"爱迪生电气公司,后来更名为爱迪生通用电气公司,最后成为现在的通用电气公司,它支付了所有这些挖掘街道的费用。"	细节增加了故事的可信度,生动地再现了整个事件。

在分析这篇贝佐斯于 2003 年发表的 TED 演讲时,我们可以看到他仍然拥有几年前就已展露出来的天赋,如果说有什么变化,那就是这些优势在这次演讲中以更突出的方式得到展现。改变最显著的变量是他的演讲方式。在森林湖学院演讲的前 60 秒中,贝佐斯使用了 7 次语气词"嗯"或"呃",而在 5 年后的 TED 演讲中,在前 60 秒他只说了一次"嗯"。在 TED 演讲中,贝佐斯也更少地去看笔记,表达也更简短。

让我们快进到 2019 年,来看看贝佐斯发表的关于太空探索和他的蓝色起源公司的主题演讲。我们可以看到,在发表了用电力的发展来隐喻互联网的未来的 TED 演讲的 16 年之后,贝佐斯利用与当年一样富有创造性的个人优势,创造了一场令人着迷的多媒体演示。

到 2019 年时,贝佐斯的演讲表现已大幅提升。他的句子犀利、准确、简洁。他看起来自在，从容不迫。他在表达主要观点后会停顿一下，以便听众充分消化和理解。贝佐斯的台词经过了精心设计，同时他也进行了充分的练习。

- "猜猜太阳系中最好的行星是哪个？我们已经向太阳系中的所有行星发射了机器人探测器。地球是最好的行星。它实力超群。这个行星真的很好。要是谈起金星我会刹不住车。"[5]
- "你不能选择你的激情，你的激情选择了你。"
- "看看地球，地球真是美得不可思议。"
- "它将成为一个美丽的居住地、一个美丽的旅游胜地、一个美丽的求学之所。"
- "是时候重返月球了，这一次是为了长驻。"
- "我今天在这里提出的显然是一个数代人的愿景。这不是一代人可以完成的事情。我们必须激励未来的几代人。"
- "我们要建造一条通往太空的道路，然后神奇的事情就会发生。"
- "我想激励那些未来的太空企业家，人们一旦获得解放就会变得非常有创造力。"
- "这个愿景听起来非常宏大，事实确实如此。这一切都不容易，所有的事情都很难。但是我要给你们打打气。所以想想这句话：天下大事，必作于细。"

贝佐斯写的句子清晰、简洁，有良好的结构。同时他的演讲方式富有感染力，幻灯片也极具视觉吸引力。相较于贝佐斯在1998年发表的冗长、不连贯、支离破碎的演讲，这次演讲要令人印象深刻得多。

所以，要想通过演讲给你的听众带来真正的激励，你就要努力发挥自己的优势，打造尽可能好的信息，进行充分的练习，直到你建立了掌控整个舞台的自信。

演讲者在其职业生涯中的每个阶段都有可以提升的空间，但只有少数演讲者会积极地投入其中。去努力成为这些脱颖而出的人中的一员吧。

实战演练

录制视频是一种简单而有用的工具，它可以帮助你评估自己的天然优势和需要改进的地方。拿起智能手机，录下自己练习演讲、销售演示、求职面试的视频。然后观看视频并进行自我评价，你也可以请信任的朋友或同事观看，并征求他们的意见和反馈。以下是观看视频时需要注意的一些方面：

- 你注意到自己具有哪些天然优势？（例如：创造性的语言、优秀的写作、精心设计的幻灯片、良好的姿势、强有力的声音、强烈的语气或抑扬顿挫的语调变化、能够增强信息的创造性故事等）。发挥自己的优势并充分利用它们。
- 你是否在表达观点时使用了太多的词语？下次练习可以删掉哪些句子？
- 你的幻灯片上是否有太多的文字？字体是否太小？如果你自己都看不懂这些文本，你的观众肯定也看不懂。
- 你是否使用了"嗯""呃""啊"这样的语气词？你是否以令人讨厌的、无用的短语来作为句子的结束？比如"你知道吗"或"对吧"。我们在日常对话中都会使用一些语气词，但是过多的语气词会分散观众的注意力。如果你在每次练习时都能找出可以去掉的语气词，那么在真正演讲的时候，你就会显得优雅而自信。
- 你的主题，也就是梗概是否清晰？你每次表达的主题是否一致？

录制视频是你可以随时使用的可提高你的公众演讲技巧的最佳工具。你会对你自己能发现的问题，以及从一个视频到下一个视频你所取得的进步感到惊讶。

乔布斯的魔力演讲

　　练习不是因为你很差劲才需要去做，相反，恰恰是因为你很棒所以才需要练习。优秀的沟通者本能地知道练习的重要性，总是抽出时间进行练习。

　　史蒂夫·乔布斯是我们这个时代最好的商业故事讲述者之一。乔布斯的那些著名的演讲都是团队协作的结果：他和他信任的团队一起进行信息优化、PPT制作和一次又一次的排练。和贝佐斯一样，乔布斯在他的职业生涯早期就展露出演讲方面的天赋，但几年后他才成为以主题演讲著称的有魅力的演讲者。乔布斯致力于探索和实践公众演讲技巧，经过多年的深思熟虑，才形成充满活力的演讲风格。

　　让我们来看一个拍摄于1978年的视频片段，观察一下年轻的乔布斯为自己的第一次电视采访做准备时的情景。在这个视频中，你可以看到工作人员正在帮助乔布斯准备一次远程采访。在短短的1分36秒的视频中，我们可以看到乔布斯当时是多么紧张。他的行为反映出他非常焦虑。例如，我们看到乔布斯：

- 经常把目光从地板移到天花板，再移向周围的人。
- 大口呼气并说了4次"上帝"。
- 用手指梳理头发。
- 紧咬牙关，尴尬地笑着，边磨牙边眯着眼睛看向上方的灯。
- 在椅子上左右旋转。
- 最后，询问洗手间在哪里，因为他感到不舒服。

　　乔布斯当时非常不舒服，这段视频看起来很令人难受。尽管他对在电视上演讲感到非常焦虑，但作为一位训练有素的沟通教练，我仍然能够在他的表现中发现一些天然的优势。

如果当时我是乔布斯的沟通教练，我要做的第一步是帮助他发现他可以利用的个人优势。这些优势确实把乔布斯变成了一位了不起的故事讲述者。例如，尽管很紧张，但他仍然能用自信的话语清晰简洁地进行谈话。他没有东拉西扯，而是开门见山。他表现出幽默感，声音语调强而有力。表 12.4 列举了乔布斯在这场他最早期的采访中表现出来的一些优势。

表12.4　史蒂夫·乔布斯在早期演讲中展现的优势[6]

优势	引语	备注
坚定自信的语言	"那是什么？（等着听问题）不。不。" "真的吗？你是认真的吗？" "可以给我拿点儿水吗？"	尽管在镜头前焦躁不安，但乔布斯在与幕后工作人员交流时，会避免使用模棱两可的话语，而是用具体、简单的评论或陈述。
幽默感	"快看！看，我上电视了！"乔布斯调侃地笑了笑。 "你还得告诉我洗手间在哪儿，因为我太不舒服了，我随时可能会呕吐。我不是在开玩笑！"他微微笑着说。	当一个人在紧张的情况下还能找到幽默感时，这是一个好的迹象，他在发展自己的公众演讲技巧时会拥有出色的幽默感。结果正是如此，乔布斯后来的演讲因充满幽默感、激情和富有个性而著名。
抑扬顿挫的语调	"这**不**是真的，**对吧**？" "好吧，在你准备好之前，我不必坐在这里，**对吧**？" "我**不**是在开玩笑！"	粗体字强调了视频中乔布斯提高音调和音量的部分。在这里，我们看到他能够通过声音变化来强调重点或表达情感。
简明扼要的语言	"看那个！" "看，我上电视了。" "你是认真的吗？" "我不是在开玩笑！"	从这个视频中不难找到类似的例子。乔布斯使用简洁的句子提出或陈述问题。一个句子的结束和另一个句子的开始都非常清楚。尽管有怯场的迹象，但是从他的表现中你已经能够看出他将成为一个遣词造句简单明了的写作者。

12 AMP 模型

经过多年的演讲和无数次的排练，乔布斯成了一位备受全球赞誉的公众演讲者。如果你观看他后期（1998—2007 年）在苹果公司的产品发布会，你很难相信他曾经是一位害怕出现在镜头前的演讲者。他没有坐立不安，也没有梳乱头发或焦虑地转来转去，更没有目光闪躲。同时，乔布斯保持了他在早期视频中显露出来的那些天赋：自信、幽默、声调变化和简洁。

2007 年，乔布斯发布了 iPhone（苹果手机），完成了有史以来最引人入胜、最令人难忘的一次商业演讲。乔布斯和他的演讲设计团队精心打造了一场信息丰富、引人入胜、妙趣横生的演讲。该演讲在优兔上的观看次数超过 8 000 万。在表 12.5 中，你可以看到乔布斯是如何将他的天赋转化为演讲中的闪光点的。

表 12.5　史蒂夫·乔布斯在 2007 年 iPhone 发布会演讲中展现的优势[7]

优势	引语	备注
自信的语言	"我们不仅改变了苹果，我们还改变了整个计算机行业。" "问题是，它们并不那么聪明，也不那么容易使用。" "两件事我们都不想做。" "我们将摆脱所有这些按钮，只做一个巨人的屏幕。"	乔布斯使用了自信的语言和主动语态。句子中包含主语、谓语、宾语。他很少使用被动句，删减了语气词和敷衍的词语，这些词语占用空间，但对推进故事情节没有帮助。
幽默感	"看这个。"（展示一张带有旧式电话拨号盘的智能手机的图片，观众笑了） "我们将使用一支触控笔。（停顿）不！（带讽刺意味的语气）谁会需要一支触控笔呢？你还得去买……然后你可能会弄丢它。糟糕透顶！" "我们发明了一项名为多点触控的新技术……嘿！我们已经申请了专利！"（观众笑了）	乔布斯不是在讲传统的笑话，而是用幽默的个人观察和轶事来娱乐观众。

续表

优势	引语	备注
抑扬顿挫的声调	"今天（停顿）我们推出了 3 款革命性产品。第一款是带触控的宽屏 iPod（苹果数字多媒体播放器）。第二款是革命性的移动电话。第三款是突破性的互联网通信设备。" "3 样东西（停顿）：带触控的宽屏 iPod、革命性的移动电话，以及突破性的互联网通信设备。（停顿）一个 iPod、一部电话和一个互联网通信器。" （节奏加快）"一个 iPod、一部电话，你听懂了吗？！这不是 3 个不同的设备。（停顿）这是一个设备。（停顿）我们称它为 iPhone。"	乔布斯在这部分演讲中的表现非常出色。他知道何时停顿、加快节奏和重复语句，因为他在演讲前已经练习了好几周。结果是他的演讲充满悬念和非凡的魔力。乔布斯真的让观众陶醉其中了。
简洁的语言	"今天，苹果将重新定义手机。" "这就是 iPhone。" "这行不通，因为按钮和控件不能改变。" "移动电话上的软件就像婴儿软件一样，不够强大。"	几乎每一行文字都干净简洁。大多数句子由简单的只有一到两个音节的单词组成。

2007 年的 iPhone 发布会发生在 1978 年电视采访近 30 年之后，30 年前我们看到的是一个非常不安和焦虑的演讲者，然而，乔布斯经历了一个不可思议的转变。他有一些与生俱来的天赋，但只有在对演讲信息进行专注的打造和刻苦的排练之后，他才成为世界上最令人赞叹的商业故事讲述者。

成为一名真正的、有魅力的演讲者的关键不是改变自己，而是拥抱使你与众不同的个人特质、发挥自己的优点和能力。我们所有人都有优点，它们是你一生中不会改变的品质。在此基础上，将你的精力放在两个你可以提升的变量上：信息和练习。如果你在这两个方面投入了精力，你就会成为一个令人赞叹的沟通者，这是必然会发生的。伟大的沟通者会花大量的时间练习，因为投入时间能使沟通者变得更好。用AMP模型提升你的演讲，结果会让你感到惊喜。

13 让使命成为你的口头禅

传道者热爱他们的产品,也热爱他们的客户。

——杰夫·贝佐斯

一个人所使用的口头和书面语言揭示了他的驱动力所在。一个词在过去30年里一直驱动着杰夫·贝佐斯,这个词在他致股东的信中出现了500次,现在已经被编进了亚马逊的DNA中,这个词就是:客户。

杰夫·贝佐斯会毫不犹豫地告诉全世界他最关心的事情是什么。在1997年写给致亚马逊股东的第一封信中,贝佐斯提到"客户"25次,这封信也为亚马逊的成功奠定了基础。"亚马逊运用互联网为客户创造真正的价值,并希望通过为客户创造价值,在已经成熟和巨大的市场中创造出一个生命力持久的商户网络。"[1]

根据贝佐斯的说法,在1997年,"客户至上"不仅是一种正确的战略,也是亚马逊公司生存所必需的基础条件。当时大多数美国人从未上过网,更不用说通过互联网购买产品了。从如何使用调制解调器到如何浏览网站，所有的事情都需要"极其详细"的解释。让客户拥有简单流畅的体验推动了亚马逊的快速崛起。

"客户至上"作为亚马逊的使命，在过去和现在都一如既往地驱动着公司关于业务的决策。但是，一项使命在公司的成长过程中不会自然而然地发展和壮大，它需要公司最高领导者不断地重复讲述，要让所有人的思想和行为都统一到公司的宏大使命上。1998年，贝佐斯明确了亚马逊的使命。他说，亚马逊致力于"成为世界上最以客户为中心的公司"。在接下来的23年里，贝佐斯成了亚马逊使命的首席传道者，他将这一使命变成了每个人都能背诵的口号。

重复的力量

哈佛商学院教授约翰·科特发现，大多数领导者在传达愿景时都存在沟通不足的问题，让沟通的努力再增加10倍都不为过。

"要让变革发生，需要有数百甚至数千人投身其中，甚至做出短期的牺牲。"[2]科特在《哈佛商业评论》中写道。"如果没有可信的、大量的沟通，领导者就无法俘获人心。"

杰夫·贝佐斯也是一位认同"关于使命的沟通，无论再怎样强调都不为过"的理念的领导者。在1998年的首次公开演讲中，贝佐斯全程62次提到"客户"这个词。然而，这次讲话只是个开始。在接下来的20年里，贝佐斯一直将客户置于沟通中最核心的位置。图13.1显示了24年间贝佐斯所写的全部致股东的信中出现最频繁的单词。可以看出，客户显然具有至高无上的地位。

正如我之前提到的，在1998年，"客户至上"作为亚马逊的官方使命得以确立。在那一年致股东的信中，贝佐斯解释了如何在这一使命的引领下做好公司各个层面的决策。"我经常提醒我们的员工要存

敬畏之心，"他写道，"每天早上醒来都感到恐惧，不是因为害怕我们的竞争对手，而是因为关注我们的客户。"³

在随后的一年中，贝佐斯进一步明确了公司的使命。他说，客户至上意味着亚马逊员工应该认真倾听客户的声音，为他们创造新产品，并为每个客户提供个性化的服务。后来，贝佐斯这样进一步阐述自己的观点：你不希望公司招来的是雇佣军，你需要被传道者包围。传道者关注使命。在"目标驱动"成为商业术语的多年之前，贝佐斯就告诉他的高管们要时刻关注亚马逊公司的目标，并雇用那些相信其使命的人。人们渴望在生活中找到意义，并愿意为一个使命值得推崇的公司工作。

图 13.1　贝佐斯 24 封致股东的信高频词出现的情况

"客户至上"的使命成为亚马逊文化的定义性元素，并团结了全球各地亚马逊员工的力量。亚马逊员工分布在 34 个不同岗位类别的工作中，包括市场营销、工程、运营、仓储、业务发展、人力资源、产品管理和软件开发等。无论应聘者申请哪个职位，亚马逊都会提醒他们，公司对客户的高度关注是亚马逊成为世界上最受尊敬的品牌之一的原因。客户至上是每个应聘者和每个亚马逊员工都应该知道也很难忘记的第一条领导力原则。这个原则的定义受到了早期贝佐斯致股东的信的启发,这封信这样写道:"领导者在工作时从客户开始逆向倒推。他们竭尽全力赢得并保持客户的信任。虽然领导者会关注竞争对手,但他们更关注客户。"

使命就是一切,而贝佐斯从不会让任何人忘记这一点。

就如同 DNA 是生命的蓝图,它包含了让我们成为我们自己的指令,一家公司的使命也是其从初创到成长的蓝图。无论从事什么工作或居住于何处,一个共同的使命将组织内的所有人都团结到一个共同的目标上。

要想使一个使命不被遗忘,还有什么方式比把使命转化为口号更好呢?口号是一种越重复就越有力量的陈述或标语,不断强化的沟通增强了口号的影响力。

认知心理学家把这种现象称为"曝光效应",这种现象意味着听到它的次数越多,你就会越喜欢它。也就是说,就公司的使命宣言而言,你听得越多,就会越喜欢它。如果你喜欢这个信息并将其内化,你就更有可能去实践它。口号使使命在心理上得到进一步强化,你无法忽视其存在。

杰夫·贝佐斯在传达使命时,不会犯沟通不到位的错误,而会充分强化该使命。

贝佐斯几乎在每一次接受采访、写备忘录、演讲和写致股东的信时都一遍又一遍地强调"客户至上"的口号,日复一日,年复一年,十年复十年。

在 1999 年接受美国消费者新闻与商业频道采访时,贝佐斯 21 次提到了公司的使命。由于采访只持续了 7 分钟,这意味着贝佐斯每 24 秒就会谈到"客户"这个词。虽然当时亚马逊的市值首次超过 300 亿美元,但贝佐斯提醒说,此时预测哪些互联网公司会脱颖而出还为时过早。他没有水晶球，但他对使命的坚定信念筑牢了他对亚马逊未来的信心。

"我不能做出什么保证，但我认为如果足够专注于客户体验，也就是提供丰富的选择、提高易用性、降低价格、提供更多的信息，再加上提供出色的客户服务，那么我们成功的概率就会大大提高。"[4]

"你们是一家纯互联网公司吗？"美国消费者新闻与商业频道的记者问道。

"纯粹的互联网公司，但这并不重要。一家专注于客户体验的公司才值得你去投资。"

然后，贝佐斯在访谈中使用了强有力的修辞手法来强化并突出他的关键信息。他用下面的话结束了访谈：

如果只有一件你需要知道的关于亚马逊的事情，那就是这家公司"全方位、深刻地关注客户体验"。

实战演练

当你以"如果只有一件你需要知道的事情，那就是……"开启一段话时，接下来的内容就是你的听众会记住的内容。他们会记下这个信息并与他人分享，这就好比你在他们的大脑中对这个信息做了标记。以下是一些可以替换这句话同时能突出你的关键信息的句式：

- "你需要知道的最重要的事情是……"
- "如果听完这个演讲，有什么事情你应当记住，那就是……"
- "我可以告诉你的是……"

既然你的听众在寻找一个路线图，那就引导他们朝着你想去的方向前进吧。

与大多数领导者不太重视传达公司使命的情况不同，贝佐斯不断重复他的口号，直到每个人都能将其内化于心。他以目标为导向的观点激励他与其他同样热爱这一使命的人合作。其中的一位合作伙伴是一位企业家，他的公司因其创始人向每个客户传递幸福的愿景而闻名，这家公司就是美捷步。

将使命转化为口号

"当我遇到一家以客户为中心的公司时我会激动万分。"[5] 贝佐斯曾这样谈起亚马逊以 12 亿美元收购的在线鞋店美捷步。

美捷步的 CEO 和企业文化大师谢家华几年前曾拒绝过贝佐斯的收购邀约。谢家华在美捷步创造了传奇般的企业文化，使这个品牌成为卓越客户服务（线上或线下）的代名词。谢家华认为自己在美捷步不只是在从事一份工作，也是在传递一种使命。

2009 年 4 月，谢家华飞往西雅图和贝佐斯进行了一个小时的会面。据谢家华所说："我向他展示了有关美捷步的标准 PPT，主要是关于我们的文化。在演示的末尾，我开始谈论关于幸福的科学，以及我们如何尝试通过它更好地为我们的客户和员工服务。"[6]

贝佐斯打断他的话并问道："你知道人们非常不善于预测什么会让他们感到快乐吗？"

谢家华回答："是的，是这样的，但显然你很擅长预测 PPT。"

贝佐斯所预测的与谢家华下一张幻灯片的内容完全一致。

谢家华说："从那一刻起，气氛变得更融洽了，亚马逊似乎很欣赏我们的企业文化，以及我们强劲的销售。"

贝佐斯录制了一段内部视频来宣布对美捷步的收购。在视频中他没有使用 PPT 或花哨的图表，而是边说边指着一张简单的挂图。

"我们犯过错误，我们也学到了一些东西，"[7]他说，"但我知道的是：你需要关注客户。这也是我们从一开始就在做的事情，这也是亚马逊今天还能存在的唯一原因。当让我们选择痴迷于竞争对手还是客户时，我们总是选择客户。我们喜欢从客户的需求开始，然后逆向工作。"

收购完成后，谢家华继续担任美捷步的 CEO，年薪降至 3.6 万美元，在接下来的 11 年里，他一直担任这一职务。离开一份工作很容易，但放弃自己的使命很难。

2020 年 11 月，谢家华在一场房屋火灾中不幸去世。

得知谢家华去世的消息后，杰夫·贝佐斯写道："你走得太早了，你的好奇心、远见和对客户的无尽关注在这个世界上留下了不可磨灭的印记。"

"让我们成功的首要因素是对客户的痴迷，而不是对竞争对手的痴迷。"贝佐斯在 2018 年接受彭博电视台采访时告诉大卫·鲁宾斯坦，"如果能专注于客户而不是竞争对手，这对任何公司来说都是一个巨大的优势。"[8]自 1994 年成立以来，亚马逊从一家在西雅图车库里起家的仅有 11 名员工的公司，发展成为在全球拥有 160 多万员工的大企业，并与美国经济紧密相连。其间亚马逊发生了许多变化，但是有一件事情从公司成立的第一天起就始终没有变过，那就是坚持不懈地专注于亚马逊的使命，这个使命由其创始人和继任者持续推动。

当 AWS 前任最高执行官安迪·贾西被任命为亚马逊历史上第二任 CEO 时，有记者找到亚马逊的早期投资者约翰·多尔。他们问多尔："亚马逊是否即将失去竞争优势？"多尔回答说，在他看来，在贾西的领导下亚马逊将继续蓬勃发展，因为公司的使命和口号已经内化于新的领导层的心中。多尔对亚马逊的未来充满信心，因为"客户至上"在其文化中已经深深扎根。自创立以来，亚马逊一直如此，从未改变。

使命至关重要。商业领导者经常面临的一项艰巨的任务，就是让每个人都围绕一个共同的目标团结协作。远程办公让这个任务变得更加困难，因为信息将不得不在多人以及多部门之间传递，你的信息会变得模糊或被忽略。解决方案是明确你的使命并不断重复它，直到你自己都说厌了。一旦你的团队成员开始使用你的话语，并依照你传达的信息采取行动，那就意味着他们已经内化了这个使命。这时，你已经成功地打造出一支能为你冲锋陷阵的传道者队伍。

在接下来的部分中，你将学习如何确定一个使命，以驱动你在商业和生活中做出决策和选择。我还将为你提供一些将使命转化为口号的具体方法和技巧，让每个人都朝着一个宏大的、梦幻的、不可抗拒的目标前进。

乔布斯：永远聚焦产品和沟通

亚马逊的飞速发展为其在1997年成功上市铺平了道路。与此同时，位于西雅图以南800英里处，一家由另一位具有远见卓识的企业家所创建的公司却濒临破产。

离开苹果12年后，史蒂夫·乔布斯回到了这家由他一手创办的公司，但是，他发现公司已经陷入财务困境。乔布斯意识到苹果的上一届领导层已经给公司造成了严重的损害，公司正在"流失大量的资金"。在亚马逊增加员工的同时，苹果却在裁员，当时苹果已经裁掉了4 000名员工，占员工总数的1/3。

乔布斯诊断出了问题所在。他认为，苹果背离了其核心使命，也就是制造令客户满意的、设计美观的计算机产品。乔布斯表示，苹果公司的产品中有30%是优秀的"宝石"，但其余的70%是非常糟糕的产品，这些糟糕的产品正在消耗苹果宝贵的资源。

在1997年10月2日美国消费者新闻与商业频道的采访中，乔布斯表示："如果你在顶端把事情做对了，那么底端的事情，也会向着正确的方向发展。"[9] 乔布斯认为，如果一家公司有正确的战略、合适的人才和正确的文化，产品销量也会随之而来。乔布斯说，作为一名领导者，他的重点将始终集中在产品和市场沟通策略上。他说，苹果员工必须团结在一个共同的使命周围，重新致力于苹果的价值观。在那个时候，他的工作是清理掉"杂草和灌木"，这样员工和客户就能看到前进的方向。

苹果员工需要的不仅仅是一次激励演讲，他们需要知道，他们工作的意义要大于他们自己，他们的日常工作就是要完成公司的使命。他们渴望有意义的工作。

9月23日，也就是在美国消费者新闻与商业频道的节目播出之前的几天，乔布斯在一次内部会议上向苹果员工发表了一番讲话。当时乔布斯回到苹果刚刚8个星期，但是他知道自己必须做什么，那就是：用一个使命和口号来激励团队。

在会议的一开始乔布斯这样说道："我们将通过打造出色的产品和出色的市场营销重新回归苹果的本质。"

在演讲中，乔布斯首先提醒在场的员工，苹果拥有的品牌价值"和耐克、迪士尼、可口可乐、索尼处于同等水平"。[10] 但即使是一个伟大的品牌，"如果要保持其意义和活力"，也需要投入和关注。

乔布斯说，为了让品牌重回伟大，苹果内部必须停止谈论"速度和吞吐量、MIPS（百万条指令每秒）和兆赫"这些词语，因为客户并不关心这些。客户关心的是自己的目标、希望和梦想。

随后，乔布斯用一系列修辞性问句发问：苹果是谁？我们代表什么？我们要去哪里以及为什么要去？我们想让客户了解我们什么？

13 让使命成为你的口头禅

他说，苹果不是在"为人们制造能帮他们完成工作的盒子"，"我们的核心价值观是，我们相信有激情的人可以让世界变得更美好，而我们正在为这些人制造工具"。

在乔布斯发表演讲时，他能否成功实在难以预料。那年夏天早些时候，乔布斯曾向他 10 年前收购的动画工作室皮克斯的管理团队表达了他的忧虑。乔布斯告诉他们，他可能无法拯救苹果，但他必须去尝试。乔布斯坚信，如果苹果能够存活下来，这个世界会变得更美好。公司的使命激发了乔布斯重振品牌的愿望。乔布斯说，如果他能团结所有人支持这个使命，苹果就有更大的机会存活下来。

亚马逊是企业史上最伟大的成功故事之一，而苹果是企业史上最伟大的复兴故事之一。在乔布斯向员工发表这次演讲的 23 年后，苹果成为首家市值达到 2 万亿美元的美国公司。所以，使命至关重要。

为什么乔布斯使用 190 磅字号

对于盖伊·川崎来说，他的前任老板史蒂夫·乔布斯教会了他许多简化信息的方法。川崎认为一个叫人着迷的使命可以用寥寥数语表达出来。一个关于使命的陈述应该有多短？它应该短到能够用 190 磅的字在一张 PPT 上呈现出来。

190 磅字号规则是川崎从史蒂夫·乔布斯那里学到的一个技巧。大多数人会在一张 PPT 上塞满微小字号的文字。包括川崎在内的 PPT 设计专家认为，PPT 上的文字不应该小于 30 磅。在大字体这一点上，史蒂夫·乔布斯更为大胆。为什么？据川崎说："道理很简单：更大的字体更容易阅读！"[11]

是的，更容易阅读。如果人们看不清你的使命陈述，那么即使它措辞精巧也没有用处。史蒂夫·乔布斯使用更大的字体还有一个策略性原因：大字体将迫使演讲者用更少的词来表达自己的观点。正如你在第 3 章学到的，删除多余的词语能让剩下的文本更有力量。

1997 年，史蒂夫·乔布斯向他的员工揭示了苹果的核心宗旨："那些疯狂到想要改变世界的人才能改变世界。"史蒂夫那张 PPT 上唯一的文字是："向那些疯狂的人致敬。"

领导者必须清晰表达公司目标

"高效的公众演讲和沟通技巧对领导者来说一直都非常重要。"[12] 全食超市的联合创始人约翰·麦基说，"公司的目标是基础，将人们与目标联系起来是一位英明的领导者的首要任务。"

目标不仅仅是一个口号，虽然它经常会成为公司的口号。麦基写道："如果一个组织的目标还没有被清晰地表达出来，那么发现它的关键，是分辨公司价值主张内在的善。"

换句话说，企业的目标不一定是你销售的产品或服务。目标应该是你们的工作将如何使社会变得更美好，并提高客户的生活水平。

从 1980 年麦基与人联合创立全食超市的那天起，这家连锁企业的目标就是"滋养人类和地球"。在亚马逊于 2017 年以 137 亿美元收购全食超市后，这一使命始终贯穿在品牌的传播和麦基的采访中。

麦基表示，企业间的合并就像一场婚姻。对全食超市和亚马逊来说，两家公司先是一见钟情，随之而来的是热恋。3 年后，当我采访麦基时，这场婚姻仍然很健康。

麦基表示，在两人初次见面时他就非常钦佩杰夫·贝佐斯。两位企业家之间有许多共同点，其中的一点就是都在打造以使命为导向的品牌。

和它的婚姻伴侣一样，全食超市从一开始就是以使命为导向的。

其使命是通过激励人们吃天然健康的食品，让世界变得更美好。

在孜孜不倦地呵护了这家公司44年后，麦基宣布退休。但他一如既往地称自己是全食超市"目标的拥护者"，他认为每个领导者都应该有这个称号。麦基认为："每家公司都需要能使公司的高尚使命得以持续的人……要想激励人们或者改变组织，最有效的方法就是把企业的使命融入日常工作。"[13]

数据支持了麦基的观点。

"以目标为导向的公司拥有更高的生产力和增长率，"[14]德勤咨询公司的一份报告称，"以目标为导向的公司还展现出比竞争对手高30%的创新水平和40%的员工保留率。"德勤咨询公司的研究发现，如果领导者和公司未能向客户、员工、合作伙伴和投资者讲明白公司的目标，"就会面临落后或完全失败的风险。与上一代人相比，年轻的消费者在成长的过程中有更深刻的目标感，他们会寻找与自己价值观相符的品牌，这一趋势只会进一步加强"。

实战演练

成功的战略始于一个清晰、令人信服、可被重复的使命。语言很重要，因为语言定义了你的行动，行动定义了你的结果。所以要使用精确的词语和口语化的语言去表达你的使命，这个表达应该让你感到舒适并能够多次重复。精简你的使命，直到能在5秒钟内说完（12个单词或更少）。亚马逊是美国最大的公司，但其使命用寥寥数语就能表达：成为世界上最以客户为中心的公司。

世界上许多最成功的品牌的领导者，都能够清晰、一致、频繁地表达公司崇高的使命。例如：

耐克：将灵感和创新带给世界上的每一位运动员。

联合利华：让可持续生活触手可及。

特斯拉：加速世界向可持续能源的转变。

TED 演讲：传播一切值得传播的思想。

Twilio：打造通信的未来。（Twilio 创始人杰夫·劳森曾在亚马逊 AWS 部门担任高管，他在亚马逊学到了使命的力量。）

让你的使命变得简短，让每个字都有意义，不断重复，直到你听腻为止，然后继续重复。

新冠病毒感染疫情提醒我们，未来唯一确定的事情就是一切都是不确定的。随着领导者在工作场所中面临越来越多前所未有的变化，他们应该重新致力于阐明公司的目标，并尽可能生动频繁地传达目标。麦基提醒我们："更高的目标就像一个有生命的东西，必须加以培养。"[15]在企业发展的每一步，领导者的角色都是去寻求、完善和捍卫这个目标。"

休伯特·乔利很赞同麦基的看法，即公司的"崇高目标"可以取悦客户、吸引员工、回报股东。但是，目标需要倡导者的支持。作为零售商百思买的 CEO，乔利出人意料地与亚马逊建立了合作伙伴关系，这震惊了整个商界。乔利听说过亚马逊将如何改变消费者的习惯，并终结大型电子产品商店的存在。但是，乔利并没有把亚马逊视为一种生存威胁，相反，他决定在百思买展示亚马逊的产品，以建立一种互惠关系。乔利在他的书《商业的核心》中分享了百思买的转型细节。

乔利说："百思买通过技术丰富生活的崇高目标释放创新和增长的巨大潜力。"[16]乔利指出，只有领导者充当了品牌的首席故事官和目标拥护者，员工才会团结在一个崇高的目标周围，客户才会深深认同这个目标。乔利写道："讲述日常故事，如讲述员工、客户、社区的故事，以及他们如何影响彼此的生活，可以培养我们的目标感，并让我们与我们的工作地点和合作对象建立联系。"

你的员工想知道为什么他们很重要，为什么他们的工作很重要。所以，领导者需要在所做的一切事情、所写的一切内容和所说的每一句话中展示企业的目标。一旦认同你的目标，人们就会受到激励去实现它。

领导者必须清晰传达公司使命

1957年10月31日，万圣节。上午9点，一次变压器爆炸事故造成明尼苏达州和威斯康星州部分地区电力中断。大部分家庭的供电在当天晚上得以恢复。夜幕降临，门廊的灯亮了起来，孩子们走上街头，像往常的万圣节一样玩起了"不给糖就捣蛋"的游戏。但是，有些人却没有那么幸运。

一些在医院刚做过心脏手术的患者，需要接上心脏起搏器来调节心跳。那时的心脏起搏器是又大又笨重的盒子，需要时刻连接到电源插座上。那个年代的新闻剪报显示，病人能离开病床的距离就是电线的长度。

今天的心脏起搏器是直接植入患者心脏的。不幸的是，1957年，一些接受心脏手术的患者因停电而死亡，其中包括一名儿童。

这个事件让一名在明尼阿波利斯车库里修理医疗设备的技师厄尔·巴肯受到了触动。他把自己关到工作室里，疯狂地工作了4周。当他走出车库时，世界上第一个由电池驱动的心脏起搏器诞生了。巴肯说："我们不能再因为断电而失去一个孩子了。"[17]

一年后，巴肯和他的美敦力公司发明了第一个可植入的心脏起搏器。今天，美敦力的产品每秒钟就能挽救两名患者的生命。

那么，巴肯是如何将一个第一个月仅赚了8美元的一人维修店发展成一家价值 1 500 亿美元的医疗设备公司的？

正如巴肯所说，一切始于一个令人不可抗拒的使命。"我们的使命指导着我们的日常工作，并不断提醒我们，我们每年都在改变数百万人的生活。"[18] 他说。

十几岁的时候，巴肯就立志用科学帮助人们，这是他一生的使命。这是一个模糊的梦想，但是很远大，激发了巴肯作为发明家的好奇心。当他迫切需要一个使命宣言时，他已经是一位使命宣言的信仰者了。

1960 年，巴肯的公司陷入财务困境。公司的收入都不足以支撑他制造医疗设备所需的人力成本。巴肯向银行申请贷款，但大多数银行都拒绝了他。

有一家银行批准了这笔贷款，但条件是巴肯要允许银行指定的一个人加入美敦力董事会监督公司的财务状况。该董事会成员加入后，他建议巴肯坐下来，拿起笔，写下一份关于他想让这家公司代表什么的宣言。

巴肯早期的宣言草案被董事会驳回。在接下来的两年里，他继续根据董事会的建议修改这份宣言。

1962 年，巴肯和董事会确立的这项使命宣言至今仍指导着美敦力公司的决策。

美敦力使命宣言完整的表述是：

通过对将生物医学工程学应用于缓解疼痛、恢复健康、延长生命的仪器或设备的研究、设计、制造和销售，为人类福祉做出贡献。

美敦力的员工都能熟记的简短版本是：

缓解疼痛、恢复健康、延长生命。

在巴肯 94 岁去世前不久，他为员工录制了一段视频。视频中他重述了公司的使命，并提出了一个请求："我恳请你们把它作为你们的人生哲学。"[19]

时至今日，美敦力是全球最大的医疗器械制造商。公司拥有 9 万多名员工，开发和销售用于治疗 70 种健康问题的产品和治疗方案。尽管员工分布在 150 个国家，但他们都团结在公司的共同使命之下。

巴肯说，当员工可以直接看到他们的工作为数百万患者带来真正的益处时，"人们会对自己的努力感到欣慰"。

这一点得到了外界的肯定。《华尔街日报》称美敦力是全球运营得最好的公司之一，《财富》杂志称美敦力是最受钦佩的公司之一，而《福布斯》将美敦力评为最受应届毕业生欢迎的公司之一。

美敦力的员工很容易记住公司的使命，因为美敦力会将这个使命宣言刻在颁发给员工的纪念章上。自 1974 年以来，美敦力在全球各地的分部都会举行"纪念章授予仪式"。该仪式是一个关于公司使命的庆祝活动。新员工将获赠一枚印有公司使命的纪念章，这个纪念章不断地提醒他们，他们正在从事一份有重要价值的工作。纪念章将使命转化为一个物理象征，将人们团结在一起，实现共同的目标。在下一章中，你将了解更多关于象征的知识，以及如何通过它们提醒人们关注公司的使命。

你的使命将帮助你改变世界

迈克尔·莫里茨乐于投资那些被其他人忽视的疯狂想法，包括由两个人在车库里创建的苹果公司。他那传奇般的风险投资公司红杉资本还投资了谷歌、爱彼迎、贝宝和通信应用程序 WhatsApp 等。

"那些做出杰出成就的人往往痴迷于他们正在做的事情。"[20] 莫里茨曾在接受《福布斯》采访时告诉我。莫里茨将"痴迷"定义为被一个想法深深吸引，别无选择，只能去追求它。这是一种你挥之不去、在夜晚追随你、在白天陪伴你的想法。杰夫·贝佐斯曾说，痴迷是一种会让你满怀激情地去相信的想法。他补充说，你不用去追逐激情，它们会自己找上门来。

我们现在已经知道贝佐斯挥之不去的痴迷是什么了。我们还知道苹果、全食超市和美敦力公司的创始人痴迷于远大于产品的使命，在这个使命的推动下，他们白手起家，最终改变了世界。

你的使命将不同于别人的使命。使命是明确而独特的，它只属于你一个人。一旦你确定了自己的使命，你就要去分享它、宣扬它。把你的使命大声喊出来，在社交媒体上发布它、宣布它，让你自己活在使命中。最重要的是，让它进入每一个与你相遇的人的心中，你可能会激励他们加入你完成使命的旅程。任何值得为之奋斗的理想都很难由一个人单独实现，所以你需要吸引最聪明、最优秀的人，让你完成使命的旅程变成一个人们无法拒绝、乐意加入的冒险之旅。

14 用象征强化沟通

象征可能是非常强大的。

——杰夫·贝佐斯

杰夫·贝佐斯正在打造一座你无法在亚马逊网站上买到的钟表——万年钟。这座 500 英尺高的时钟坐落在得克萨斯州西部的一座山里。迄今为止,建造这座复杂的机械时钟的花费已经超过 4 000 万美元,它将为未来的 1 万年计时。工程师把这座时钟设计为每年只走劲一次,每千年才敲响一次。

在你认为这是个古怪的霍华德·休斯式的突发奇想之前,请先听听贝佐斯关于万年钟的想法:

这座时钟是长期思考的象征。象征之所以重要,有以下几个原因。首先,如果我们思考长远,我们可以完成我们无法完成的事情。如果我对你说,我要你在 5 年内解决全球饥饿问题,你会断然拒绝这个挑战。但如果我说,我要你在 100 年内解决全球饥饿问题,这件事情就变得更有趣了。你会先创造条件，让这种变化能够发生。我们没有改变挑战本身，我们改变的只是完成挑战的时间范围。时间范围很重要，很重要。我要指出的另一件事是，在技术方面，我们人类正变得非常复杂，这有可能给我们自己带来很大的危险。在我看来，作为地球上的一个物种，我们必须开始考虑一些长期的问题。所以，这座时钟是一个象征，我认为象征可能是非常强大的。"[1]

贝佐斯创建了一个网站，让公众随时了解时钟工程的最新进展，但要去参观这座时钟并非易事。距离时钟最近的机场到那里也要几个小时的车程，下车后你还需要沿着一条崎岖的山中小路攀爬2 000英尺才能到达。但不要为很快就能看到这座时钟感到兴奋。根据贝佐斯的说法，这个时钟在"未来很多年"都不会建造完成。[2]

贝佐斯表示，比竞争对手考虑得更长远，是推动亚马逊创新引擎的支柱之一。这座巨大的时钟是一种象征，是从长期角度思考的哲学的物理象征。

象征是一种强大的沟通策略

曾经担任亚马逊高管并合著了《亚马逊逆向工作法》的比尔·卡尔说，创造了亚马逊文化的秘诀由4个因素构成：客户至上、长期思考、渴望创新以及以卓越的运营为荣。"亚马逊从未动摇过对这4个核心原则的承诺。"[3] 在很大程度上，它们是亚马逊在2015年成为世界上最快达到年销售额1 000亿美元的公司的原因。"

卡尔说，拥有超过1亿观众的亚马逊流媒体视频网站Prime Video是10年研究、开发和内容获取的成果。卡尔表示："拥有长期视野对打造一个宏大而持久的项目至关重要。如果一个想法在一个季度或一年内没有产生回报,许多公司就会放弃它。而亚马逊会坚持推进那些5年、6年、7年的计划,在保持投资可控的同时不断学习和改进,直到项目获得成功和认可。"

我们在前面的章节介绍过,在担任亚马逊CEO期间,贝佐斯始终通过书面和口头表达来提醒员工亚马逊的核心价值观。除此之外,他还会使用第三种强有力的沟通策略:象征。

贝佐斯很喜欢使用宏大的象征,比如万年钟,他也很喜欢使用影响力很大的小象征。在高水平的沟通者手中,一把空椅子也能够被赋予重大的象征意义。

"在亚马逊发展的早期,贝佐斯在会议室的桌子旁留了一把空椅子,"[4]约翰·罗斯曼说,"它存在的意义是告诉所有与会者,他们应该把这个座位视为客户,即房间里最重要的人。"罗斯曼曾在亚马逊与贝佐斯密切合作,在公司发展中发挥了至关重要的作用。他曾领导推出了亚马逊在线市场,现在占亚马逊网站总销量的50%。这把椅子对罗斯曼产生了深刻的影响,他永远都不会忘记这个象征及其传递的信息。

这把椅子的作用,是将每次讨论都与"什么对我们的客户最好"这个问题关联起来。根据罗斯曼的说法,这把椅子是亚马逊许多经过精心设计的、具有高度象征意义的事物之一,这些事物旨在重复核心信息,强化亚马逊的领导原则。在空椅子这个例子中,它代表着每个决策都必须从客户的角度加以考量。

富有感召力的领导者通过激情、目标和愿景来传达信息,他们使用隐喻和类比、故事和轶事来表达他们的想法。象征也是他们的修辞工具。象征能唤起强大的感官体验。我们的感官在进化中获得了协同工作的能力,例如视觉能影响听觉,嗅觉能影响味觉,因此,当几个感官同时受到刺激时,我们的学习效果最好。

象征就是能代表一种思想的事物（图像、物体或地点）：时钟代表长远的思考，空椅子代表客户的声音。象征早于语言，这就是为什么说象征主义在古人的大脑中根深蒂固。即使是最普通的物品也可以用来表达深刻的思想。比如，门什么时候就不是门了？答案是：当它变成一张桌子时。

1998年夏天，里德·哈斯廷斯和马克·兰多夫在推出网飞两个月后，受邀前往西雅图与贝佐斯见面。尽管亚马逊一直专注于图书业务，但贝佐斯有一个构建"售卖一切的商店"的愿景。售卖音乐和视频将是顺理成章的下一步。

兰多夫回忆说，他对亚马逊稀疏零散的办公场所感到惊讶。虽然亚马逊是一家年轻的初创公司，但当时已经拥有600名员工。然而，与那些优雅的、有着整齐的办公桌的公司不同，亚马逊员工在由回收的旧门制成的桌子上工作，门板上曾经装把手的孔洞现在用圆形木塞堵上了。

"好吧，杰夫，"[5] 马克笑着说，"这些门是怎么回事啊？"

"这是一种有意传达的信息，"贝佐斯解释说，"公司里的每个人都在使用这些由门做成的桌子。这是一种表达方式，意味着我们要把钱花在影响客户的事情上，而不是花在无关紧要的事情上。"

当时，贝佐斯提出以1 500万美元收购网飞。马克是位连续创业者，他认为这个报价能给网飞创始团队带来丰厚的收益。但是，网飞现今的CEO里德·哈斯廷斯说服马克放弃了这个想法。他们还不想把这家年轻的初创公司交出去。最后他们决定拒绝这个报价，并"轻松而礼貌地"拒绝了亚马逊。

尽管当时网飞的创始人还没有准备好出售公司，但在此行中贝佐斯给他们留下了深刻的印象。马克回忆说，贝佐斯的愿景激发了人们的忠诚。贝佐斯通过他所说的话、他所写的文字和那些让这些话变得生动的象征来传达他的愿景。

强大的象征有多种形式。

象征的多种形式

视觉象征是人们能够看到和触摸到的图像或物体。例如硬币和旗帜是视觉象征，空椅子和门做成的桌子也是视觉象征。

听觉象征是你听到的声音。激励人心的音乐或团队的欢呼都是听觉象征。在亚马逊初创时期，敲钟表示完成一笔销售。起初，当公司每天有6个订单时，这是一种激励。后来，随着公司销售额的飙升，钟声从激励转变为令人心烦意乱的打扰。所以，这个象征在亚马逊的寿命很短。

空间象征是具有特殊意义的地点和空间。一座建筑物或一个空间可以讲述一个故事。在亚马逊，贝佐斯在一栋名为"第一天"的大楼里工作。当他搬到其他的办公楼时，这个名字也随之被用来命名新的办公楼。这个简单的短语凝聚了初创公司的情感活力，并提醒人们，无论组织发展到多大，都要保持初学者的心态。

沟通可以用不同的语言来实现，象征主义也是一种重要的语言。金钱能给人以激励，但研究人员发现，意义也是一个强大的激励因素。在《觉醒领导力》一书中，全食超市联合创始人约翰·麦基写道："为了成功地用一个宏伟的目标来指导和激励组织，这个目标必须时刻保持在人们意识的最前沿。杰夫·贝佐斯就是一个很出色的例子。在亚马逊发展的早期，他在会议中会留出一张空椅子来代表客户，以此传达亚马逊的既定目标——成为'世界上最以客户为中心的公司'。像这样的实物标志可以有力地提醒每个人，并将公司的使命融入每个人的决策。"[6]

激励一群人去完成不可能的事情，这是可能的。但是，实现这个目标需要你尽可能地运用沟通工具包中的每一件法宝。所以，请把象征这个法宝时刻放在你的桌子上，即使你的桌子实际上是一扇门。

15 让数据人性化，以创造价值

人类并不擅长理解指数级增长。

——杰夫·贝佐斯

2 300%，这个数字对你来说可能意义不大，但它曾给杰夫·贝佐斯留下了深刻的印象。受这个数字的启发，贝佐斯创办了一家几乎触及你生活方方面面的公司：从你购物的方式，到你娱乐消费的方式，再到你与全球数百万政府、大学和企业进行数字交互的方式。

1994年的春天，当时贝佐斯还在华尔街投资公司 D. E. Shaw 工作。有一天，他的老板交给他一项任务：研究互联网的商业潜力。当贝佐斯浏览堆积如山的研究论文时，一个小发现引起了他的注意：互联网的使用量正在以 2 300% 的速度增长。他后来称这是一个警钟，因为"惯常的事物不会以如此快的速度增长，这极其不寻常"。[1]

贝佐斯是在一份名为《矩阵新闻》(Matrix News) 的计算机系统网络月刊上看到这个统计数字的。虽然其他人也看到了同样的数字，但贝佐斯立即理解了这个数字的意义。他后来说："人类并不擅长理解指数级增长。"

贝佐斯是对的。通过神奇的复合增长，一开始看起来很小的数字可以变成巨大的数字。阿尔伯特·爱因斯坦称复合增长为"世界第八大奇迹"。复合增长解释了为什么以7%的回报率每个月投资25美元，40年后投资的总价值会变成6.5万美元，即使你只投入了1.2万美元的本金。同样的道理也解释了为什么当全球只有几个新冠病毒感染病例被报道出来时，病毒学家就已经拉响了警报。如果1个患者感染了2个人，那么2个人就会感染4个人，4个人就会感染8个人，以此类推。指数级增长解释了为什么美国在2020年1月21日报告了第一例新冠病毒感染确诊病例，5周后就出现了严重的疫情。

指数级增长与线性增长不同。大多数人都熟悉线性增长：如果你家花园里每天能结3个番茄，那么今天你会得到3个，明天得到6个，第三天得到9个。2周后，你可以自豪地说，你家花园里总共结出了42个番茄。

指数级增长则更难以理解。我们假设来到一个假想的神奇花园中，在那里你发现了一种加速番茄生长的秘密肥料配方：每个番茄能生长出另外3个番茄，新生长出的每个番茄又能生长出3个番茄，以此类推。经过两周指数级的增长，你将需要一个能装下1 594 323个番茄的更大的花园。

这种加速度普遍被误解，心理学家甚至为误解起了一个名字：指数级增长偏差。这是一个简单的数学错误，低估指数级增长会导致现实的后果，但如果我们能认识到指数级增长并对其加以利用，它会带来巨大的机会。贝佐斯能够理解指数级增长，认识到其意义，并利用数据背后的故事创建了一家伟大的公司。

只有当人们能够理解数字背后的故事时，数据才能引导行动。

提炼受众需要的关键数据

尽管人类的大脑能够实现极其惊人的想象和信息处理，但它也有局限性。它根本不适合处理大的数字。

据互联网数据中心（IDC）估计，全球数据总量以 60% 的年复合增长率增长，将从 2018 年的 33 泽字节增长到 2025 年的 175 泽字节。如果没有任何背景信息，我们可能无法理解这个数字。换句话说，175 泽字节相当于 1 万亿千兆字节。还是不明白？我们试试另一种方式：如果你将 175 泽字节存储在 DVD 上，那么这些光盘叠起来的长度可绕地球 222 圈。[2]

我们试图去说服的人正受到越来越多的数据的轰炸，他们每天接收的信息比他们的大脑能够处理的信息要多得多。我们的大脑进化出了处理从 1 到 7 的非常小的数字的能力，而无法应对每天扔给我们的那些令人难以置信的数字。但是，这些数据或信息包含着宝贵的洞见，而这些洞见将改变每个领域、每个企业和每个人的生活。数据将推动创新的浪潮，推动从医疗保健、制造业、可持续发展到世界其他各个方面的突破，但前提是，人们能够弄清楚数据的含义。

说到数字，抓住人们的注意力并说服他们采取行动的秘诀，不是用更多的数字、统计值和数据点来淹没他们。秘诀是保持冷静，然后仔细选择并确定你的受众需要了解的最重要的数字。下一步就是使数据具有相关性。

回忆一下我们在第 6 章谈过的内容，人类大脑是一个类比机器，不断地将新的、抽象的事物与旧的、熟悉的事物进行比较。当你将你的新想法与观众熟知的事物进行比较时，你的新想法会更容易被人们接受。同样的方法也适用于数据通信。认知科学家说："人们很难推理出人类感知之外的数量级。"[3] 太小的数字（如纳秒）或太大的数字

（如宇宙中的恒星的数量）都超出了我们的感知范围。好在有一些简单的方法可以对数字规模进行调整，使它们更容易被理解。最常见的用来进行比较的概念是大小、距离和时间。

通过比较，让抽象的数据更具体

对大小和重量的比较在日常生活中很常见，因为它们确实很有效。贝佐斯喜欢使用这些比较，在致股东的信和公众演讲中他经常使用：

- "如果你把亚马逊网站上的商品目录打印出来，它的厚度将超过40本纽约市的电话簿。"[4]
- "从书籍开始，我们致力于为顾客提供其他地方无法提供的服务。我们给他们带来了比实体店更多的选择（我们的商店将占据6个足球场）。"[5]
- "现在我们的电子商店拥有超过4.5万件商品（大约是一家大型电子商店能容纳的商品的7倍）。"[6]

贝佐斯创立了蓝色起源公司，目的是为地球上不断增长的人口提供前往太空的基础设施。这是一个大胆的愿景，超出了我们的生命范畴。贝佐斯需要运用他过去30年磨炼出来的所有修辞技巧向公众解释蓝色起源公司。毫不奇怪，贝佐斯通过数据比较来说明地球上的资源是有限的。

全球能源使用的历史复合增长率是每年3%。每年3%听起来不算多，但随着时间的推移，复合增长的力量是非常巨大的。每年3%的复合增长率，相当于人类的能源消耗每25年就要翻一番。如果按照当下的全球能源使用情况，我们只需在内华达州铺满太阳能电池板，就可以为一切需要提供能源。这看起来颇具挑战性，似乎也有可能完成。然而，在未来的几百年里，我们将不得不把太阳能电池板铺满整个地球表面，这是一个非常不切实际的解决方案。[7]

贝佐斯认为，切实的解决方案是在太空建立居住地，而不是在行星表面。

史蒂夫·乔布斯也喜欢用大小和重量解释数据。在《乔布斯的魔力演讲》一书中，我列举了许多实例来说明乔布斯利用上下文加强听众对数字的理解，但很少有演讲像 iPod 的介绍那样令人难忘。2001年，苹果推出第一款 iPod，乔布斯也从此彻底改变了音乐产业。乔布斯知道，很少有人会理解或关心这个设备能存储 5 千兆字节的数据（音乐）意味着什么。但是，等等，乔布斯有办法！在介绍会现场，乔布斯大声宣布，iPod 的强大之处远不在于它能存储 5 千兆字节的数据，而在于它能"把 1 000 首歌曲装进你的口袋里"。然后，在观众的惊叹和欢呼还未平息时，乔布斯像变魔术一样从他的蓝色牛仔裤口袋里掏出了一个 iPod。

在我写这本书的时候，几位科学家邀请我去参观一个高度安全的政府实验室，科学家们正在里面研究一项可能为后代生产清洁、可靠、充足能源的技术。他们向我展示了世界上最大的激光器，它被放置在一个"3 个足球场"大小的建筑物中，能发出 192 束激光束，瞄准一个"铅笔橡皮擦"大小的目标。寻找核聚变能源（太阳内部的反应过程）被认为是一项重大的科学挑战。但是如何将复杂的科学转化为人们能听懂的日常语言也是挑战的一部分，只有这样，这个项目才能吸引投资人、合作伙伴和媒体的关注。陪同我参观的每个人，从实验室主任到进行实验的科学家，都使用相同的大小比较来解释他们的工作。显然，他们都接受过将大数字转换为易于理解的语言的培训。

通过使用我们都理解的关于大小和重量的比较，我们能使数据具体化。

距离

使用距离比较是让数据易于理解的另一种方式。我曾经与一位在AWS工作的高管合作，他做了一个关于亚马逊"雪球"服务的演讲。雪球服务为客户提供了一种安全地将大量数据文件传输到云端的手段。"将本地数据传输到AWS设施的雪球服务的传输行程相当于环绕地球250圈。"

在纽约州伊萨卡市的萨根星球步道上，普通人通过行走就能够理解太空中惊人的距离。矗立的石质方尖碑代表太阳和行星，只是太阳与行星的实际距离是它们之间距离的50亿倍。步行约9码[①]就可从"地球"到达"太阳"，但必须步行15分钟才能到达"冥王星"。随着代表半人马座阿尔法星的石头的加入，星球步道的范围被大大扩大了。这颗距离太阳最近的恒星距离我们4.3光年。按比例缩小后，代表这颗恒星的方尖碑被放置在距离伊萨卡5 000英里的夏威夷艾米洛天文中心。

这个星球步道不仅将巨大的数字转换为普通人可以读懂的语言，还将距离置于人们可以感受的场景中。

时间

贝佐斯也喜欢进行时间对比，尤其是当他能够将数据与消费者所节省的时间联系起来时。

贝佐斯在2020年致股东的信中写道："消费者在3分钟或更短

[①] 1码 = 0.914 4米。——编者注

的时间内完成了28%的亚马逊购物。"[8] 单独看这两个数字（28和3）没有太大意义。所以贝佐斯做了以下的解释：

相比之下，一家典型的实体店购物之旅包括开车、停车、寻找商品、排队结账、找到你的车、开车回家。研究表明，去实体店购物需要大约一小时。假设一次典型的亚马逊购物需要15分钟，并且每周可以为你省去几次去实体店的行程，那么每年你就能节省超过75个小时的时间。这很重要，因为我们都很忙。

为了增加比较的冲击力，贝佐斯继续说：

为了得出一个金额上的概念，让我们将节省下来的时间估值为每小时10美元，这是一个保守的估计。75个小时乘以每小时10美元……我们将为每位Prime会员创造约630美元的价值。我们有2亿Prime会员，因此2020年我们为会员创造的总价值为1 260亿美元。

实战演练

练习写一段话，让读者能够结合上下文更好地理解以下数据：一大杯摩卡星冰乐约含55克糖。

55克糖是多还是少？如果没有上下文，这只是一个数字。但是让我们假设你是一位营养师，试图说服你的客户减少调味咖啡饮料的饮用量，你将如何描述55克糖的量？也许你可以比较一下55克糖相当于多少茶匙糖（答案是12茶匙）。你还可以将其与M&M巧克力豆进行比较。一大杯摩卡星冰乐的含糖量不是一袋或两袋而是整整3袋迷你装M&M巧克力豆所含的糖分。现在你认为你的客户会重新考虑喝多少摩卡星冰乐吗?

让数据创造价值

富有影响力的演讲者会避免把泛滥的数据扔给听众。他们选择一些关键的统计数据,围绕这些数据点构建故事,并使用那些非专业人士也能轻松理解和记住的具体例子。据谷歌首席经济学家哈尔·瓦里安博士所说:"在未来几十年里,获取数据的能力将是一项非常重要的技能,这需要能够理解数据、处理数据、从数据中提取有价值的信息、使数据可视化并交流数据。"[9]

通过数据建立你与你的读者或听众之间的联结,你可以帮助他们以全新的视角看待数据。培养具有说服力的沟通技巧,还能让你变障碍为机会,这也是说服他人按照你的想法行事的关键因素。

我经常说,如果你不去讲述你自己的故事,别人就会去讲。很有可能你并不喜欢他们所讲的版本。例如,世界上最富有的人的背上总是有一个靶子。活动家、监管机构和媒体都知道,公众最关注的是排名靠前的人或公司。在2018年的一次采访中,贝佐斯被问及被评为世界首富是什么感受。他说:"我从未追求过那个头衔。成为世界上第二富有的人也很好。"[10]听众们都笑了,因为他们完全明白他这句话的意思。

在那次采访中,贝佐斯使用的一个度量标准出现在几年后2020年致股东的信中。首先,贝佐斯承认亚马逊为股东创造了1.6万亿美元的财富,而他也是股东之一。但"超过7/8、代表着1.4万亿美元的财富的股份是由其他人拥有的"。[11]那些人是谁?"养老基金、大学和401(k)计划。"然后,贝佐斯展示了他收到的一封来自玛丽和拉里的信,更深入地展示了这些财富对个人的影响。在1997年,作为一份惊喜，这对夫妇为他们痴迷于阅读的 12 岁的儿子瑞安买了两股亚马逊的股票。在他们持有股票期间，该股票被拆分了数次，后来变成了 24 股。2021 年，亚马逊的股票价格超过了每股 3 000 美元。瑞安卖掉了其中一部分，用拿到的钱购买了一套房子。"这两股股票对我们的家庭产生了奇妙的影响，"他们写道，"我们欣喜地看着亚马逊的价值年复一年地增长，我们很开心跟别人讲这个故事。"

贝佐斯用这个故事和数据提出了以下建议："如果你想在商业，实际上也包括在生活中取得成功，你所创造出来的就必须比你消费掉的更多。你的目标应该是为每一个与你互动的人创造价值。任何不能为其触达人群创造价值的企业，即使表面上看起来非常成功，在这个世界上也不会长久存在。它迟早会被淘汰。"请记住，我们是通过故事来思考的。用故事包装数据，你可以让你的听众或读者更容易理解你要传递的信息。

通过建立数据与你的听众之间的关联，你可以更好地展示你正在创造的价值。通过这种方法展示你的初创公司能够为投资者提供的价值（你的公司会赚多少钱，你将何时实现目标，他们何时能看到投资回报）；展示一旦你被雇用，你将为新公司增加的价值（如果你在上一家公司将销售额增加了 25%，告诉他们你是如何做到的，以及你如何为新雇主做同样的事情）；展示你的业务为客户和员工带来的价值（为他们节省了时间和金钱，或者帮助他们产生了更多的销售额）。当贝佐斯说要为每个人创造价值时，他为我们提供了宝贵的经验。但有些时候，你需要展示你自己的成果。

16 沟通中的"三"法则

> 如果你不能与他人沟通和表达你的想法，你就与自己的潜力失之交臂了。
>
> ——沃伦·巴菲特

获得普利策奖的历史学家多丽丝·科恩斯·古德温在过去的50多年里一直致力于领导力研究。她认为，领导力的本质是"运用自己的才能、技能和情商调动人们去实现一个共同的目标"。[1]

古德温的作品《林肯与劲敌幕僚》是史蒂文·斯皮尔伯格的电影《林肯》的灵感来源。她说，通过讲述故事，伟大的领导者让人们觉得他们也是朝着共同目标前进的队伍中的一分子。

伟大的领导者能够建立成功的公司，因为他们对公司为谁服务、解决什么问题，以及公司如何丰富每个人的生活都有愿景。沟通是让人们围绕这一愿景团结起来并说服他们成为你史诗般旅程中的同行者的关键。

我们在加洛沟通集团创建了一个模板，这个模板可以帮助你将你的故事展示在一页纸上。我们把这个模板称为"加洛方法"。它是一种用于合成清晰、简洁和有说服力的信息的工具，通过对人们进行逐步引导，说服人们依照你的号召采取行动。所以这个模板是一个指南，可以引导你的听众从当下的位置走向你所期望的目的地。

加洛方法非常灵活、简单且可扩展。你可以用它创作一个15秒的提案或一个15分钟的PPT。它汇集了你在本书中学到的概念，包括写作、创建梗概、讲故事、让数据变得有意义和易记，以及精心创造类比和隐喻。除了我们已经讨论过的沟通工具，还有一个构建成功的信息路线图的关键因素："三"法则。

"三"法则

"三"法则是沟通中一个非常重要的概念，贯穿古今文化和文学作品。这个法则很简单：人类大脑在短期记忆中无法轻易地记住超过三个事物。即使我们试图记住一串超过三个数字的数字组合（比如电话号码），我们也会将这个数字组合分成三组或四组数字来记忆。

量子物理学家多米尼克·瓦里曼表示，你如果理解了"三"法则，就可以向任何人传达任何信息。瓦里曼的专长是编写儿童读物和制作优兔视频，简化物理学、纳米技术和火箭科学等复杂的学科。瓦里曼建议，在向不太熟悉某一主题的人做出解释时，不要过于深入细节。人们在任何时候只能消化一定量的信息。瓦里曼说："最好是只解释三个他们能理解的事情，而不是用一大堆信息轰炸他们，那样会适得其反。"[2]

乔治城大学的研究人员发现，列出三个优点会让人产生兴趣，但列出四个优点就会令人产生警惕了。这项研究旨在探究为什么消费者会对某些产品信息更感兴趣。研究结果表明，消费者认为三个产品优点更具说服力。但一旦产品的优点增加到四五个或更多，消费者就会失去兴趣，对产品的印象也不再那么深刻。研究还发现，在销售产品或推销想法时，仅凭一个信息来支持你的论点不足以令人信服。[3] 两个支持性陈述胜过一个，但三个最有效。

另外一项引人注目的研究发现，创业和风险投资领域也普遍遵循"三"法则。基于云服务的文档共享公司 DocSend 进行了一项以数据为驱动的调查。调查发现，投资人平均会花三分钟时间查看一个商业计划书的 PPT。投资人更倾向于投资有三位创始人的初创公司。在查看计划书 PPT 时，投资人的大部分时间都花在查看三张幻灯片上：解决方案、产品和团队。换句话说，在一个有 20 张幻灯片的商业计划书 PPT 中，这三张比其他幻灯片更重要。[4]

贝佐斯这样的高效沟通者会从三个方面表达观点：

- "在亚马逊，我们有三大观点：客户至上、创新、要有耐心。我们坚持了 18 年，它们是我们成功的原因。"
- "成功的关键是耐心、坚持和对细节的过分关注。"
- "亚马逊的成功建立在三大支柱上：选择、便利和低价。"
- "在当前动荡的全球经济形势下，我们的基本策略保持不变：保持低调，着眼长远，痴迷于客户。"
- "我们要求人们在做出招聘决定之前考虑三个问题：你欣赏这个人吗？这个人能提高团队的效率吗？在哪个方面这个人会成为超级明星？"
- "努力工作，快乐生活，创造历史。"

"三"法则的具体应用

加洛方法利用"三"法则层层推进你的故事。它的操作流程如下：

首先，起草出"概括故事的一句话"。向自己提问："我最想让听众知道的有价值的思想是什么？"这句话应该具体、清晰、简洁，长度不要超过30个单词（10个单词更好）。如果你的这一句话在一条140个字符的推特帖子中无法表达清楚，它就太长了。回想一下那句贝佐斯反复说过的话："我们的使命是成为世界上最以客户为中心的公司。"所以，一定要让你的愿景鲜明而简洁。

其次，构建三条可以强化主题的信息。这些信息都不足以取代你的核心信息，它们会支持核心信息。

再次，用故事、数据或类比让这些信息变得生动。这些工具会强化你的信息，使其更具说服力。

让我们以衬衫这种简单的产品为例，来理解一下信息映射。

UNTUCKit是一家总部位于纽约的零售商，开创了不塞进裤子里穿的衬衫的潮流。创始人克里斯·里科博诺是一位有效沟通的拥趸。"如果你不能用一句话说出你与竞争对手的不同之处，那么你就是在浪费时间。"[5]里科博诺说。UNTUCKit的宣传口号中有一句话是："衬衣不再塞裤腰。"它清楚地告诉了你关于这家公司及其销售的产品的几乎所有信息。这个宣传口号出现在公司的各个平台上，包括网站、零售店、社交媒体，在公众演讲中也同样如此。

信息沟通并没有就此结束。该公司接下来传达了三个支持性信息：长度完美，适合各种体型，异形下摆让衬衫看起来更好看。

所有这些信息都包含在加洛方法的信息映射模板中。UNTUCKit的这则介绍信息非常简洁，在北美和英国的80多家实体店的墙上都有展示。图16.1向你展示了UNTUCKit这则介绍的信息映射图示。

```
           ┌─────────────────┐
           │  衬衣不再塞裤腰  │
           └─────────────────┘
                    │
        ┌───────────┼───────────┐
        │           │           │
   ┌─────────┐ ┌─────────┐ ┌─────────┐
   │ 长度完美 │ │适合各种体型│ │ 异形下摆 │
   └─────────┘ └─────────┘ └─────────┘
```

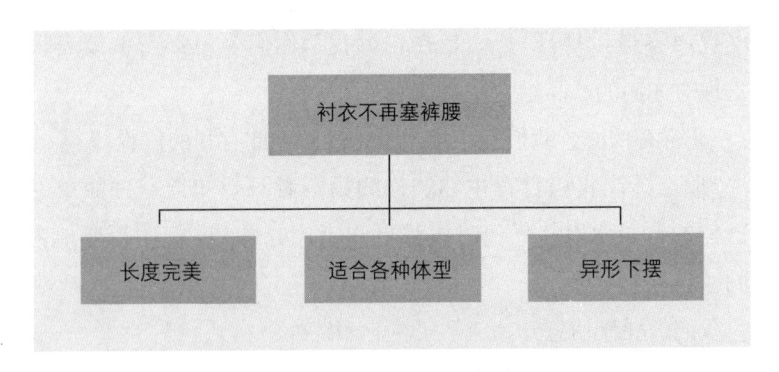

图 16.1　UNTUCKit 信息映射图示

UNTUCKit 是一个简单的产品示例。你其实可以使用加洛方法来为任何类型的沟通做准备，包括成立公司、销售产品、推销想法或面试工作等。

例如，在我撰写这一章的那一周，我与一家市值 1 000 亿美元的、颇有影响力的上市科技公司 CEO 进行了会面。当时投资界预计其季度业绩将标志着该行业的发展方向。

当我在他办公室里间的一个大会议室里与他会面时，他刚刚开完季度财务电话会议，在那个会议上，他花了一个小时与研究公司股票的分析师进行了深入交流。分析师们要比普通的美国消费者新闻与商业频道的观众更了解公司。所以我工作的内容之一就是将 CEO 从烦琐的细节中拉出来，让他能透过云雾看到天空。我们创建了一个包括一条梗概和三个支持信息的信息映射图示。

首先我问了一句话："你最希望投资人了解的关于公司的一件最重要的事情是什么？"

CEO 的回答冗长又复杂。他说："得益于强大的技术领导力和严谨的财务管理，我们公司能够充分利用影响基础业务的市场趋势。"

我回答道:"所以,你是在告诉我,你们公司资产负债表很强劲,你对你们的产品组合很有信心?"

"非常有信心。我们在市场上从未处于如此有利的位置。"

"那么,让我们直奔主题。你的投资者只想知道一件简单的事情:你的公司比以往任何时候都更健康、更强大。简明扼要地告诉他们。"

我们的梗概信息开始成形了。它表述如下:

我们的公司比以往任何时候都更健康、更强大。

接下来,我们用三条信息来支持这个梗概,告诉投资者他们想知道的、他们需要知道的和他们应该知道但可能不知道的内容。

CEO 在听取了他的财务团队和我的意见后,决定把重点放在以下三个支持信息上:

1. 公司在所有产品类别的营收上都创下了纪录。

2. 公司产品的价格仍然坚挺,公司正在提高下个季度的营收和利润预期。

3. 数据中心、5G 手机和电动汽车等未来需求趋势强劲,这些是推动公司增长的三个行业类别。

在这位 CEO 接受采访的第二天早上,美国消费者新闻与商业频道称公司的季度表现是"惊人的",并将 CEO 的陈述作为新闻标题。电视记者发现这个故事很容易理解,因为我们让这个故事很容易被理解。

实战演练

按照加洛方法来组织你下一个推销或演示的内容。你可以按照图 16.2 中的信息映射图示来起草你的梗概和三个支持信息。第一步是把它们写下来。你可以稍后再去删减、编辑和优化。和别人合作完成这项工作，尽量多地听取他们的意见。当你完成信息映射图示时，你可以在一个页面上讲述一个简单、易于理解的故事。记住它，并把它用于推销、谈话或面试。你还可以将它做成PPT演示的提纲。与你的团队分享，让所有人达成共识。将它发送给你的网站开发人员或任何为你的公司创建书面营销材料的人。信息映射图示就是你写在一页纸上的故事。

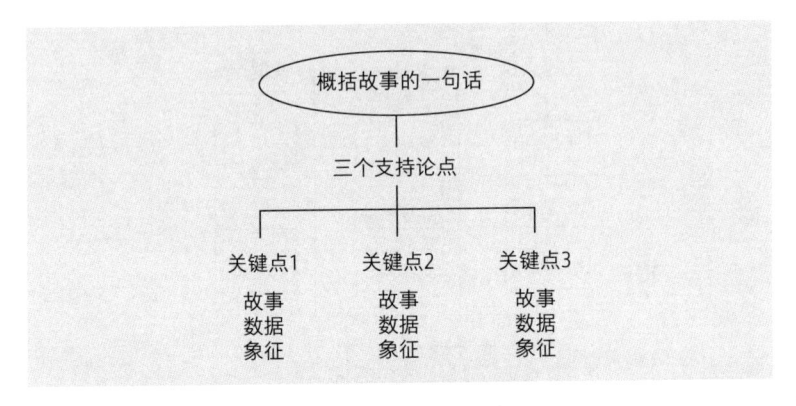

图16.2　信息映射图示

在我授课的哈佛课堂上，曾有一位高管将信息映射图示的概念应用于他团队的虚拟会议，以期提高会议的效率和效果。这位名叫科林的高管在欧洲第二大金融服务公司工作，领导着一个60人的资产管理团队，这个团队的业务是帮助富有的客户投资。

科林在课后告诉我："信息映射图示太神奇了，我们团队准备客户演示的时间减少了50%。"

科林的团队每周至少要准备和交付两次演示：吸引新客户的推介，向现有客户提供最新信息的演示。加洛方法让团队里的各个小组能够为每次沟通制作适合其受众的独特信息。其他团队成员可以轻松地在一页纸上看到沟通的流程。

使用信息映射图示还将 PPT 的页数从 30 页减少到 10 页。信息映射图示中的概括故事的一句话占用一页，随后是两到三页用于强化梗概的三个支持性关键信息。图 16.3 展示了一份用信息映射方法创建的 14 页 PPT 的示意图。

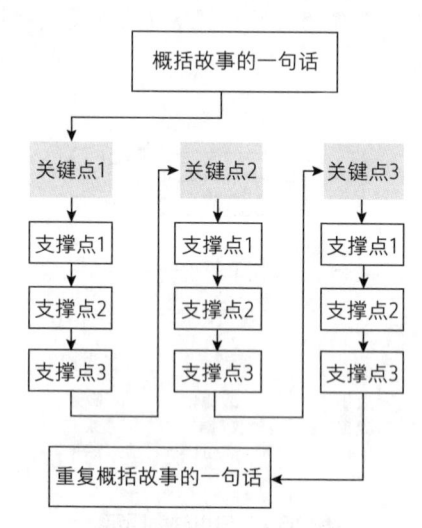

图 16.3　根据信息映射图示创建的 14 页 PPT 结构

加洛方法还能够节省时间。因为信息映射图示非常简单，团队只需 30 分钟对要讲的故事进行讨论和确认，就能够很好地完成每个 PPT 的准备工作。该图示将准备 PPT 的会议时间缩短了 2/3。

客户也非常喜欢这种方式。他们不再需要 45 分钟来听取更新内容，现在只需要 20 分钟就能获得所需的信息，还可以留出 20 分钟用来与团队交流。在许多情况下，客户发现这些 PPT 的内容非常简单明了，他们对结果感到非常满意，也很高兴能够更快地回到忙碌的生活中。

科林告诉我："在金融行业工作的 25 年中，我从未遇到比信息映射图示更简单的沟通工具，它可以帮助团队建立共识，创建清晰而简洁的 PPT。"

诗人亨利·戴维·梭罗出生于 PPT 问世的近 200 年前，但他的观点对当今的沟通者也非常适用："简单，简单，简单！让你的事情只有两三件，而不是 100 或 1 000 件。"

伟大的领导者有大胆的愿景，并能成功地团结他人一起追求共同的目标。但毫无疑问，他们提前精心设计了自己的话语，并且将这些话语巧妙地包装在一个简单的结构中。他们知道自己要去哪里，并会使用一张清晰简单的路线图来说服其他人加入他们的旅程。

结　语

创新与叙事

你不能选择你的激情。你的激情选择了你。

——杰夫·贝佐斯

创造力是创新、领导力和沟通的基本要素。但要激发你的创造力，必须为创造力的蓬勃发展创造条件。

突破性的想法不会随时产生。当你长时间盯着计算机屏幕上的空白页面时，创造性的想法很少会冒出来。相反，灵感往往在以下5个条件得以满足时出现。

第一，保证充足的睡眠。

"我非常注重8小时的睡眠时间，"[1]贝佐斯说，"充足的睡眠让我头脑清醒，更有精力。"当贝佐斯醒来后，他不会立刻开始工作。事实上，每天早上贝佐斯都会抽出时间"磨蹭一会儿"。他会看报纸，喝杯咖啡，与孩子们一起吃早餐。贝佐斯把最重要的会议安排在上午10点，这时他的精力最充沛。根据贝佐斯的说法，领导者的职责是每天做出少量高质量的决策。如果你能每天做出3个高质量的决策，那就已经超过平均水平了。充足的睡眠会让你有精力做出明智的决策，产生创新性的想法。

第二，保持活跃。

史蒂夫·乔布斯喜欢在长时间的步行中进行认真的交流。苹果和皮克斯的员工回忆说：这些"头脑风暴散步"比坐在会议室里开会更有效率。步行是乔布斯产生最新奇想法的方式。

根据斯坦福大学的一项研究，步行可以使我们的创造力提高60%。[2] 这项研究的参与者接受了"发散思维"测试，该测试的目的是测量新颖或创新的想法。研究人员在参与者步行和坐着时进行测试，大多数参与者在活动时更有创造力。

步行能激发新奇的想法，这是因为我们的大脑是从每天行走12英里的祖先那里进化而来的。坐在教室里几个小时，开上一整天的Zoom会议，或者期望在盯着数字屏幕时产生创造力，都是违反自然规律的。保证充足的睡眠，保持活跃，四处闲逛……创意不能被强迫，它们必须在合适的条件下才能喷涌而出。

第三，让你的激情选择你。

"在我5岁的时候，尼尔·阿姆斯特朗登上了月球表面。从那一刻起，我就对太空、火箭、火箭发动机和太空旅行充满了热情。"[3] 贝佐斯解释了为什么他要离开亚马逊，专注于他的太空公司蓝色起源。他说："我认为我们每个人都有激情。你不能选择它们，是它们选择了你。但你必须保持机敏，必须去寻找你的激情。"

第四，成为一个博学的人。

亚马逊的领导力原则之一就是"学习和保持好奇心"。领导者永远不会停止学习，总是追求自我提升。世界上有两种人：无所不学的人和自以为是的人。在瞬息万变的全球环境中，只有那些不断学习的人才能提出推动世界前进的新奇想法。

作家沃尔特·艾萨克森说，杰夫·贝佐斯让他想起了达·芬奇："在他充满愉悦的笔记中，我们看到他的思想在大自然的各个领域中跳跃，充满好奇心和趣味……杰夫·贝佐斯体现了这些特质。他仿佛从未长大，对几乎所有事情都保持着一种永不满足的、孩子般的、欢乐的好奇心。"[4]

第五，也是最后一个要点，培养一种不设限的心态。

那些改变世界的企业家在做任何事情或提出任何想法时都会积极地对抗"现状偏见"，现状偏见指我们更喜欢保持现状，而不愿意尝试新的事物。贝佐斯在提出开设在线书店的想法时克服了这种偏见。当追求那些外人看起来近乎"疯狂"的想法，比如电子商务、流媒体娱乐、云计算、当日送达和太空探索时，他也克服了这种偏见。其实，世界上并不存在什么真正离经叛道的想法。

贝佐斯从不会为自己的想法设限。"登上月球的想法曾经被认为如此荒诞不经，以至人们用登月来比喻不可能完成的事情。"[5]贝佐斯说，"我希望你们能从中领悟到的是，只要下定决心，你就能做到。"

一旦具备了孕育成功和激发创造力所需的条件，你就会脱颖而出。在别人希望你变得循规蹈矩的时候，差异化是生存的关键。贝佐斯在他担任亚马逊CEO的最后一封致股东的信中写道，当这个世界试图让你变得平庸时，要想变得与众不同，你就需要付出格外的努力。成为普通人中的一员，更容易也更省力。

"我们都明白，独特性、原创性是珍贵的。"[6]贝佐斯写道，"但这个世界就是想让你泯然众人——它以千万种方式诱惑你，不要让它得逞。"

创新需要持续的努力、终身学习、充沛的精力和不懈的热情。"永远、永远、永远不要让宇宙把你融入周围的环境。"贝佐斯说。

"这依旧是第一天。"

实战演练概览

实战演练 1

在贝佐斯担任亚马逊 CEO 期间，他帮助制定了 16 条领导原则。亚马逊员工每天都在运用这些原则讨论新项目、推介理念或确定解决问题的最佳方案。最重要的是，这些原则强化了亚马逊的精神，即把客户作为每项决策的中心。

这些原则能成功地让公司各层级员工完全融入和理解，一个重要的原因是这些原则的表达方式。整个领导原则的文件只有 700 个单词，用符合八年级阅读能力的语言写成。每条原则都简洁明了，并用几个简短的句子诠释了如何将原则转化为可执行的行动。

例如，第一条也是最重要的领导原则是：

客户至上。

根据亚马逊的解释，客户至上意味着："领导者应当以客户为始，逆向工作。他们努力工作以赢得并维护客户的信任。尽管领导者要对竞争对手保持警惕，但他们更应当关注客户。"

与本书相关的主要原则还包括：主人翁精神、创造和简化、学习和保持好奇心、大胆思考、赢得信任和坚持最高标准。你可以在亚马逊网站上看到这些被清晰表述的原则，因为亚马逊希望每个求职者都了解它们，每个新员工都学习它们，每个领导者都内化并传播它们。

作家布拉德·斯通在记述了亚马逊崛起的《一网打尽》一书中写道，清晰地表述这些原则是一种经过深思熟虑的领导策略。许多公司的员工在工作中迷失方向，就是因为这些公司的目标是混乱或复杂的，但亚马逊的原则却简单、明确和一致。

这些原则或价值观构成了一家公司的文化，旨在让员工据此行事。但没有人能够按照无法记住或理解的原则行事。要让你的原则易于阅读、记忆和遵循。

实战演练 2

如果你正在处理一个复杂的主题，你可以借鉴沃伦·巴菲特在撰写他著名的以财务为主题的信时所采用的方法。通过问自己以下 3 个问题，在落笔前先了解你的读者。

你的目标读者是谁？以巴菲特为例，他写作时脑海中浮现的是他的妹妹多丽丝和伯蒂。

你的读者需要知道什么？要避免告诉他们你所知道的一切。读者需要了解哪些他们还不知道的信息？

你的读者为什么要知道这些信息？没有人关心你的想法。读者关心的是你的想法将如何帮助他们过上更好的生活。

实战演练 3

检验一下你的文字。从你写的稿子中选择一段样本，看看有多少个单词或短语源自花哨的拉丁语。你可以使用在线词源辞典来确定每个单词的起源，然后找到更简单、更简短的词来替换它们。你会发现，优先使用短词会减少你行文中的大部分行业术语，这些词语会让你的读者感到困惑。这样做会让你写出的句子更紧凑、清晰、有力。用短词代替长词，你会变得更有说服力。

实战演练 4

使用弗莱施-金凯德测试来简化你的写作。包括 Grammarly 和 Microsoft Word 在内的数家文字编辑平台都提供这项服务，其中 Microsoft Word 已将可读性评分添加到其软件中。在 Word 的功能栏中，你会找到一个名叫"拼写和语法"的选项。选择"显示易读性统计信息"的勾选框，它会显示文档的易读性评分和适合阅读的年级。亚马逊建议员工达到的易读性评分目标是 50 分或更高，对应的年级水平为八年级。

实战演练 5

我提供了一些简单的、可以让你远远领先于同龄人的写作策略。但是，从那些在我的书架上永远占据一席之地的优秀写作指导书中，我们总能学到很多东西。以下是一些能够提升你写作技能的著作。

《写作工具：写作者案边必备的 50 个写作技巧》，罗伊·彼得·克拉克著

《共鸣写作》，崔西·霍尔著

《写作法宝：非虚构写作指南》，威廉·津瑟著

《提高写作水平的 100 种方法》，加里·普罗沃斯特著

《写作这回事》，斯蒂芬·金著

实战演练 6

在你的一个演讲中应用"那又如何?"测试。从演讲的主题开始,回答这个问题:"那又如何?"然后把这个问题再问两遍,直到你为自己的演讲构思出一个清晰的梗概。

主题 _____
那又如何? _____
那又如何? _____
那又如何? _____

实战演练 7

在你不熟悉的领域寻找比拟对象,看看你能在书籍、文章、演讲和演示中发现多少隐喻。挑战一下你自己,将这些隐喻分为动作、物理位置或空间定位的比拟。注意你所看到、听到和读到的隐喻,它们能激发出有创意的想法,从而帮助你写作和发表有说服力的演讲。

实战演练 8

隐喻是理解的捷径。它们能帮助你的听众理解复杂或抽象的观点。在日常交谈中,我们经常使用隐喻。但在商业演示中要避免使用陈词滥调,因为人们太熟悉的隐喻已经失去其影响力。以下是一些常见的隐喻,应该避免使用。

- 球在你的场内
- 拿到台面上来

- 跳出框架想问题
- 杯水车薪
- 完美风暴
- 一粒老鼠屎坏了一锅汤

避免使用过于常见的隐喻。如果你已经听过某个隐喻 1 000 次，相信你的听众也会觉得毫无新意。

实战演练 9

一个简单的隐喻格式是"A 就是 B"，例如"时间就是金钱"。这种格式非常适合表达复杂的概念。从你所熟悉的领域中选择一个复杂的概念，使用"A 就是 B"的格式来解释它，并用口语化的语言描述这种比较。

复杂的概念：_____（A）

熟悉的概念：_____（B）

A 就是 B 的格式：_____ 就是 _____

例如：

复杂的概念：一项好的投资

熟悉的概念：有护城河的城堡

A 就是 B 的格式：一项好的投资就是一座拥有深深护城河的城堡，可以阻止竞争对手的进攻。

实战演练 10

通过类比来增强你的写作和沟通能力的第一步，是意识到类比在我们的日常语言中的普遍性。记下在访谈、书籍、文章和视频中遇到的类比。特别留意那些讲述复杂主题的知名作家和演讲者，你会发现他们更有可能使用类比来传递信息。

实战演练 11

　　思考你自己的演讲。确定重要场景或"节奏"，把它们融入你的叙述。这些场景可以推动情节的展开并让观众参与其中。在你的生活或工作中寻找下列事件：

　　　催化剂：＿＿＿＿＿＿＿＿＿＿＿＿＿＿＿＿＿＿＿＿＿
　　　挣扎时刻：＿＿＿＿＿＿＿＿＿＿＿＿＿＿＿＿＿＿＿＿
　　　欢乐时光：＿＿＿＿＿＿＿＿＿＿＿＿＿＿＿＿＿＿＿＿
　　　化为乌有：＿＿＿＿＿＿＿＿＿＿＿＿＿＿＿＿＿＿＿＿

实战演练 12

　　打造你自己的创业故事。每家创业公司的背后都有一个故事。你的故事是什么？是什么人、物或事件激发了你的创业想法？用三幕式结构讲述你的故事。在第一幕中，讲述你开始创业冒险之前的生活。是什么问题或事件催生了你的想法？在第二幕中，谈谈你所面临的挑战。哪些障碍阻碍了你的寻宝之路？通过告诉你的听众你曾经多么接近失败来营造紧张气氛。在第三幕中，亮出你的解决方案。你是如何克服这些障碍，又是如何从逆境中走出来最终获得成功的？你从中学到了什么？这次经历是如何让你、你的公司和世界变得更好的？

　　你的听众想要一个精心包装的创业故事。而你正好有一个故事可以和他们分享。

实战演练 13

在制作幻灯片之前先写叙事性文字。尽管 PPT 在亚马逊的高层会议上被禁用,但亚马逊的高管在与客户、合作伙伴和外部受众交流时也会使用 PPT。但 PPT 不是一个适合讲故事的工具,项目符号也缺少故事性。通过尝试使用书面叙事文字来构建故事。叙事结构需要一个主题、标题和副标题,并由含有名词、动词和宾语的完整句子组成。在开始制作幻灯片之前,尝试着先写出你要讲述的故事。PPT 不能讲故事,只是对故事的补充。

实战演练 14

杰夫·贝佐斯写了 24 年的亚马逊致股东的信。其中许多都采用了精心编写的叙事方式。每封信都有一个主题、清晰的逻辑结构,以及支撑性的故事和数据。你可以访问 AboutAmazon.com 网站,搜索 "shareholder letters" 去查看这些信件。建议优先阅读以下年份的信件:1997 年、2006 年、2013 年、2014 年、2017 年和 2020 年。这些信件结构精巧,有明确的主题,并使用了隐喻来解释复杂的思想。

实战演练 15

使用下面的表格起草一份模拟新闻稿,介绍你的想法:一家初创公司、一个产品、一项服务或一个计划。

主题	（产品、计划、服务或公司。）
标题	（回答是谁宣布的以及他们宣布了什么。）
副标题	（副标题是引起读者关注的钩子。它必须简洁。不要超过30个单词。）
第一段（概述）	（这一段简介产品、计划、服务或公司以及它们能为客户带来的好处。）
第二段（问题）	（第二段阐明你的产品、计划、服务或公司打算解决的问题。）
第三至六段	（第三至六段深入探讨你的产品、计划、服务或公司的细节，以及它是如何解决问题的。）
公司语录 /客户证言	（引用公司发言人、合作伙伴和客户的引人入胜的话，即使他们目前还不存在。）

实战演练 16

录制视频是一种简单而有用的工具，它可以帮助你评估自己的天然优势和需要改进的地方。拿起智能手机，录下自己练习演讲、销售演示、求职面试的视频。然后观看视频并进行自我评价，你也可以请信任的朋友或同事观看，并征求他们的意见和反馈。以下是观看视频时需要注意的一些方面：

- 你注意到自己具有哪些天然优势？（例如：创造性的语言、优秀的写作、精心设计的幻灯片、良好的姿势、强有力的声音、强烈的语气或抑扬顿挫的语调变化、能够增强信息的创造性故事等）。发挥自己的优势并充分利用它们。
- 你是否在表达观点时使用了太多的词语？下次练习可以删掉哪些句子？
- 你的幻灯片上是否有太多的文字？字体是否太小？如果你自己都看不懂这些文本，你的观众肯定也看不懂。

- 你是否使用了"嗯""呢""啊"这样的语气词？你是否以令人讨厌的、无用的短语来作为句子的结束？比如"你知道吗"或"对吧"。我们在日常对话中都会使用一些语气词，但是过多的语气词会分散观众的注意力。如果你在每次练习时都能找出可以去掉的语气词，那么在真正演讲的时候，你就会显得优雅而自信。
- 你的主题，也就是梗概是否清晰？你每次表达的主题是否一致？

录制视频是你可以随时使用的可提高你的公众演讲技巧的最佳工具。你会对你自己能发现的问题，以及从一个视频到下一个视频你所取得的进步感到惊讶。

实战演练 17

当你以"如果只有一件你需要知道的事情，那就是……"开启一段话时，接下来的内容就是你的听众会记住的内容。他们会记下这个信息并与他人分享，这就好比你在他们的大脑中对这个信息做了标记。以下是一些可以替换这句话同时能突出你的关键信息的句式：

- "你需要知道的最重要的事情是……"
- "如果听完这个演讲，有什么事情你应当记住，那就是……"
- "我可以告诉你的是……"

既然你的听众在寻找一个路线图，那就引导他们朝着你想去的方向前进吧。

实战演练 18

成功的战略始于一个清晰、令人信服、可被重复的使命。语言很重要，因为语言定义了你的行动，行动定义了你的结果。所以要使用精确的词语和口语化的语言去表达你的使命，这个表达应该让你感到舒适并能够多次重复。精简你的使命，直到能在 5 秒钟内说完（12 个单词或更少）。亚马逊是美国最大的公司，但其使命用寥寥数语就能表达：成为世界上最以客户为中心的公司。

世界上许多最成功的品牌的领导者，都能够清晰、一致、频繁地表达公司崇高的使命。例如：

耐克：将灵感和创新带给世界上的每一位运动员。

联合利华：让可持续生活触手可及。

特斯拉：加速世界向可持续能源的转变。

TED 演讲：传播一切值得传播的思想。

Twilio：打造通信的未来。（Twilio 创始人杰夫·劳森曾在亚马逊 AWS 部门担任高管，他在亚马逊学到了使命的力量。）

让你的使命变得简短，让每个字都有意义，不断重复，直到你听腻为止，然后继续重复。

实战演练 19

练习写一段话，让读者能够结合上下文更好地理解以下数据：一大杯摩卡星冰乐约含 55 克糖。

55 克糖是多还是少？如果没有上下文，这只是一个数字。但是让我们假设你是一位营养师，试图说服你的客户减少调味咖啡饮料的饮用量，你将如何描述 55 克糖的量？也许你可以比较一下 55 克糖相当于多少茶匙糖（答案是 12 茶匙）。你还可以将其与 M&M 巧克力豆进行比较。一大杯摩卡星冰乐的含糖量不是一袋或两袋而是整整 3 袋迷你装 M&M 巧克力豆所含的糖分。现在你认为你的客户会重新考虑喝多少摩卡星冰乐吗?

实战演练 20

按照加洛方法来组织你下一个推销或演示的内容。你可以按照图 16.2 中的信息映射图示来起草你的梗概和三个支持信息。第一步是把它们写下来。你可以稍后再去删减、编辑和优化。和别人合作完成这项工作,尽量多地听取他们的意见。当你完成信息映射图示时,你可以在一个页面上讲述一个简单、易于理解的故事。记住它,并把它用于推销、谈话或面试。你还可以将它做成 PPT 演示的提纲。与你的团队分享,让所有人达成共识。将它发送给你的网站开发人员或任何为你的公司创建书面营销材料的人。信息映射图示就是你写在一页纸上的故事。

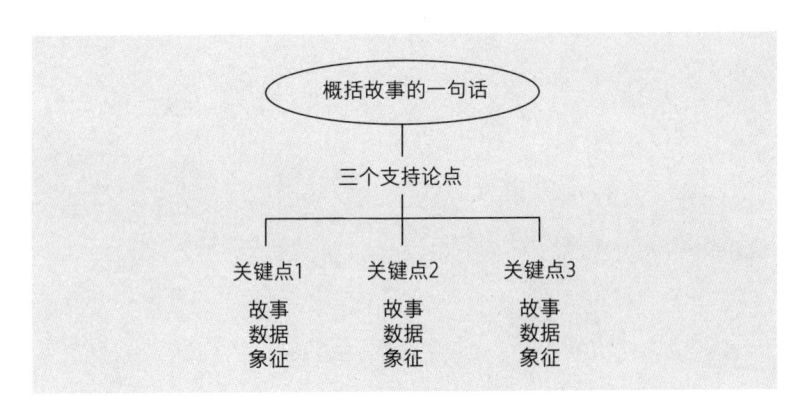

信息映射图示

致 谢

当你大胆追寻梦想时，有一位衷心支持你的人相伴实乃人生之幸事。瓦妮莎·加洛就是这样一位人生旅伴。我们在1996年相识后坠入爱河，并在两年后携手步入婚姻的殿堂。来自瓦妮莎的坚定支持给了我追寻梦想的信心和勇气。我们共同经营一家公司，致力于帮助企业CEO和其他高层领导者建立非凡的沟通能力，我们也在哈佛大学教授高管培训课程。对我们的两个女儿约瑟芬和莱拉来说，瓦妮莎是无与伦比的榜样。

我也要对圣马丁出版社给予我的支持表示感谢。圣马丁出版社的董事长萨莉·理查森已经为该出版集团效力了50年，能与萨莉合作，我实感荣幸之至。圣马丁出版社团队的编辑蒂姆·巴特利特是我的良师益友和支持者，我的写作质量由于他的帮助而获得诸多改进。我还要感谢圣马丁出版社的销售、市场和公关团队，以及把我的写作转化为有声读物的麦克米伦录音公司的工作人员。

我也为能与写作经纪人罗杰·威廉斯长期合作感到荣幸，感谢罗杰给予我的宝贵见解、积极反馈和历史教训。

我还要向来自BrightSight演讲机构的汤姆·内利森和莱斯·图尔克致以诚挚的谢意，他们是我的良师、挚友、拥护者和激励者，感谢他们对我的悉心指导。

我很幸运置身于一个充满爱意的家庭，我的妈妈朱塞平娜、我的兄弟蒂诺、嫂子唐娜，以及我的两个侄子弗朗切斯科和尼克，我爱你们所有人。

我还要特别感谢那些支持我的读者。你们的奇思妙想推动着世界向前发展。

祝你们心想事成！

卡迈恩

注 释

前 言　永远的第一天

1. Dana Mattioli, "Amazon Has Become America's CEO Factory," *Wall Street Journal*, November 20, 2019, https://www.wsj.com/articles/amazon-is-americas-ceo-factory-11574263777, accessed December 15, 2021.
2. "Bloomberg Studio 1.0: AWA CEO Adam Seplipsky," Bloomberg, November 17, 2021, https://www.bloomberg.com/news/videos/2021-11-18/bloomberg-studio-1-0-aws-ceo-adam-selipsky, accessed December 15, 2021.
3. CNBC Television, "Early Amazon Investor John Doerr on the End of the Jeff Bezos Era," YouTube, July 2, 2021, https://www.youtube.com/watch?v=18JA3iD47B4, accessed December 15, 2021.
4. Ann Hiatt, *Bet on Yourself: Recognize, Own, and Implement Breakthrough Opportunities* (New York: HarperCollins, 2021), 30.
5. Marilyn Haigh, "Amazon's First-Known Job Listing: Jeff Bezos Sought Candidates to Work Faster Than 'Most Competent People Think Possible,'" CNBC, August 23, 2018, https://www.cnbc.com/2018/08/23/jeff-bezos-posted-the-first-job-ad-for-amazon-in-1994.html, accessed June 25, 2021.
6. Jeff Weiner, "LinkedIn CEO on the 'Soft' Skills Gap," CNBC, April 19, 2018, https://www.cnbc.com/video/2018/04/19/linkedin-ceo-on-the-soft-skills-gap.html, accessed June 25, 2021.
7. Diane Brady, Chris Gagnon, and Elizabeth Myatt, "How to Future-Proof Your Organization," *The McKinsey Podcast*, June 17, 2021, https://www.mckinsey.com/business-functions/organization/our-insights/how-to-future-proof-your-organization, accessed October 8, 2021.
8. Walter Isaacson, *Invent and Wander: The Collected Writings of Jeff Bezos, with an Introduction* (Boston: Harvard Business Review Press, 2020), 1.
9. Ibid., 4.
10. Bill Birchard, "The Science of Strong Business Writing," *Harvard Business Review*, July–August 2021, https://hbr.org/2021/07/the-science-of-strong-business-writing, accessed October 8, 2021.

11. Jeff Bezos, "Letter to Shareholders," Amazon, 2016, https://s2.q4cdn.com/299287126/files/doc_financials/annual/2016-Annual-Report.pdf, accessed June 25, 2021.

1 简洁的语言是沟通的超能力

1. CNBC, "Jeff Bezos at the Economic Club of Washington (9/13/18)," YouTube, https://www.youtube.com/watch?v=xv_vkA0jsyo, accessed April 29, 2021.
2. "The Best Commencement Speeches, Ever," NPR, May 30, 2010, https://apps.npr.org/commencement/speech/jeff-bezos-princeton-university-2010/, accessed April 29, 2021.
3. Geek Wire, "Jeff Bezos Shares His Management Style and Philosophy," YouTube, October 28, 2016, https://www.youtube.com/watch?v=F7JMMy-yHSU&t=2s, accessed June 20, 2021.
4. Jeff Bezos, "Letter to Shareholders," Amazon, 2020, https://www.aboutamazon.com/news/company-news/2020-letter-to-shareholders, accessed April 29, 2021.
5. "Leadership Principles," Amazon, https://www.amazon.jobs/en/principles, accessed October 8, 2021.
6. Lisa Feldman Barrett, *Seven and a Half Lessons About the Brain* (New York: Houghton Mifflin Harcourt, 2020), 10.
7. Daniel Kahneman, *Thinking, Fast and Slow* (New York: Farrar, Straus and Giroux, 2011), 63.
8. Jay Elliot, former Apple executive, in conversation with the author, January 13, 2020.
9. Emma Martin, "Warren Buffett Writes His Annual Letter as If He's Talking to His Sisters Here's Why," CNBC, February 25, 2019, https://www.cnbc.com/2019/02/25/why-warren-buffett-writes-his-annual-letter-like-it-is-for-his-sisters.html, accessed April 29, 2021.
10. Warren Buffett, shareholder letter, Berkshire Hathaway, February 23, 2019, https://berkshirehathaway.com/letters/2018ltr.pdf, accessed June 20, 2021.
11. "Email from Jeff Bezos to Employees," Amazon, February 2, 2021, https://www.aboutamazon.com/news/company-news/email-from-jeff-bezos-to-employees, accessed June 20, 2021.
12. Ibid.
13. Stephen Moret, CEO at Virginia Economic Development Partnership, in discussion with the author, April 23, 2021.
14. Florencia Iriondo, "The Greatest Minds in Business and Entertainment Share Their Career Success," LinkedIn, December 20, 2016, https://www.linkedin.com/pulse/greatest-minds-business-entertainment-share-career-advice-iriondo/?published=t, accessed June 13, 2021.

2 用简短词汇解释新颖想法

1. Jeff Bezos, "Letter to Shareholders," Amazon, 2007, https://s2.q4cdn.com/299287126/files/doc_financials/annual/2007letter.pdf, accessed April 3, 2021.
2. Erik Larson, bestselling author of *Dead Wake* and *The Splendid and the Vile*, in discussion with the author, March 23, 2020.
3. "Emergency Executive Order NO. 100," City of New York Office of the Mayor, March 16, 2020, https://www1.nyc.gov/assets/home/downloads/pdf/executive-orders/2020/eeo-100.pdf, accessed December 15, 2021.

4. Shawn Burton, "The Case for Plain-Language Contracts," *Harvard Business Review*, January–February 2018, https://hbr.org/2018/01/the-case-for-plain-language-contracts, accessed December 15, 2021.
5. Ibid.
6. Ibid.
7. Doris Kearns Goodwin, *Leadership in Turbulent Times* (New York: Simon & Schuster, 2018), 108.
8. "Form S-1 Registration Statement Under the Securities Act of 1933," United States Securities and Exchange Commission, February 12, 2021, https://www.sec.gov/Archives/edgar/data/1834584/000162828021001984/coupang-sx1.htm, accessed December 15, 2021.
9. Nassim Nicholas Taleb, *The Bed of Procrustes: Philosophical and Practical Aphorisms (Incerto)* (New York: Random House, 2010), 108.
10. Eric Meisfjord, "The Untold Truth of Bill Withers' Most Popular Songs," Grunge, April 7, 2020, https://www.grunge.com/199643/the-untold-truth-of-bill-withers-most-popular-songs/, accessed December 12, 2021.
11. Laura Coburn, Hana Karar, and Alexa Valiente, "Country Music Breakout Star Luke Combs on Songwriting, His Fans and Remembering the Las Vegas Shooting," ABC News, August 13, 2018, https://abcnews.go.com/Entertainment/country-music-breakout-star-luke-combs-songwriting-fans/story?id=57155998.
12. BarackObamadotcom, "Barack Obama: Yes We Can," YouTube, https://www.youtube.com/watch?v=Fe751kMBwms, accessed December 15, 2021.

3 写作的 7 个技巧

1. Tim Ferriss, "Jerry Seinfeld—A Comedy Legend's Systems, Routines, and Methods for Success (#485)," *Tim Ferriss Show*, December 8, 2020, https://tim.blog/2020/12/08/jerry-seinfeld/?utm_source=convertkit&utm_medium=convertkit&utm_campaign=weekly-roundup-seinfeld, accessed December 12, 2021.
2. Ibid.
3. Roy Peter Clark, *Writing Tools (10th Anniversary Edition): 55 Essential Strategies for Every Writer* (New York: Little, Brown, 2006), 85.
4. Jeff Bezos, "Letter to Shareholders," Amazon, 1999, https://s2.q4cdn.com/299287126/files/doc_financials/annual/Shareholderletter99.pdf, accessed February 15, 2021.
5. Jeff Bezos, "Letter to Shareholders," Amazon, 2010, https://s2.q4cdn.com/299287126/files/doc_financials/annual/117006_ltr_ltr2.pdf, accessed April 3, 2021.
6. Jeff Bezos, "Letter to Shareholders," Amazon, 2012, https://s2.q4cdn.com/299287126/files/doc_financials/annual/2012-Shareholder-Letter.pdf, accessed April 3, 2021.
7. Clark, *Writing Tools*, 122.
8. Jeff Bezos, "Letter to Shareholders," Amazon, 1998, https://s2.q4cdn.com/299287126/files/doc_financials/annual/Shareholderletter98.pdf, accessed February 15, 2021.
9. Clark, *Writing Tools*, 19.
10. William Zinsser, *On Writing Well: The Classic Guide to Writing Nonfiction* (New York: HarperCollins, 2006), 67.
11. William Strunk Jr., *The Elements of Style*, 4th ed. (New York: Macmillan, 2000), 28.
12. Robin Madell, "How to Get into Harvard Business School, According to the Managing

Director of Admissions, Grads, and Consultants, Business Insider, December 7, 2020," *Business Insider*, https://www.businessinsider.com/how-to-get-into-harvard-business-school-according-to-admissions-2019–7, accessed December 15, 2021.
13. Clark, *Writing Tools*, 249.
14. Gary Provost, *100 Ways to Improve Your Writing (Updated): Proven Professional Techniques for Writing with Style and Power* (New York: Penguin Random House, 2019), 73.
15. Ibid., 74.
16. Bezos, "Letter to Shareholders," 1999.
17. Jeff Bezos, "Letter to Shareholders," Amazon, 2002, https://s2.q4cdn.com/299287126/files/doc_financials/annual/2002_shareholderLetter.pdf, accessed April 3, 2021.
18. Jeff Bezos, "Letter to Shareholders," Amazon, 2009, https://s2.q4cdn.com/299287126/files/doc_financials/annual/AMZN_Shareholder-Letter-2009-(final).pdf, accessed April 3, 2021.
19. Jeff Bezos, "Letter to Shareholders," Amazon, 2013, https://s2.q4cdn.com/299287126/files/doc_financials/annual/2013-Letter-to-Shareholders.pdf, accessed April 3, 2021.
20. Jeff Bezos, "Letter to Shareholders," Amazon, 2016, https://s2.q4cdn.com/299287126/files/doc_financials/annual/2016-Letter-to-Shareholders.pdf, accessed February 27, 2021.
21. 60 Minutes, "60 Minutes Archives: Le Carré," YouTube, December 14, 2020, https://www.youtube.com/watch?v=bOfmgFT4KuU, accessed December 15, 2021.
22. Clark, *Writing Tools*, 88.
23. Bezos, "Letter to Shareholders," 2010.
24. Bezos, "Letter to Shareholders," 1998.
25. Jeff Bezos, "Letter to Shareholders," Amazon, 2014, https://s2.q4cdn.com/299287126/files/doc_financials/annual/AMAZON-2014-Shareholder-Letter.pdf, accessed April 3, 2021.
26. Jeff Bezos, "Letter to Shareholders," Amazon, 2000, https://s2.q4cdn.com/299287126/files/doc_financials/annual/00ar_letter.pdf, accessed April 3, 2021.
27. Bezos, "Letter to Shareholders," 2009.
28. Jeff Bezos, "Letter to Shareholders," Amazon, 1997, https://s2.q4cdn.com/299287126/files/doc_financials/annual/Shareholderletter97.pdf, accessed February 15, 2021.

4 概括故事的一句话：你最有价值的思想

1. Jeff Bezos, "Letter to Shareholders," Amazon, 2000, https://s2.q4cdn.com/299287126/files/doc_financials/annual/00ar_letter.pdf, accessed April 3, 2021.
2. "James Patterson Teaches Writing," MasterClass, https://www.masterclass.com/classes/james-patterson-teaches-writing, accessed December 15, 2021.
3. Clayton M. Christensen, "How Will You Measure Your Life?: Don't Reserve Your Best Business Thinking for Your Career," *Harvard Business Review*, July–August 2010, https://hbr.org/2010/07/how-will-you-measure-your-life?utm_medium=email&utm_source=newsletter_weekly&utm_campaign=insider_activesubs&utm_content=signinnudge&referral=03551&deliveryName=DM65685, accessed June 20, 2021.
4. "Shonda Rhimes Teaches Writing for Television," MasterClass, https://www.masterclass.com/classes/shonda-rhimes-teaches-writing-for-television, accessed December 15, 2021.

5. Derral Eves, *The YouTube Formula: How Anyone Can Unlock the Algorithm to Drive Views, Build an Audience and Grow Revenue* (Hoboken, NJ: John Wiley & Sons, 2021), 163.
6. Jeff Bezos, "Letter to Shareholders," Amazon, 2018, https://www.aboutamazon.com/news/companynews/2018-letter-to-shareholders, accessed June 20, 2021.
7. Jeff Bezos, "Letter to Shareholders," Amazon, 2007, https://s2.q4cdn.com/299287126/files/doc_financials/annual/2007letter.pdf, accessed April 3, 2021.
8. Jeff Bezos, "Letter to Shareholders," Amazon, 2005, https://s2.q4cdn.com/299287126/files/doc_financials/annual/shareholderletter2005.pdf, accessed June 21, 2021.
9. Jeff Bezos, "Email from Jeff Bezos to Employees," Amazon, https://www.aboutamazon.com/news/company-news/email-from-jeff-bezos-to-employees, accessed December 15, 2021.

5 选择隐喻来强化关键概念

1. Jeff Bezos, "Letter to Shareholders," Amazon, 1997, https://s2.q4cdn.com/299287126/files/doc_financials/annual/Shareholderletter97.pdf, accessed February 15, 2021.
2. Jeff Bezos, "Letter to Shareholders," Amazon, 2016, https://s2.q4cdn.com/299287126/files/doc_financials/annual/2016-Letter-to-Shareholders.pdf, accessed February 27, 2021.
3. Ward Farnsworth, *Farnsworth's Classical English Metaphor* (Jaffrey, NH: David R. Godine, 2016), viii.
4. George Lakoff, *Metaphors We Live By* (Chicago: University of Chicago Press, 1980), 3.
5. Ibid., 4.
6. Nelson Goodman, "Metaphor as Moonlighting," Critical Inquiry, Vol. 6, No. 1, Autumn, 1979, 125–30, https://www.jstor.org/stable/1343090, accessed March 8, 2022.
7. Jason Del Rey, "Watch Jeff Bezos Lay Out His Grand Vision for Amazon's Future Dominance in This 1999 Video," Vox, November 22, 2015, https://www.vox.com/2015/11/22/11620874/watch-jeff-bezos-lay-out-his-grand-vision-for-amazons-future, accessed December 15, 2021.
8. Jeff Hodgkinson, "Communications Is the Key to Project Success," International Project Management Association, https://www.ipma-usa.org/articles/CommunicationKey.pdf, accessed February 27, 2021.
9. Brad Stone, *The Everything Store: Jeff Bezos and the Age of Amazon* (New York: Hachette, 2014).
10. Colin Bryar and Bill Carr, *Working Backwards: Insights, Stories, and Secrets from Inside Amazon* (New York: St. Martin's, 2021).
11. Frederic Lalonde, founder and CEO of Hopper, in discussion with the author, March 12, 2021.
12. Jeff Lawson, CEO of Twilio, in discussion with the author, January 12, 2021.
13. Jim Collins, *Good to Great: Why Some Companies Make the Leap and Others Don't* (New York: HarperCollins, 2001), 165.
14. Brad Stone, *Amazon Unbound: Jeff Bezos and the Invention of a Global Empire* (New York: Simon & Schuster, 2021), 163.
15. 2015 Amazon Shareholder Letter, https://s2.q4cdn.com/299287126/files/doc_financials/annual/2015-Letter-to-Shareholders.pdf, accessed February 27, 2021.

16. "Chris Hadfield Teaches Space Exploration," MasterClass, https://www.masterclass.com/classes/chris-hadfield-teaches-space-exploration, accessed December 15, 2021.
17. "Morning Session-1995 Meeting," Warren Buffett Archive, November 28, 2018, https://buffett.cnbc.com/video/1995/05/01/morning-session—1995-berkshire-hathaway-annual-meeting.html?&start=6714.55, accessed December 15, 2021.
18. Diane Swonk, chief economist at Grant Thornton, LLP, in discussion with the author, February 2, 2021.

6 运用类比使抽象概念具体化

1. Bill Carr, author of *Working Backwards*, in discussion with the author, February 3, 2021.
2. Ibid.
3. Ibid.
4. Ibid.
5. Diane Halpern, *Thought and Knowledge: An Introduction to Critical Thinking* (New York: Psychology Press, 2014), 125.
6. Ibid.
7. 2017 Amazon Shareholder Letter, https://s2.q4cdn.com/299287126/files/doc_financials/annual/Amazon_Shareholder_Letter.pdf, accessed February 28, 2021.
8. Ibid.
9. Jeff Bezos, "The Electricity Metaphor for the Web's Future," TED.com, February 2003, accessed February 28, 2021.
10. Ibid.
11. Amazon Staff, "The Deceptively Simple Origins of AWS," Amazon, March 17, 2021, https://www.aboutamazon.com/news/aws/the-deceptively-simple-origins-of-aws, accessed December 15, 2021.

7 三幕式故事结构

1. Daniel Perez, "1997: Cheater Bella Can't Escape Stigma of '88 Jailbreak," *El Paso Times*, November 18, 2011, https://www.elpasotimes.com/story/news/history/blogs/tales-from-the-morgue/2011/11/18/1997-cheater-bella-cant-escape-stigma-of-88-jailbreak/31478655/, accessed December 15, 2021.
2. Walter Isaacson, *Invent and Wander: The Collected Writings of Jeff Bezos, with an Introduction* (Boston: Harvard Business Review Press, 2020), 4.
3. Syd Field, *Screenplay: The Foundations of Screenwriting (Newly Revised and Updated)* (New York: Random House, 1984), 246.
4. Amazon Staff, "Statement by Jeff Bezos to the U.S. House Committee on the Judiciary," Amazon, July 28, 2020, https://www.aboutamazon.com/news/policy-news-views/statement-by-jeff-bezos-to-the-u-s-house-committee-on-the-judiciary, accessed June 29, 2021.
5. Ibid.
6. Jeff Bezos, "The Economic Club of Washington D.C.," Economic Club's Milestone Celebration Event, September 13, 2018, https://www.economicclub.org/sites/default/files/transcripts/Jeff_Bezos_Edited_Transcript.pdf, accessed December 15, 2021.
7. Ibid.
8. Brad Stone, *Amazon Unbound: Jeff Bezos and the Invention of a Global Empire* (New York: Simon & Schuster, 2021), 152.

9. Ibid.
10. Josh Wigler, "'Jack Ryan' Season 2 Will Focus on the Decline of Democracy," *Hollywood Reporter*, September 4, 2018, https://www.hollywoodreporter.com/tv/tv-news/jack-ryan-season-one-explained-1139572/, accessed June 25, 2021.

8 创业者如何运用三幕式结构讲故事

1. Yuval Noah Harari, *Sapiens: A Brief History of Humankind* (New York: HarperCollins, 2015), 25.
2. Marc Randolph, cofounder of Netflix, in discussion with the author, November 22, 2019.
3. Ibid.
4. Melanie Perkins, cofounder and CEO of Canva, in discussion with the author, May 23, 2019.
5. Alli McKee, "Your Company in 100 Words: How Warby Parker Uses a New Pair of Sunglasses," Medium, November 1, 2017, https://medium.com/show-and-sell/your-company-in-100-words-e7558b0b1077, accessed December 16, 2021.
6. Ibid.

9 从 PPT 到 6 页备忘录

1. Stevie Smith, "The Cognitive Style of PowerPoint," University of Edinburgh, https://www.inf.ed.ac.uk/teaching/courses/pi/ 2016_2017/phil/tufte-powerpoint.pdf, accessed December 16, 2021.
2. Madeline Stone, "A 2004 Email from Jeff Bezos Explains Why PowerPoint Presentations Aren't Allowed at Amazon," Yahoo Finance, July 28, 2015, https://www.businessinsider.com/jeff-bezos-email-against-powerpoint-presentations-2015-7, accessed December 16, 2021.
3. "All-Hands Meeting," Amazon, February 2008, https://aws.amazon.com/blogs/startups/how-to-mechanize-prospecting-founder-sales-series-part-6/, accessed December 16, 2021.
4. Colin Bryar and Bill Carr, *Working Backwards: Insights, Stories, and Secrets from Inside Amazon* (New York: St. Martin's, 2021), 88.
5. Rob Adams McKean and Emil L. Hanzevack, "The Heart of the Matter: The Engineer's Essential One-Page Memo," ChE Classroom, University of South Carolina, Columbia, SC.
6. "P&G Good Every Day: Turning Everyday Actions into Acts of Good for the World," P&G, May 20, 2020, https://us.pg.com/blogs/pg-everyday-turning-everyday-actions-into-acts-of-good-for-the-world/, accessed June 25, 2021.
7. Caltech, "Bill Gates Remembers Richard Feynman-Bill Gates," YouTube, May 11, 2018, https://www.youtube.com/watch?v=HotLmqYFKKg, accessed June 25, 2021.
8. Richard Phillips Feynman, *What Do You Care What Other People Think: Further Adventures of a Curious Character* (New York: W. W. Norton, 2001), 127.
9. Ibid., 146.
10. 2017 Amazon Shareholder Letter, https://s2.q4cdn.com/299287126/files/doc_financials/annual/Amazon-Shareholder-Letter.pdf, accessed February 28, 2021.
11. Brad Porter, former Amazon robotics engineer, in discussion with the author, April 26, 2021.
12. Colin Bryar, former VP of Amazon and coauthor of *Working Backwards*, in discussion with the author, February 5, 2021.

13. Jesse Freeman, "The Anatomy of an Amazon 6-Pager," *Writing Cooperative*, July 16, 2020, https://writingcooperative.com/the-anatomy-of-an-amazon-6-pager-fc79f31a41c9, accessed December 16, 2021.
14. John Mackey, cofounder of Whole Foods, in discussion with the author, November 6, 2020.
15. Dana Mattioli, "Amazon Has Become America's CEO Factory," *Wall Street Journal*, November 20, 2019, https://www.wsj.com/articles/amazon-is-americas-ceo-factory-11574263777, accessed December 15, 2021.
16. Ronny Kohavi, former Amazon director of data mining and personalization, in discussion with author, April 8, 2021.
17. Ron Kohavi and Stefan Thomke, "The Surprising Power of Online Experiments: Getting the Most Out of A/B and Other Controlled Tests," *Harvard Business Review*, September–October 2017, https://hbr.org/2017/09/the-surprising-power-of-online-experiments, accessed June 25, 2021.
18. 2013 Amazon Shareholder Letter, https://s2.q4cdn.com/299287126/files/doc_financials/annual/2013-Letter-to-Shareholders.pdf, accessed April 3, 2021.
19. Brad Porter, in discussion with the author, April 26, 2021.

10 亚马逊逆向叙事 6 要素

1. Bill Carr, author of *Working Backwards*, in discussion with the author, February 3, 2021.
2. Colin Bryar and Bill Carr, *Working Backwards: Insights, Stories, and Secrets from Inside Amazon* (New York: St. Martin's, 2021), 104.
3. Oprah Winfrey, "Oprah's Favorite New Gadget," Oprah.com, https://www.oprah.com/oprahshow/oprahs-favorite-new-gadget/all#ixzz6tdLiW8Qd, accessed June 25, 2021.
4. Press Center, "Press Release: Introducing Amazon Kindle," Amazon, November 19, 2007, https://press.aboutamazon.com/news-releases/news-release-details/introducing-amazon-kindle, accessed December 16, 2021.
5. Montgomery Summit, "Andy Jassy, Amazon Web Services, at the 2015 Montgomery Summit," YouTube, July 14, 2015, https://www.youtube.com/watch?v=sfNdigibjlg, accessed June 25, 2021.
6. Bill Carr, in discussion with the author, February 3, 2021.
7. Ibid.
8. Jason Del Rey, "The Making of Amazon Prime, the Internet's Most Successful and Devastating Membership Program," Vox, May 3, 2019, https://www.vox.com/recode/2019/5/3/18511544/amazon-prime-oral-history-jeff-bezos-one-day-shipping, accessed December 16, 2021.
9. CNBC, "Jeff Bezos at the Economic Club of Washington," YouTube, September 13, 2018, https://www.youtube.com/watch?v=xv_vkA0jsyo, accessed June 25, 2021.
10. Brad Stone, *The Everything Store: Jeff Bezos and the Age of Amazon* (New York: Hachette, 2014); University of Washington Foster School of Business, "Working Backwards from the Customer," YouTube, December 8, 2020, https://www.youtube.com/watch?v=SiKyMxmfiss&t=1s, accessed December 16, 2021.
11. Ibid.
12. Ozan Varol, *Think Like a Rocket Scientist: Simple Strategies You Can Use to Make Giant Leaps in Work and Life* (New York: Hachette), 129.

13. Ibid.
14. Ozan Varol, rocket scientist and author of *Think Like a Rocket Scientist*, in discussion with author, November 24, 2020.
15. Ibid.

11 阅读的力量

1. Brad Stone, *Amazon Unbound: Jeff Bezos and the Invention of a Global Empire* (New York: Simon & Schuster, 2021), 23.
2. Brad Stone, *The Everything Store: Jeff Bezos and the Age of Amazon* (New York: Hachette, 2014).
3. Ibid.
4. "Amazon's Bezos: Control the Ecosystem," CNBC, https://www.cnbc.com/video/2013/09/25/amazons-bezos-control-the-ecosystem.html?play=1, accessed June 25, 2021.
5. Andrew Perrin, "Who Doesn't Read Books in America?," Pew Research Center, September 26, 2019, https://www.pewresearch.org/fact-tank/2019/09/26/who-doesnt-read-books-in-america/, accessed June 25, 2021.
6. James Stavridis, admiral, U.S. Navy (ret), and vice chair of the Carlyle Group, in discussion with author, May 18, 2021.
7. "Joyce Carol Oates Teaches the Art of the Short Story," MasterClass, https://www.masterclass.com/classes/joyce-carol-oates-teaches-the-art-of-the-short-story, accessed December 16, 2021.
8. James Stavridis, in discussion with author, May 18, 2021.
9. Ibid.
10. Daniel Lyons, "Why Bezos Was Surprised by the Kindle's Success," *Newsweek*, December 20, 2009, https://www.newsweek.com/why-bezos-was-surprised-kindles-success-75509, accessed June 25, 2021.
11. Brandel Chamblee, Golf Channel analyst, in discussion with the author, June 12, 2021.
12. Tim Ferriss, "David Rubenstein, Co-founder of the Carlyle Group, on Lessons Learned, Jeff Bezos, Raising Billions of Dollars, Advising Presidents, and Sprinting to the End (#495)," *Tim Ferriss Show*, https://tim.blog/2021/01/27/david-rubenstein/, accessed December 16, 2021.
13. David Rubenstein, *How to Lead: Wisdom from the World's Greatest CEOs, Founders, and Game Changers* (New York: Simon & Schuster, 2020), xx.
14. Ibid., xix.
15. Colin Bryar, former VP of Amazon and coauthor of *Working Backwards*, in discussion with the author, February 5, 2021.
16. Ibid.
17. JSTOR, *Bulletin of the American Academy of Arts and Sciences* 34, no. 2 (November 1980), https://www.jstor.org/journal/bullameracadarts?refreqid=fastly-default%3A9f38b484f7773b99901d4e36f711a5d4, accessed December 16, 2021.

12 AMP 模型

1. Carmine Gallo, "College Seniors: 65% of Recruiters Say This One Skill Is More Important Than Your Major," *Forbes*, April 30, 2017, https://www.forbes.com/sites/carminegallo/2017/04/30/college-seniors-65-percent-of-recruiters-say-this-one-skill-is-more-important-than-your-major/?sh=7d5d119c757c, accessed April 11, 2021.

2. Don Tennant featuring Carmine Gallo, "Presentation Skills Linked to Career Success, Survey Finds—IT Business Edge," Carmine Gallo, https://www.carminegallo.com/presentation-skills-linked-to-career-success-survey-finds-it-business-edge/, accessed April 11, 2021.
3. Jeff Bezos, "Jeff Bezos—March 1998, Earliest Long Speech," YouTube, https://www.youtube.com/watch?v=PnSjKTW28qE&t=6s, accessed April 11, 2021.
4. Jeff Bezos, "The Electricity Metaphor for the Web's Future," TED, 2003, https://www.ted.com/talks/jeff_bezos_the_electricity_metaphor_for_the_web_s_future/transcript?language=en#t-1013417/, accessed April 11, 2021.
5. Jeff Bezos, "Going to Space to Benefit Earth (Full Event Replay)," YouTube, May 9, 2019, https://www.youtube.com/watch?v=GQ98hGUe6FM, accessed April 11, 2021.
6. Steve Jobs, "Steve Jobs Early TV Appearance.mov," YouTube, February 5, 2011, https://www.youtube.com/watch?v=FzDBiUemCSY, accessed April 13, 2021.
7. Steve Jobs, "Steve Jobs iPhone 2007 Presentation (HD)," YouTube, May 13, 2013, https://www.youtube.com/watch?v=vN4U5FqrOdQ, accessed April 13, 2021.

13 让使命成为你的口头禅

1. 1997 Amazon Shareholder Letter, https://s2.q4cdn.com/299287126/files/doc_financials/annual/Shareholderletter97.pdf, accessed February 15, 2021.
2. John P. Kotter, "Leading Change: Why Transformation Efforts Fail," *Harvard Business Review*, May–June 1995, https://hbr.org/1995/05/leading-change-why-transformation-efforts-fail-2, accessed December 16, 2021.
3. 1998 Amazon Shareholder Letter, https://s2.q4cdn.com/299287126/files/doc_financials/annual/Shareholderletter98.pdf, accessed February 15, 2021.
4. CNBC, "Jeff Bezos in 1999 on Amazon's Plans Before the Dotcom Crash," YouTube, February 8, 2019, https://www.youtube.com/watch?v=GltlJO56S1g, accessed December 16, 2021.
5. "Video from Jeff Bezos About Amazon and Zappos," YouTube, July 22, 2009, https://www.youtube.com/watch?v=-hxX_Q5CnaA, accessed December 16, 2021.
6. "Inc.: Why I Sold Zappos," Delivering Happiness, https://blog.deliveringhappiness.com/blog/inc-why-i-sold-zappos, accessed December 16, 2021.
7. "Video from Jeff Bezos About Amazon and Zappos," YouTube.
8. David Rubenstein, "Amazon CEO Jeff Bezos on the David Rubenstein Show," YouTube, September 19, 2018, https://www.youtube.com/watch?v=f3NBQcAqyu4, accessed December 16, 2021.
9. CNBC, "Steve Jobs 1997 Interview: Defending His Commitment to Apple/CNBC," YouTube, April 27, 2018, https://www.youtube.com/watch?v=xchYT9wz5hk, accessed December 16, 2021.
10. Jose E. Puente, "Steve Jobs Holding a Small Staff Meeting in Sept 23, 1997," YouTube, https://www.youtube.com/watch?v=8-Fs0pD2Hsk, accessed December 16, 2021.
11. Guy Kawasaki, chief evangelist of Canva and creator of *Guy Kawasaki's Remarkable People* podcast, in discussion with the author, February 15, 2019.
12. John Mackey, cofounder of Whole Foods, in discussion with the author, November 6, 2020.
13. John Mackey, Steve McIntosh, and Carter Phipps, *Elevating Humanity Through Business: Conscious Leadership* (New York: Penguin Random House, 2020), 17.

14. "Leverage the Power of Purpose," *Wall Street Journal*, https://deloitte.wsj.com/articles/leverage-the-power-of-purpose-01575060972, accessed December 16, 2021.
15. John Mackey et al., *Elevating Humanity*, 17.
16. Hubert Joly with Caroline Lambert, *The Heart of Business: Leadership Principles for the Next Era of Capitalism* (Boston: Harvard Business Review Press, 2021), 270.
17. "Medtronic Mission Statement," Medtronic, https://www.medtronic.com/me-en/about/mission.html, accessed December 16, 2021.
18. Ibid.
19. Ibid.
20. Michael Moritz, partner at Sequoia Capital, in discussion with the author, October 23, 2015.

14 用象征强化沟通

1. Amazon Web Services, "2012 re:Invent Day 2: Fireside Chat with Jeff Bezos & Werner Vogels," YouTube, November 29, 2012, https://www.youtube.com/watch?v=O4MtQGRIIuA, accessed July 1, 2021.
2. 10,000 Year Clock, http://www.10000yearclock.net/learnmore.html, accessed July 1, 2021.
3. Bill Carr, author of *Working Backwards*, in discussion with the author, February 3, 2021; "Amazon Empire: The Rise and Reign of Jeff Bezos," PBS, https://www.pbs.org/wgbh/frontline/film/amazon-empire/transcript/, accessed December 16, 2021.
4. John Rossman, *Think Like Amazon: 50 and a Half Ways to Become a Digital Leader* (New York: McGraw Hill, 2019), 66.
5. Marc Randolph, *That Will Never Work: The Birth of Netflix and the Amazing Life of an Idea* (New York: Little, Brown, 2019), 150.
6. John Mackey, Steve McIntosh, and Carter Phipps, *Elevating Humanity Through Business: Conscious Leadership* (New York: Penguin Random House, 2020), 20.

15 让数据人性化，以创造价值

1. Academy of Achievement, "Jeff Bezos, Academy Class of 2001, Full Interview," YouTube, July 12, 2016, https://www.youtube.com/watch?v=s7ZvBy1SROE, accessed June 27, 2021.
2. Andrew Cave, "What Will We Do When the World's Data Hits 163 Zettabytes in 2025?," *Forbes*, April 13, 2017, https://www.forbes.com/sites/andrewcave/2017/04/13/what-will-we-do-when-the-worlds-data-hits-163-zettabytes-in-2025/?sh=39ee1511349a, accessed December 16, 2021.
3. Ilyse Resnick, Nora S. Newcombe, and Thomas F. Shipley, "Dealing with Big Numbers: Representation and Understanding of Magnitudes Outside of Human Experience," *Cognitive Science* 41, no. 4 (2017): 1020–2041, accessed June 27, 2021, https://onlinelibrary.wiley.com/doi/full/10.1111/cogs.12388.
4. Jeff Bezos, "Jeff Bezos—March 1998, Earliest Long Speech," YouTube, https://www.youtube.com/watch?v=PnSjKTW28qE&t=6s, accessed April 11, 2021.
5. Jeff Bezos, "Letter to Shareholders," Amazon, 1997, https://s2.q4cdn.com/299287126/files/doc_financials/ annual/Shareholderletter97.pdf, accessed February 15, 2021.
6. Jeff Bezos, "Letter to Shareholders," Amazon, 2001, https://s2.q4cdn.com/299287126/files/doc_financials/annual/2001_shareholderLetter.pdf, accessed June 27, 2021.
7. Blue Origin, "Going to Space to Benefit Earth (Full Event Replay)," YouTube, May 9,

2019, https://www.youtube.com/watch?v=GQ98hGUe6FM, accessed December 16, 2021.
8. Jeff Bezos, "Letter to Shareholders," Amazon, 2020, https://www.aboutamazon.com/news/company-news/2020-letter-to-shareholders, accessed April 29, 2021.
9. Brent Dykes, "Data Storytelling: The Essential Data Science Skill Everyone Needs," *Forbes*, March 31, 2016, https://www.forbes.com/sites/brentdykes/2016/03/31/data-storytelling-the-essential-data-science-skill-everyone-needs/?sh=2381f06052ad, accessed December 16, 2021.
10. CNBC, "Jeff Bezos at the Economic Club of Washington (9/13/18)," YouTube, https://www.youtube.com/watch?v=xv_vkA0jsyo, accessed December 16, 2021.
11. Ibid.

16 沟通中的"三"法则

1. "Doris Kearns Goodwin Teaches U.S. Presidential History and Leadership," MasterClass, https://www.masterclass.com/classes/doris-kearns-goodwin-teaches-us-presidential-history-and-leadership, accessed December 16, 2021.
2. TEDx Talks, "Quantum Physics for 7 Year Olds, Dominic Walliman, TEDxEastVan," YouTube, May 24, 2016, https://www.youtube.com/watch?v=ARWBdfWpDyc, accessed December 16, 2021.
3. Kurt A. Carlson and Suzanne B. Shu, "When Three Charms but Four Alarms: Identifying the Optimal Number of Claims in Persuasion Settings," https://journals.sagepub.com/doi/10.1509/jm.11.0504, accessed December 16, 2021.
4. Dominick Reuter and Megan Hernbroth, "How Founders Can Use the 'Rule of 3' to Prepare Your Pitch and Quickly Raise Vital Funding to Launch Your Startup," *Business Insider*, August 11, 2020, https://www.businessinsider.com/how-to-pitch-startup-rule-of-3-founders-raise-most-seed-pitches, accessed December 16, 2021.
5. Dan Michel, "The Entrepreneur-Turned-Clothier Shares His Biggest Obstacles—Behind Creating UNTUCKit," UNTUCKit, https://www.untuckit.com/blogs/style/off-the-cuff-chris-riccobono, accessed December 16, 2021.

结 语 创新与叙事

1. CNBC, "Jeff Bezos at the Economic Club of Washington (9/13/18)," YouTube, https://www.youtube.com/watch?v=xv_vkA0jsyo, accessed December 16, 2021.
2. Shane O'Mara, "Why Walking Matters—Now More Than Ever," *Wall Street Journal*, April 18, 2020, https://www.wsj.com/articles/why-walking-mattersnow-more-than-ever-11587182460?mod=searchresults&page=1&pos=1, accessed December 16, 2021.
3. Charlie Rose, "A Conversation with Amazon's Founder and Chief Executive Officer, Jeff Bezos," Power of Questions, October 27, 1016, https://charlierose.com/videos/29412, accessed December 16, 2021.
4. Walter Isaacson, *Invent and Wander: The Collected Writings of Jeff Bezos, with an Introduction* (Boston: Harvard Business Review Press, 2020), 4.
5. Catherine Clifford, "Jeff Bezos: You Can't Pick Your Passions," CNBC, February 7, 2019, https://www.cnbc.com/2019/02/07/amazon-and-blue-origins-jeff-bezos-on-identifying-your-passion.html, accessed December 16, 2021.
6. 2020 Amazon Shareholder Letter, https://s2.q4cdn.com/299287126/files/doc_financials/2021/ar/Amazon-2020-Shareholder-Letter-and-1997-Shareholder-Letter.pdf, accessed December 16, 2021.